DEL HACER AL SER

2ª edición: septiembre 2025

Ilustración de portada: "Silencio", de Dora Gil.
Maquetación y diseño de interior: Toñi F. Castellón

www.editorialsirio.com
sirio@editorialsirio.com

I.S.B.N.: 978-84-17399-65-8
Depósito Legal: MA-1683-2018

Impreso en Imagraf Impresores, S. A.
c/ Nabucco, 14 D - Pol. Alameda
29006 - Málaga

Impreso en España

Puedes seguirnos en Facebook, X, YouTube e Instagram.

DORA GIL

DEL HACER AL SER

PRÓLOGO DE SERGI TORRES

DESCUBRIR EL REGALO
DEL MOMENTO PRESENTE

EDITORIAL
SIRIO

ÍNDICE

PRÓLOGO

¿Cuál es nuestra naturaleza real como seres humanos dentro de nuestro mundo altamente civilizado? ¿Es nuestra civilización un intento de vivir felizmente o desde nuestra esencia?

Muchos seres humanos vivimos nuestras vidas tratando de encontrar en ellas una forma de sentirnos felices y plenos. Lo buscamos de muchas maneras, pero al parecer después de miles de años de recorrido humano, el horizonte se aleja a cada paso que damos hacia él.

Parece incluso, que la manera de acercarse al bienestar de unos molesta al bienestar de otros. Culturas distintas que compiten entre sí promoviendo su veracidad frente a las demás. Distintas religiones que claman por su patente exclusiva sobre Dios. Mujeres y hombres buscando la igualdad entre sus diferencias. Y finalmente el dinero, determinando el grado de dignidad y merecimiento de cada ser humano. Pero que no cunda el pánico, la vida no es así.

Esto que he descrito es sólo una opción de vida que hemos elegido y que perpetuamos constantemente con nuestro miedo a ver y vivir más allá de nuestra versión humana. Gracias a Dios el silencio, la paz y el amor están ahí a disposición de cualquier persona cuya voluntad sea conocerse a sí misma fuera de los vestidos y fantasías socioculturales de nuestra época.

Esto no es una crítica a nuestra manera de vivir el mundo, es una firme invitación a soltar la comodidad de las ideas heredadas de otros tiempos. Es una invitación convencida de que la vida transcurre únicamente en el presente, en este mismo instante.

Si por un momento sueltas tu saco de conocimientos y logros y te abres a tocar solamente este instante, descubrirás que eres tocado por la vida. ¿Qué hay más bello y extasiante que sentirse tocado por la vida? ¿Qué más hay por alcanzar?

En el presente nuestra presencia se alza libre e inocente ante cualquier panorama artificial, inventado por creencias. Permite que ***Del hacer al ser*** se convierta en un llamamiento a tu potencial escondido en el futuro. Permítele llamarte a lo más profundo de tu autodescubrimiento y alcanza el instante más increíble de tu vida, éste.

Sergi Torres

ANTES DE EMPEZAR

He tardado en escribir este libro.
He tenido que soltar mil veces la necesidad de escribirlo,
la urgencia por hacerlo,
la idea de que es «mi libro»,
el temor de que no sea comprendido,
la creencia de que terminarlo era más importante
que doblar la ropa recién lavada,
escribir un correo electrónico o hablar por teléfono con mi madre.
Y por fin, aquí están estas páginas,
destilando la esencia de esa comprensión y de muchas más.
Por el simple deseo de ofrecerse, de compartirse.
Cada frase surge de mi vida y me sitúa ante ella una y otra vez.
Y, sin embargo, nada de lo que aquí se dice es «mío».
Son palabras que surgen de un contacto con algo que no se nombra;
en un intento, no siempre afortunado, de reflejarlo.
Yo soy su primera lectora, la que más se nutre con él.
Pues ha sido escrito para que yo lo aprenda.
Y mil veces más lo vuelva a aprender.

INTRODUCCIÓN

Hace años, en medio de un período de crisis y profundo malestar,
perdida entre multitud de opciones, me senté una vez más a meditar.
Cansada y casi sin esperanza de encontrar soluciones reales,
apareció una vez más en mi consciencia la pregunta desgarrada:
¿Qué debo hacer?
En ese instante, surgió desde lo profundo una respuesta inédita,
en forma de interrogación:
¿Hacer o ser?

Hay dos modos de vivir: alejados de nosotros mismos y experimentando por tanto cualquier tipo de sufrimiento, o en sintonía con lo que somos, saboreando una íntima paz, sea lo que sea lo que esté ocurriendo en la comedia de nuestra vida.

Otro modo de decirlo: podemos vivir desde la consciencia reducida de lo que creemos ser –un pequeño personaje empeñado en hacer cosas para validarse a sí mismo– o desde la consciencia plena de lo que somos realmente.

La primera opción la conocemos todos y se basa en el esfuerzo, la lucha, el conflicto y el estrés constante. Conlleva contracción y sufrimiento. Y se vive como una carrera en la superficie de la existencia, persiguiendo metas en el tiempo mientras nos desplazamos acelerados en el espacio. Es una diáspora interminable buscando algo que siempre se encuentra más allá. Cuando parece que lo hemos encontrado, volvemos a sumergirnos en el malestar y la frustración.

Nos hemos acostumbrado a vivirnos así, como un pequeño personaje que necesita hacer cosas para reconocerse constantemente, para saberse *alguien*.

Y en esta vertiginosa carrera no podemos contemplar una alternativa. No hay espacio para conocernos de otro modo.

Sin embargo, sucede a veces que, irremediablemente, algo nos detiene. De una manera u otra, la vida nos ha regalado momentos en los que nos hemos descubierto simplemente contemplando su fluir. Quizás aquel paseo por la montaña, o aquel encuentro con alguien muy querido con quien nos sentimos relajados sin esfuerzo, con total naturalidad; o el período de reposo mientras duró aquella enfermedad, que nos permitió sentirnos tan de cerca... O si meditamos habitualmente, esos momentos en que abandonamos todo esfuerzo y percibimos la maravillosa simplicidad con que sucede el respirar...

En circunstancias como estas, sin proponérnoslo, accedemos a un estado de íntima conexión con la vida y nos experimentamos abiertos a ella, seguros en ella, como formando parte de una amplitud que nos envuelve naturalmente.

Hay una sensación de intensa y, al mismo tiempo, serena vitalidad.

Nos sentimos lúcidos. Estamos muy conscientes en medio de todo lo que nos rodea habitualmente, pero cada detalle parece significativo, como revestido de un brillo especial que nos lo hace entrañablemente cercano. No estamos flotando en otros mundos, sino profundamente enraizados en este, como si lo contempláramos con ojos nuevos.

El sentimiento que subyace, si pudiéramos expresarlo con palabras, quizás sería: *«¡Soy feliz y no tengo que hacer nada para ello!»*. Es algo así, ¿verdad?

Quizás no ha sucedido nada extraordinario en tu vida; puede incluso que te encuentres en medio de circunstancias que normalmente calificarías de desgraciadas, y sin embargo, un bienestar profundo te recorre. Estás en ti, en tu ser, sin más.

El modo de vivir desde tu ser, desde lo real, es totalmente natural. No precisas tiempo, no te agitas ni corres. No vas a ninguna parte buscando otra cosa mejor que esto. Te sientes pleno aquí y solo te importa el ahora.

Cada momento es una oportunidad cargada de riquezas. No te esfuerzas, te sabes aceptado, llevado y sostenido por la vida. Confías como un niño en brazos de su madre.

Si tuviéramos que resumir los aspectos de este modo de estar en la vida, quizás coincidiríamos en que:

- Nos sentimos muy vivos.
- Estamos muy despiertos y conscientes del presente.
- Experimentamos una felicidad íntima que nos conecta amorosamente con todo.

Estos son los aspectos de lo que llamaremos el modo del ser: vida, consciencia y felicidad que nos une a todo (Sat Chit Ananda, se designa en sánscrito).

Sea cual sea tu experiencia o intuición sobre ello, sabes que ese estado de ser, es posible. Lo sabemos todos. Cuando hemos saboreado momentos tan plenos, aunque sea fugazmente, pasamos mucho tiempo tratando de recuperarlos y evocando su extraordinaria simplicidad que ahora nos parece tan complicado reencontrar. Nos esforzamos, buscamos métodos y prácticas para retornar a ellos. Y aunque a veces resulta y parece que rozamos el paraíso, de nuevo nos perdemos entre nuestros pensamientos como si una inercia incontrolable se apoderara de nosotros.

No logramos entender muy bien por qué no nos mantenemos en esos estados *todo el tiempo,* dado el esfuerzo que hacemos por conseguirlo. De hecho, nuestra existencia parece consistir en la práctica de *hacer cosas* para conseguir de mil maneras eso que llamamos felicidad o para evitar lo que creemos nos la arrebataría. Ya se trate de una búsqueda en el reino de lo material, en el terreno de las relaciones, o en los ambientes espirituales, siempre queremos *eso*: Acceder a ese modo de *ser* pleno.

Lo que yo voy aprendiendo sobre esto y quiero compartir contigo surge de una comprensión radicalmente diferente a esta búsqueda. De hecho, la cuestiona desde su base y la deja de lado para siempre.

El ser y el hacer son dos dimensiones totalmente extrañas entre sí, y sus medios se contraponen diametralmente.

Al ser se accede siendo, no haciendo. Y esta es la gran confusión que puebla nuestras vidas y nos hace seguir dando vueltas en círculos viciosos.

Esa búsqueda incansable que nos ocupa la mente y los días está basada en un error ancestral que se nos pasa por alto: *«algo está mal en mí»,* o su versión externa *«algo está mal aquí».* Y consideramos que *eso* ha de ser cambiado o eliminado para poder, por fin, estar bien y acceder a esa felicidad que anhelamos. *«Tengo que hacer algo»*... nos escuchamos decir por dentro.

Y emprendemos un camino tortuoso con el fin de superar esa insuficiencia de base, haciendo y deshaciendo mil cosas para escapar de ella. Buscamos estados de gloria en el futuro, recorriendo territorios abruptos y dolientes, lo que nos deja estancados siempre en una línea horizontal de la existencia, plana y anodina.

¿Y si exploramos la posibilidad de no seguir alimentando con nuestra búsqueda la creencia básica que la moviliza: *«ahora mismo no somos adecuados»* o su proyección externa*: «esto no es suficiente»?*

¿Y si nos abrimos a una *perspectiva mayor* desde la cual contemplar esto que queremos evitar? Es decir, nos unimos a la vida y desde esa consciencia plena aprendemos a mirar y a sostener, como ella lo hace, aquello que consideramos indigno y de lo que querríamos huir.

Imagínate: ¡nada que arreglar y todo por amar! Si esto fuera posible, ¿para qué emprender más caminos inútiles que nos agotan? Si ya no hay nada que evitar o negar, ¿para qué tanta lucha? ¿Tendríamos que *hacer* tanto?

Entonces comenzaría la más apasionante de las aventuras: explorar los territorios insondables del ser, la inmensa simplicidad radiante que somos y todo el poder que ahí quedó dormido mientras recorríamos ansiosos los absurdos vericuetos de la superficie.

A ello te invito, a ti que compartes conmigo estas páginas. Mi propuesta es implicarte activamente en un proceso de exploración cargado de descubrimientos simples pero intensos. Un viaje hacia territorios inéditos de nuestra existencia.

Desde que nacemos, el mundo nos aporta información para manejarnos y defendernos en la superficie de la vida. Nuestro océano interno, nuestro verdadero hogar, queda relegado al olvido, mientras nos debatimos a brazo partido con sus olas, tratando inútilmente de controlarlas, de evadirlas, de anularlas... creyéndolas aisladas de esa inmensa profundidad que es nuestra esencia. Nadie nos dijo que surgen de ella y siempre vuelven a ella, al agua primordial que es su origen y en la que siempre pueden descansar. No se nos enseñó que nuestra esencia es como el agua primigenia que sustenta el océano de la vida: lo penetra todo. No se nos invitó a reconocer nuestra inmensidad, sino a huir de ella, y a identificarnos con las cambiantes formas de sus olas.

Quizás te estés preguntando: ¿Esos estados de ser podemos provocarlos, conseguirlos a voluntad, mantenerlos...? ¿Cuál es la fórmula?

Y puede que mi respuesta te descorazone durante un momento: no hay fórmulas para conseguir estados. Esa forma de razonar sigue brotando del modo *hacer para conseguir.*

No, no buscamos *estados de ser* para aferrarnos a ellos y mantenerlos, garantizándonos ya una existencia tranquila. Y desde ahora te puedo decir que este libro no va de eso... ¡Se han escrito tantos!

Te propongo algo radicalmente distinto a la búsqueda. Algo mucho más grande, más poderoso y más real. Algo que en el fondo sabes que ha estado siempre ahí, esperándote para dártelo todo.

Te propongo una mudanza, un cambio de perspectiva desde la que vivir, que lo abraza todo, lo incluye todo y está en paz con todo. Sin poner ni quitar nada, sin esfuerzo. Te propongo conectar con tu ser. Y no de un modo intelectual, filosófico o esotérico. Te propongo acceder a ese contacto en cualquier instante. Porque ese reino está siempre aquí, disponible para ti, tan accesible como tu propio aliento. Basta que estés dispuesto a renunciar a todo lo que has aprendido sobre ello por tu cuenta y aceptes de corazón una experiencia que los seres más inspirados que han transitado nuestro mundo no han cesado de repetir: *lo que buscas no está lejos, vive en tu corazón. Descansa, aquiétate, deja de intentarlo y, simplemente, sé.* La vida nos ofrece naturalmente su ayuda, y a lo largo de este libro vamos a aprender a aceptarla en la intimidad de nuestra experiencia.

Este cambio de perspectiva, en realidad, solo consiste en abandonar una confusión básica que ha regido nuestra vidas: creernos un pequeño personaje que se valida a sí mismo *haciendo* cosas. E instalarnos en un espacio más profundo, nuestro *ser*: pura consciencia, vida ilimitada, amor.

La percepción del *pequeño yo* se centra en los fenómenos cambiantes de la experiencia (acontecimientos, objetos, sensaciones, sentimientos, pensamientos, relaciones...). Al enfocarse en ellos, los sobredimensiona; les otorga realidad al considerarlos como problemas y al tratar de *hacer algo* con ellos para conseguir una supuesta felicidad de la que se cree artífice. Así es su deambular por la existencia: haciendo o maquinando hacer cosas en el mundo de las formas, que es al que pertenece.

El *hacer* de este personaje consiste en asociar las *cosas* que constituyen su mundo, los fenómenos que aparecen y desaparecen en él, formándose conceptos o historias sobre los mismos que se cree y que le provocan emociones. Estas, difíciles de soportar, tratan de ser evitadas o camufladas, haciendo cosas físicamente (actos adictivos) o pensando compulsivamente tratando de solucionar lo que le molesta.

Las experiencias resultantes de ello, frustrantes o agotadoras, no hacen más que confirmar sus conceptos. Son las asociaciones mentales con los objetos (cosas, personas, sensaciones, emociones, pensamientos, percepciones...) lo que utiliza la pequeña mente para construir su mundo. Como una tela de araña, uniendo unas cosas con otras, basándose en sus propias interpretaciones o experiencias pasadas, se construye un universo precario y limitado que le parece seguro y que identifica con la realidad. El *pequeño yo* es el hacedor de su pequeño mundo, y pasa su vida tratando de mantenerlo, protegerlo y mejorarlo. Sintiéndose separado de la totalidad que lo envuelve, experimenta lo que le rodea como una amenaza de su bienestar y su integridad.

Nuestro ser real, como el fondo del océano, subyace a todas esas oleadas de fenómenos y asociaciones. No necesita cambiarlas. Descansa, simplemente, mientras ellas se mueven y vuelven a él. Eso no significa que sea algo inerte o estático. Es pura vida, un espacio de intensa contemplación en el que se nos invita a instalarnos soltando toda asociación con esa «tela de araña» de la superficie con la que nos hemos identificado y en la que sufrimos.

Estas páginas son una invitación a situarnos en la perspectiva de lo profundo, en la que no vamos, por el momento, a *hacer* nada. No vamos a destruir una tela de araña para crear otra nueva. Solo vamos a dejar de alimentarla con nuestra identificación y nuestra creencia en su realidad. Solo así puede ser reabsorbida, volviendo naturalmente a su fuente, la fuente de todo. Tampoco vamos a transformar a la araña (ella simboliza al yo hacedor). Simplemente vamos a dejar de nutrir ese papel, retornando a nuestra verdadera identidad profunda.

Iremos explorando esta nueva actitud: permitir, como hace la vida, que todo sea. No tratar de arreglar nada, no juzgar lo que aparece... *no hacer nada* en torno a ello. Simplemente detenernos, concedernos un espacio de paz para contemplar lo que nunca hemos sentido. Quizás aparezcan deseos de escapar, temores, pensamientos... Nos damos cuenta, somos consciencia, dejamos que todo sea. Permanecemos.

Sugiero con frecuencia una frase muy sencilla como recordatorio: *«No tengo que hacer nada».* Estas palabras han sido en mi vida una llave esencial de conexión con mi naturaleza profunda. Surgidas en mi interioridad en momentos de ofuscación, se han ido convirtiendo en un bálsamo para mi alma.

Al contrario de lo que la mente condicionada cree, descubriremos así las mejores soluciones y respuestas. Ellas surgen de este espacio de quietud y observación. Y también, la energía para emprender cualquier acción necesaria.

Desde la profundidad fluye la creatividad auténtica que puede manifestarse en nuestra vida en un hacer apasionado. ¿La diferencia con el hacer condicionado?: no busca nada, solo la fascinación de crear y expresarse.

¿Aceptas dar ese salto aparente en el vacío y entrar en un vasto espacio de calidez desde el que sentir a corazón abierto todo lo que solías evitar?

¿Quieres dejar que entre la luz, permitirle respirar ahí dentro?

¿Te atreves a confiar?

Abramos puertas y ventanas de nuestro escondrijo apagado y dejemos que esa luz sanadora de nuestro ser, sin saltarse nada, abrace cada herida del sueño que nos estábamos creyendo.

La única manera de recordar que somos vida es siendo como la vida, totalmente abierta, totalmente permisiva, dejándonos atravesar por ella.

Durante mucho tiempo creí y me afirmé en la idea de que tenía que hacer muchas cosas para mejorarme, para salir de mi sensación interna de indignidad. Fueron años de esfuerzo, disciplinas, ascesis, que pretendían generar un yo «distinto» de ese del que me avergonzaba; medidas para eliminar lo que consideraba indigno o inaceptable. Recurrí a las prácticas espirituales para conseguir, por fin, «redimirme» y las utilicé implacablemente para intentar «sanarme».

Pero seguía girando en el mismo círculo vicioso: seguía *haciendo*, seguía usando las vías del desarrollo personal, la espiritualidad y sus infinitos métodos para escapar de un falso concepto de mí: «*soy inadecuada*». Seguía urdiendo planes de mejora que cada vez eran menos realizables. En mi mente, todo era actividad.

Llega un momento en que tanta ocupación destinada a mejorarnos empieza a pesar ocultando nuestro ser más auténtico bajo una maraña de costumbres virtuosas que nos dan seguridad. La base es la misma: hacer algo para evitar este momento y buscar algo que no está aquí. En suma, negación de la vida, alejamiento de nuestro ser inocente y auténtico, que no es comprendido.

Hoy puedo compartir mi descubrimiento vivo y cotidiano: hay otra manera de vivir. Una vía directa hacia lo real aquí y ahora: lo que está sucediendo, lo que ahora mismo aparece en mi consciencia.

Ninguna práctica que tenga como base renegar de nuestro presente para conseguir otra cosa tiene, para mí, consistencia. Solo la aceptación completa de este instante, vivido desde nuestra consciencia abierta tiene el poder de propulsarnos más allá de nuestros aparentes límites.

Este es el sentido profundo de estas líneas, en las que no te ofrezco soluciones ni métodos porque no hay nada que solucionar en ti. Te invito a contemplar tu vida simplemente, momento a momento, con un profundo amor. Y a enamorarte de su movimiento en tu interior. A dejarte respirar, mover, a permitirte sentir lo que parecía inaceptable. A no desecharlo nunca más, sea cual sea su apariencia.

El *pequeño yo*, centrado en los objetos, gira en torno a las formas que van tomando y vive haciendo cosas para controlarlas: de ahí su inquietud. Nuestro ser profundo sabe que toda apariencia es pasajera y no necesita enfocarse ahí. Su territorio es la esencia. Descansando en ella, no invierte en la apariencia, la deja ser. Así, esta puede volver a su fuente naturalmente después de bailar un poco en la superficie.

Es esto lo que lo cambia todo. Esta es la puerta de la libertad verdadera, no basada en lo que hago o no hago, sino en la elección responsable en este instante del lugar desde donde lo quiero vivir: ¿miedo o amor?, ¿pequeña mente o consciencia plena?, ¿hacer o ser?

Iremos poco a poco. Hay dos capítulos en los que exploramos las raíces de esta adicción al hacer del *pequeño yo*: el sistema de pensamiento que lo guía y las emociones dolorosas que genera. De la resistencia a asumirlas surge la necesidad de *hacer* algo que nos evite su sentir, la búsqueda de paliativos o compensaciones.

Podría decir que he sido una adicta al *hacer* para evitar el sufrimiento generado por mis creencias limitantes, por mi identificación con un *pequeño yo* reducido. Todo *hacer* supone algún tipo de relación que establecemos, ya sea con personas, objetos o situaciones. Al recurrir a ellas desde esa evitación de nosotros mismos, se convierten en actividades adictivas, es decir, utilizadas no como un fin en sí mismas, sino como un medio para conseguir escapar de algo.

Cada uno de nosotros va eligiendo su propio campo de relaciones de este tipo, pues todas las áreas de la experiencia humana son factibles de ser usadas para actuar desde esta sensación de pequeñez y carencia. En mi caso, se proyectó sobre todo en mi relación con los demás, con mi cuerpo, con la comida, con el trabajo y también, curiosamente, con las prácticas espirituales, al ser utilizadas como vía de evitación de mi presente. Buscaba a través de todo ello huir de la sensación de no ser nadie, que ensombrecía mi interioridad. Varios de los capítulos contemplan estas áreas en las que esa tendencia al *hacer* tiñe las experiencias de compulsión y malestar. He seleccionado las que han sido más recurrentes para mí.

Explorando cómo vivimos el *hacer* al relacionarnos con nuestro cuerpo, con nuestras emociones y pensamientos, con los demás, con la comida... desde el *pequeño yo*, vamos accediendo a una perspectiva muy diferente: la del ser, esa posibilidad inédita que duerme en nuestro interior capaz de transformarlo todo.

A medida que una nueva consciencia va despertando, cada una de esas áreas se convierte en una puerta para abrirnos a la autenticidad de lo que somos. ¿La clave? Explorarlas desde la consciencia del momento presente, renunciando a toda la historia de pasado y de futuro que nos mantenía apegados a ellas.

Es decir, dejando de usarlas como medio para conseguir otra cosa o para huir de lo que sentimos. Aprendiendo a aquietarnos y a no hacer nada en torno a lo que nos parece un problema.

En uno de los capítulos abordaremos el poder de esta luz del Ahora, el único espacio real en el que nos liberamos de la carga de una vida condicionada por un falso yo. La actitud de contemplación es enormemente sostenida cuando aprendemos a parar, a saborear momentos de aquietamiento en los que, en medio de la vorágine externa, nos detenemos y no hacemos nada.

Unirnos a nuestra respiración y dejarnos sentir las sensaciones que atraviesan nuestro cuerpo, por muy intensas que sean, sin bloquearlas, son experiencias básicas que nos facilitan esa contemplación serena. En los primeros capítulos comparto cómo ellas me han ido enseñando a profundizar en mi naturaleza esencial. En especial la respiración ha sido una extraordinaria maestra que ha guiado mis pasos vacilantes en soledad.

Así nos adentramos en un nuevo nivel de consciencia, el del amor, pura contemplación de lo que es. Ahondaremos en esta nueva comprensión del amor, el gran tema de nuestra vida. Amor desde el ser, en el que desaparece el esfuerzo por conseguir algo diferente de lo que ya somos.

Como síntesis, nos acercaremos a contemplar una nueva perspectiva que, a través de cada experiencia se abre para nosotros: vivir desde el corazón.

Desde ella, podemos volver a una nueva experiencia de *hacer* en el mundo: pura expresión de nuestro *ser* creativo. Cambien o no las cosas que hacemos, nuestro actuar empieza a surgir de una fuente diferente que impregna todo de pasión, vitalidad o, simplemente, de una profunda paz. Así finalizará nuestro viaje, adentrándonos en ese movimiento hacia afuera que adquiere su verdadero sentido cuando brota del contacto con nuestra naturaleza esencial.

ENAMÓRATE DE TU RESPIRACIÓN

A DONDE ME LLEVE MI ALIENTO

Quizás te estés preguntando a qué viene ahora, en este camino que emprendemos, acercarnos a la respiración. Parecía que se trataba de un simple cambio mental, ¿verdad?

No, no lo es. Se trata de una transformación vital. Puedo decirte que la conexión con mi respirar es, para mí, un puente vivo que me facilita el paso de la mente pequeña a la consciencia plena. Sin ese contacto, en mi caso, ello no habría pasado de ser una bonita teoría.

¡Se han escrito tantos libros en torno a la respiración! ¡Se nos ha propuesto tantas veces respirar profundo, contar respiraciones...! ¡Se nos han dado tantas técnicas y métodos para su control, todos valiosos y útiles! Y, sin embargo, su verdadero poder lo descubrimos al conectarnos con su movimiento natural, con la vida que nos sostiene momento a momento a través del aliento.

Mientras sigamos utilizándola como un medio para conseguir otra cosa, no haremos más que perpetuar este sistema de pensamiento que termina asimilando hasta lo más sagrado para mantenerse activo.

Los más valiosos dones de la vida, en este caso de la respiración, solo se desvelan cuando nos acercamos a ellos desde otro lugar, desde una perspectiva no-utilitaria. Con la actitud inocente de un niño que explora curiosamente, como si fuera la primera vez. En el presente. Esa es la actitud que lo cambia todo.

Un día sentí que el aire que respiramos nos aporta mucho más que oxígeno. Portador de la vida, vehículo de la energía vital que todo lo nutre, nos penetra sin nuestra intervención sosteniéndonos constantemente, fusionándonos con el inmenso océano en el que nos movemos y existimos. Habituados como los peces al suyo, dejamos de apreciar su imprescindible presencia.

Supe desde muy joven que cada vez que inhalo, estoy comulgando con esa fuerza primordial que cuida de mí y me sostiene. Mi energía vital se intensifica cuando, simplemente, pongo mi atención delicadamente en el movimiento del aliento en mi cuerpo. Uniéndome a mi respirar, experimento una vida real, libre, desnuda de todo adorno o artificio.

Como una maestra silenciosa, la sintonía con mi respiración, va dejando en mí semillas de comprensión, abriendo mi mente, ampliando cada vez más mi perspectiva, estableciendo en mi ambiente interno armonía y una sensación de espacio y amplitud que me conecta con todo lo que es, con lo que soy.

Siempre supe que tenía que haber otra manera vivir, otros modos más auténticos de transitar por este mundo. En el fondo, todos lo sabemos. Como una semilla, esa sabiduría duerme silenciosa en nuestro interior y solo necesita ser reconocida y regada para desplegar todo su potencial y convertirse en un inmenso árbol cargado de frutos y regalos inagotables. Sin embargo, distraídos, se nos pasa por alto su existencia. Nuestra atención, que podría cultivar esa semilla, es invertida en la búsqueda de vanos tesoros externos.

Hasta que, después de cansarnos innumerables veces recorriendo círculos viciosos sin salida decidimos detenernos. Quizás entonces podemos unirnos a la vida silenciosa que respira y late en nuestro pecho.

Desde que empecé a sintonizar con mi respiración, me sentí tan profundamente cautivada que solo anhelaba sumergirme en su intimidad. Mi vida, sin darme cuenta, se transformó en esta sintonía con mi aliento. Lo que comparto contigo a lo largo de estos capítulos surge de esa comunión de la que me enamoré. Unida a mi respiración, sentí el impulso de escribir este libro que, en realidad, es un aprendizaje para mí. Desde que lo concebí, supe que no podía escribirlo solo desde el intelecto; que cada idea tendría que ser respirada y que toda la inspiración en él compartida brotaría de mi íntima experiencia. Mi compromiso con estas páginas es profundo desde entonces.

INSPIRAR, ESPIRAR... EL RITMO DE LA VIDA

Todo en la vida sucede según los ritmos del respirar. La idea de escribir este libro es un ejemplo de ello. Un día llegó la *inspiración* a mi mente. Sentí que quería hacerlo y un aflujo de energía me invadió. Decidí cultivar este deseo que había brotado en mi consciencia. Sin embargo, con el correr de los días, el impulso se fue apagando, como si me hubiera olvidado. No me sentó bien: me recriminaba por ello, buscaba explicaciones y trataba de forzarlo sin conseguir nada. Me aturdía cada vez más.

Tuve que soltar todo eso –*espirarlo*–, volverme a quedar en el *vacío* sin expectativas y aceptar ese estado indefinido. Periódicamente brotaba de nuevo el anhelo, lo nutría un tiempo trabajando y otra vez se esfumaba. Dejé de rebelarme y decidí acompañar ese movimiento de vaivén, comprendiendo cada nuevo impulso como una inspiración que renacía tras lo que había sido solo una espiración, un soltar el aliento (hablando metafóricamente) con su correspondiente pausa.

A menudo nos resistimos a aceptar los momentos de espiración y las pausas, las necesarias limpiezas por las que el organismo ha de pasar hasta recibir de nuevo su alimento. Quisiéramos estar siempre *inspirados,* es decir, activos, abiertos, llenos de ideas y de entusiasmo.

Tratar de prolongar artificiosamente esas experiencias es como si, al respirar, quisiéramos siempre estar recibiendo aire. ¿Qué pasaría? El equilibrio se rompería, el sistema dejaría de funcionar y la ansiedad, inmediatamente, se haría cargo de la situación. Esta es la actitud de fondo con la que a veces vivimos. La avidez por mantener y conservar los *buenos momentos* nos conduce a crearnos una vida artificial, tensa y llena de temor.

Con mi talante artístico, enamorado de los estados de inspiración, he tenido que atravesar con frecuencia el sufrimiento provocado por el apego a esos estados. Una parte de mí se quedaba aferrada a los momentos brillantes tratando de perpetuarlos, invirtiendo en ello una enorme cantidad de energía y desgarrándome por dentro.

Nos pasa con frecuencia, seamos artistas o no. La mente privilegia una parte de nuestra experiencia y desdeña la otra, haciendo todo lo posible por evitarla.

La primera gran enseñanza de la respiración es que todo es necesario y perfecto. Que tratar de forzar los momentos o las experiencias solo nos conduce a dislocarnos por dentro y a separarnos de la vida. Que los períodos de aturdimiento, confusión o falta de inspiración son necesarios. Hay momentos de espirar, de soltarlo todo, de dejarnos ir sin ninguna pretensión, dejándonos limpiar por la vida.

Y momentos de vacío, de pausa, de *no saber nada*. La nada y el vacío son necesarios. Esas etapas planas que atravesamos, parecidas a un desierto, tienen su sentido. La respiración nos lo muestra momento a momento.

En este libro –y en este capítulo en particular– aprenderemos a observar todos esos cambios. Y, sobre todo, a darnos cuenta de que hay algo que permanece y acompaña esa continua alternancia: nuestra presencia. Tanto al inspirar como al espirar o en los instantes de detención, ahí estamos. En el corazón de todos los cambios, hay algo que siempre es estable y lo contempla todo sin separarse de nada. Es lo que somos y es el gran regalo al que nos conduce la consciencia de la respiración.

Mi deseo es compartir contigo, mientras lees, que existe un manantial de vida y sabiduría ignorado en nuestro interior. Es lo que somos. Sintonizar con la respiración nos pone en contacto directo con él, haciéndolo fluir en abundancia a medida que nos compenetramos con el ir y venir de nuestro aliento.

En este apartado dedicado a la respiración, habrá muchos momentos en los que te hablaré de mis descubrimientos y experiencias felices con ella. En otros, compartiré contigo cómo, con su ayuda, he podido atravesar períodos de sufrimiento y de vacío profundo.

Mi deseo es que lo que encuentres en estas páginas te inspire a recorrer tu propio camino de intimidad con tu aliento. No te voy a proponer que practiques respiración, sino que disfrutes de la vida que te respira.

Explorándola juntos, vivamos la aventura apasionante de sintonizar con su ritmo. Aprendamos a fluir en la corriente de la existencia siguiendo el oleaje de la respiración que nos anima.

ASÍ EMPEZÓ TODO

Diciembre de 1979. Dieciocho añitos recién cumplidos y varios meses ya de sufrimiento emocional por mi primer gran fracaso amoroso: él me había dejado. Mi sueño del gran amor, brotando de un joven corazón que por vez primera es correspondido –tras varios anhelos frustrados– se cae a plomo en pocos días. Desbordado por mi entusiasmo que se expresa abiertamente, él decide alejarse y pensárselo...

Aturdida al principio ante algo que me parecía imposible, me quedé hundida en un pozo muy profundo del que me parecía difícil salir. La más vil sensación de abandono, indignidad y desconsuelo me invadía y parecía confirmar mi creencia antigua de que algo oscuro en mí espantaba a los hombres que se me acercaban.

Una tarde, caminando de vuelta a casa envuelta en esta bruma de tristeza, me detuve en un mercadillo de libros, siguiendo mi inclinación habitual. Mi mirada, tras vagabundear un poco entre ellos, se sintió atraída por uno pequeñito de bolsillo, casi desapercibido entre los demás. En la portada, un sol naciente surgía entre montañas que se perdían en el horizonte. Colores cálidos, serenidad y un título singular relacionado con el yoga, que nunca antes me había llamado la atención. Algo me resonó en seguida y, casi sin pensarlo, me vi pagándolo y guardándolo en mi bolso.

Sin saber por qué, esa misma noche me recluí en mi cuarto con una extraña urgencia: el ánimo, sin duda, de descubrir algo nuevo entre esas páginas; algún horizonte como el de la portada que me ayudara a salir de ese oscuro pozo en el que me encontraba.

Solo recuerdo que, tras recorrer los primeros capítulos, me quedé absolutamente ensimismada en el que se abordaba el tema de la respiración. El autor hablaba de ella como una fuente de energía, de equilibrio y serenidad.

Las imágenes que usaba, la alusión a la meditación y a la posibilidad de despertar nuestra consciencia, iban tocando fibras íntimas en mí que me impulsaron a empezar esa misma noche con la práctica.

Me vi sentada en mi cuarto con la espalda más derecha que de costumbre (difícil para mí en aquella época) y con las piernas semicruzadas (igualmente complicado por entonces) pero con la ferviente intención de avanzar hasta aprender todo lo que esta nueva vía me ofreciera.

Aplicadamente, siguiendo las instrucciones, empecé a familiarizarme con las diferentes formas de respiración dejando que, con la práctica, se ampliara mi capacidad pulmonar.

A medida que conectaba con mi propio respirar, iba notando que, sutilmente, se iba despertando una energía especial, algo que no había sentido nunca tan intensa e íntimamente: mi propia vitalidad.

Esos días, a medida que iba avanzando con los ejercicios, me iba sintiendo mucho mejor emocionalmente: había una vida en mí que no conocía. Un estado de bienestar y de dinamismo que solo relacionaba hasta entonces con estar enamorada o con la idea de que alguien me quisiera.

Empecé a despertarme muy temprano. Sin saber cómo, mis ritmos de sueño cambiaron en seguida. De conocerme como una criatura necesitada de dormir bastante, lenta y remolona para salir de la cama, empecé a sorprenderme ya despierta de madrugada, con los ojos muy abiertos, apenas empezaban a escucharse los primeros pajarillos en la calle.

Entonces me levantaba y, abriendo mi ventana de par en par, me sentaba sin más a nutrirme del aire fresco (¡era pleno invierno!). Era un gozo y una revelación asombrosa experimentar cómo mi cuerpo, a medida que iba absorbiendo el aire de la mañana, iba cobrando vida, enderezándose, expandiéndose y sintiéndose, en apenas un ratito, lleno de energía y de dinamismo.

Por entonces, estudiaba psicología y la distancia entre mi casa y la facultad parecía obligarme a coger el autobús diariamente. A partir de mi reciente descubrimiento, este medio de transporte dejó de existir para mí. Descubrí mis piernas y el placer de utilizarlas bajo el impulso de esa energía recién descubierta. No caminaba: volaba por las calles de Granada respirando el aire aún limpio y fresco de la mañana. Incluso descubrí el modo de alargar el recorrido subiendo hasta la parte más alta de la ciudad para sentarme a contemplar un rato el amanecer mientras se acercaba la hora de entrar en clase.

Cuando llegaba a la facultad, después de hora y media de camino, muy lejos de estar cansada, me sentía desbordante de vitalidad y fresca como una rosa. ¿De dónde fluía ese caudal de energía irrefrenable? ¿Qué había sido de aquella muchachita semideprimida, de semblante opaco que parecía cargar con un peso incomprensible mientras se arrastraba por la vida?

¿Qué estaba ocurriendo en mí? Una miríada de cosas a la vez.

La sensación era como si se hubiera abierto una compuerta, permitiendo que un torrente de agua que estaba retenido fluyera con intensidad. Tenía la impresión de estar descubriendo una vida totalmente nueva, que se manifestaba en todos los aspectos de lo que antes era una existencia anodina. Se había inaugurado una gran vida que, momento a momento, me revelaba algo nuevo.

No solo mi cuerpo era más fuerte y dinámico. Todo en mí estaba más despierto: percibía con intensidad matices de sensaciones que antes me pasaban totalmente desapercibidos: un universo de aromas, texturas, sabores, colores, formas y sonidos se desplegaba ante mis sentidos sin que nada, externamente, hubiera cambiado.

Mi vida seguía siendo, objetivamente, la misma: la misma casa, las mismas personas, las mismas ocupaciones y horarios...Y, sin embargo, en mí se estaba viviendo una profunda transformación.

Mi nivel energético, a medida que seguía respirando e introduciendo la consciencia del fluir del aliento en mi vida cotidiana, estaba experimentando un ascenso gigante. Ello se reflejaba también en mi mente: me sentía muy lúcida, muy vivaz. Mi cerebro funcionaba maravillosamente y con la práctica de la respiración podía agilizar, por ejemplo, la preparación de mis exámenes en la facultad. Al hacerlos, me sentía llena de serenidad y claridad, estados muy lejanos a la ansiedad en la que me sumía anteriormente.

Un aflujo de ideas creativas, vigorosas y brillantes me inundaba por momentos. Tenía la impresión de comprender cosas que antes no contemplaba ni siquiera, recluida en un mundo mental muy estrecho y personal. Todo me interesaba: de forma espontánea, indagaba sobre cualquier cosa para ir más allá de la percepción superficial y poder captar su esencia escondida.

Empezaron a manifestarse dones inéditos: me sorprendía escribiendo poesía o recibiendo intuiciones chispeantes que me impresionaban. Y seguía disfrutando del placer de respirar cada día, muchos ratillos perdidos al día, mientras esperaba en las colas, caminando o corriendo, descansando o escribiendo.

Empecé a practicar un poco de yoga con aquel librito, y me aficioné a contemplar y respirar los rayos del sol por las mañanas. Aprendí ciertos ejercicios simples de pranayama que me activaron más por dentro y me sentaban de maravilla.

Mi comunión con la naturaleza era muy profunda. Anhelaba los rayos de sol acariciando mi piel y la entrañable sensación de mis pies sobre la tierra. La cercanía de los grandes árboles me llenaba de fuerza y respiraba agradecida su aroma nutritivo cuando pasaba cerca de ellos.

En mi cuerpo, antes lento y pesado, empecé a experimentar una gran ligereza. Mi forma de alimentarme cambió casi sin darme cuenta. Dejándome llevar por mi instinto hacia los alimentos más vitales, abandoné el consumo de carnes y alimentos procesados con total espontaneidad. Fue una liberación enorme para mi sistema y una clave más de esta profunda regeneración en mi cuerpo.

Emocionalmente, me empecé a sentir muy expansiva y libre. Me veía abrazando a las personas, acariciando cualquier cosa...Un profundo sentimiento de compasión afloraba ante cualquier sufrimiento en torno mío y una sensibilidad desconocida para captar la belleza de los seres me descubría la riqueza insondable de personas que nunca había apreciado.

Lo que había sido el desencadenante de tal revolución, mi sufrimiento por el aparente amor frustrado, se disolvió por sí solo convirtiéndose pronto en una anécdota entre mis recuerdos.

El placer de sentirme llena de algo mucho más valioso que lo que andaba mendigando de las relaciones sentimentales era mi mayor descubrimiento: ¡Me experimentaba libre! Había dejado de necesitar ser amada y reconocida.

La conexión con mi propia energía vital y el sentimiento de amor que de ella se desbordaba era, para mí, la respuesta que buscaba. ¡El amor estaba en mí! Solo tenía que cultivarlo, regarlo, cuidarlo cada día y ver cómo seguía floreciendo continuamente. ¡Qué liberación! ¡Qué gran hallazgo!

Decir que todo esto se desencadenó en mi vida por la práctica de la respiración consciente es, quizás muy atrevido. No sabemos realmente, no podemos captar desde nuestro reducido punto de vista la confluencia de factores que permiten que, en un momento dado de nuestra existencia, se produzcan este tipo de saltos cuánticos, transformaciones tan profundas que lo conmueven todo dejando paso a una nueva forma de existir.

Sin embargo, en mi consciencia, el vínculo de este despertar con la práctica de la respiración quedó sellado eternamente. Y aunque al pasar de los años la experiencia por momentos ha disminuido en intensidad o llegado incluso a desaparecer en otros, siempre sé que conectarme con esta fuente de nutrición, es volver a elevar mi nivel energético, vibratorio y entrar en un paraíso interior tan real que nunca me abandona.

UNA VIDA INSPIRADA

Después del descubrimiento de esta fuente de vitalidad y consciencia en mi interior, empecé a acariciar una idea apasionante: ¿Cómo sería mi vida si la consciencia de la respiración estuviera presente en cualquier situación de mi cotidianeidad? Solo contemplarla me llenaba de excitación imaginando cómo hasta los actos más insignificantes podrían ser propulsados a una nueva dimensión, mucho más amplia desde la que sentirme libre en medio de lo que solía atormentarme.

Y esta inspiración me empezó a acompañar en la intimidad de mi consciencia invitándome a hacer de cada situación una nueva ocasión para sentirme respirar.

Poco a poco, como quien empieza una vida nueva, empecé a practicar introduciendo la sensación íntima de la respiración en los pequeños actos de la vida cotidiana. Lo primero que descubrí fue que necesitaba muchas pequeñas pausas dedicadas a reconectarme con mi intención. Con paciencia y dedicación, noté que se iban haciendo habituales y que podía aceptarlas como algo natural y benéfico que me volvía a conectar con mi anhelo.

A medida que pasaban los días, afloraba en mí una consciencia nueva, muy fresca y vívida. Empezaba a percibir lo que antes me parecía anodino, con una calidad y una nitidez extraordinarias.

Tuve la oportunidad de explorar esta experiencia de forma prolongada en un centro de meditación en el que viví durante casi un año. Dedicaba gran parte del día a participar en tareas de cocina, labores de artesanía, agricultura, limpieza... Y aprovechaba estos trabajos para practicar la respiración consciente, conectándola con mis movimientos y mis gestos. No había prisa y encontraba la libertad para entrenarme desde dentro, retomando el hilo de mi aliento cada vez que me perdía. Era una ardua tarea que me permitían el silencio y la concentración. Y, sobre todo, la huella que dejó la experiencia vivida a los dieciocho años, que pugnaba siempre por amplificarse y encarnarse más en mí.

Era como empezar a vivir en esa dimensión más profunda donde reina una gran claridad y de la que cada uno de mis movimientos y decisiones surgía naturalmente, sin la intervención de mi mente analítica e intelectual.

Me sentía moviéndome en un campo de energía donde todo encajaba perfectamente y los gestos de mi cuerpo iban desplegándose en armonía con él. Era un espacio inteligente de vida en el que me sentía fluir con total facilidad a medida que respiraba siguiendo el movimiento de mi aliento con atención. Todo se desenvolvía sin pensar... Se trataba de una consciencia muy diferente, más profunda, que me guiaba.

Ello me hacía sentir extraordinariamente viva, lúcida, despierta y apasionada ante la tarea más insignificante, cuya apariencia externa era solo la expresión de la gran intensidad interior que yo estaba viviendo.

Era como si todo fuera siendo impregnado por el «toque del espíritu» (pneuma es la palabra griega que significa tanto aliento como espíritu) y cada acción se convertía en un soplo de inspiración. Aunque me sentía viviendo *en otro mundo,* en realidad estaba más presente que nunca en este, más profundamente conectada con cada cosa de lo que jamás hubiera podido imaginar. Cada objeto, cada acción estaba vivo y era significativo para mí. No había distinciones ni grados entre unos y otros.

¿Cómo era posible todo esto?

Simplemente, estaba respirando conscientemente. El aliento (o espíritu), a quien le había concedido la mayor parte del espacio y el tiempo de mi vida, se estaba haciendo cargo de la situación. Y estaba aprendiendo a dejarme guiar por él, a fluir con la existencia, viviendo una vida inspirada.

Estas experiencias iban dejando tal huella de autenticidad y de realidad en mí que no tenía más opción que seguir cultivándolas y permitiéndolas, a pesar de la inercia de la mente condicionada que me arrastraba con frecuencia hacia el olvido.

Cuando se toca lo real, aunque solo sea una vez en la vida, todo nuestro ser despierta de su sueño y sabe. Saborea la verdad. Aunque luego podamos adormilarnos por momentos, esa chispa sigue encendida eternamente. Y no podemos descansar hasta avivarla de nuevo.

CUATRO PUERTAS HACIA TI

«¿Puedes hacerte feliz con esta respiración?».

Thich Nhat Hanh

Adentrémonos ahora en una intimidad mayor. Conozcamos cada fase de la respiración más a fondo. Acompañemos su sentir dándonos todo el tiempo para ello.

Así que te propongo que, para seguir este apartado, te acomodes y te ofrezcas un espacio de tranquilidad para una exploración muy simple, que te acercará un poco más a ti.

Espiración

Para que lo nuevo llegue a mi vida,
acepto desprenderme de lo viejo.
Espirando, suelto todo.

Al contrario de lo que es común cuando se trata el tema de la respiración, vamos a comenzar deteniéndonos en la espiración, la fase que considero clave para que todo el proceso se dé naturalmente. Precisamente porque es en ella donde más interferencia experimentamos, aunque no solemos darnos cuenta.

Nuestros hábitos mentales se reflejan fielmente en nuestros procesos vitales. El deseo de apropiarnos de las cosas, que surge de la avidez de nuestra mente, nos lleva, cuando nos acercamos a nuestra respiración, a concentrarnos en realizar profundas inspiraciones que nos llenen al máximo.

Sin embargo, tras intentarlo unos momentos solemos cansarnos y olvidarnos. Aunque no nos lo confesemos, nos resulta artificioso y forzado y no disfrutamos de ello.

¿Por qué? Sencillamente porque no hemos permitido que la espiración suceda naturalmente. Una buena cantidad de aire se suele mantener en nuestros pulmones impidiendo que la inspiración que llega pueda llenarlos de aire nuevo: ¡No hay espacio!

Después de aquel momento transformador que supuso descubrir mi respiración, llegó una etapa en la que me empezó a resultar muy difícil disfrutar de la llegada del aire. Percibía algo que se bloqueaba en mi interior y que obstaculizaba la inspiración, haciéndola incluso difícil. Por momentos, me tensaba queriendo forzarla y dejé de prestarle atención, para evitar sentir esos impedimentos en mi cuerpo.

Por supuesto, éstos eran de tipo emocional y, sin darme cuenta, me hacían retener el aliento, contenerme en mi espiración.

Los estados emocionales de temor, ansiedad, duda... nos contraen por dentro y optamos inconscientemente por no respirar para no sentirlos. Dejamos de soltar el aire reteniendo el flujo del aliento, igual que nuestra mente temerosa se resiste a vivir las experiencias emocionales.

Cuanto más intensa es la emoción, mayor es la contracción del diafragma y menor es el volumen de aire que sale y que puede adentrarse en nuestros pulmones.

Un día estaba intentando respirar más profundamente hacia mi abdomen. Lo sentía completamente contraído y experimentaba incluso dolor al forzar la inspiración, no podía penetrar naturalmente.

Se me ocurrió concentrarme simplemente en soltar todo el aire que tenía retenido... y esperar. Dejar de buscar la inspiración con tanta avidez. Permitirle llegar cuando ella quisiera.

El simple gesto de centrar mi atención en espirar totalmente empezó a cambiarlo todo: en primer lugar, observé que, después de vaciarme por completo, cuando el aire nuevo llegaba, el diafragma, más relajado, por sí solo iba descendiendo un poco más. Y lo hacía sin esfuerzo, naturalmente. La ausencia de tensión, a medida que avanzaba con la práctica, dejaba lugar a una apacible sensación de bienestar. Era como dejarme ir en ese ritmo que se iba serenando más y más.

Además, me daba cuenta de que, al dejar espacio tras la espiración, un volumen de aire cada vez mayor podía penetrar y llenarme, intensificándose fácilmente mi inspiración.

Pero el descubrimiento más hermoso interiormente era constatar que *no tenía que hacer nada* para respirar de forma completa. Sucedía por sí solo si yo simplemente lo permitía dejando salir todo el aire. Era extraordinario sentirme *respirada* por la vida sin ningún esfuerzo ni intención.

Soltarlo todo... Esa es la experiencia básica de nuestra liberación y en nuestro respirar se repite continuamente la oportunidad de practicar esta actitud, la única que puede transformarnos realmente.

Para que lo nuevo llegue a nuestra vida, hemos de aceptar desprendernos de lo viejo. Y no quedarnos aferrados a nada.

Ni ideas, ni expectativas, ni sentimientos, ni deseos... Ni experiencias, ni posesiones, ni relaciones... En esta actitud descansa la posibilidad de perdonar y de perdonarnos. Y también la clave de una nueva vida.

A ese *dejar ir* nos invita secretamente cada espiración.

Sin embargo, si nos detenemos a observar atentamente este movimiento de soltar, dejándolo suceder completamente, puede que constatemos una especie de resistencia. Nuestra mente superficial, acostumbrada a dirigir una vida apresurada, no va a aceptar fácilmente que concedamos tiempo a algo que contradice toda su *filosofía* basada en tomar, acumular, correr.

Soltar es inconcebible para el ego que, desde el subconsciente, hará surgir todos los obstáculos posibles para impedir esa experiencia. Una especie de impaciencia se manifiesta en seguida, una urgencia por atender otras cosas... La prisa, que maneja como argumento, esconde una resistencia mayor: el temor a perder el control.

El *pequeño yo* quiere controlar, es la base de su supervivencia. Y percibe claramente, que permitirse soltar todo el aire al espirar tiene mucho que ver con perder ese papel.

En efecto, cuando integramos el gesto interior de soltar unido a la espiración completa, notamos que nuestra actitud vital se modifica profundamente. Nos sentimos relajados y confiados. De hecho, soltar la espiración es un proceso de aprender a confiar en la vida. Y al hacerlo, implícitamente, dejamos de apoyarnos en el *pequeño yo* como sostén de nuestra existencia.

Te invito a centrar tu atención durante unos días en tu espiración.

SUGERENCIAS

1. Explora tu espiración

Túmbate cómodamente y, si quieres, deja tus manos posadas sobre tu abdomen. Te propongo familiarizarte con tu espiración. Obsérvala con una delicada atención desde el momento en que se inicia. Acompáñala mientras va sucediendo, y nota si, cuando termina, realmente sientes que se han vaciado tus pulmones. Si no es así, ayúdala a prolongarse un poco, hasta que no quede aire dentro. Tu sabiduría interior sabe cómo hacer esto con suavidad y sin forzar.

Después, deja que suceda la inspiración naturalmente, siéntela y de nuevo, sigue atentamente tu espirar dejando salir un poco más de aire. Sigue con atención varias respiraciones más.

–¿Cómo te sientes?
–¿Se ha alargado tu espiración?
–¿Te has dado cuenta de que, una vez que todo el aire ha salido, no tienes que hacer nada para inspirar?

Disfruta esta sensación, observando que el espirar te enseña a permitir, mediante el vaciar consciente, la llegada natural del aliento. Date cuenta de que eso sucede por sí solo. Hay una inteligencia que dirige el proceso y que se encarga de todo si, simplemente, la dejamos desenvolverse.

2. En un momento de ansiedad

La ansiedad genera una contención automática del aliento. Sin darnos cuenta, cuando nos atraviesan estos estados emocionales de agitación y temor, tendemos a retener el aire sin permitirle su salida natural en la espiración. Al irse acumulando en los pulmones, no hay espacio para el nuevo aliento o solo un pequeño volumen es admitido. Ello genera una respiración muy superficial y agitada, cuya sensación intensifica la emoción que estamos experimentando. En un momento así, sea cual sea la intensidad emocional, recuérdate la necesidad de detenerte y dedicarte unos momentos. No tienes que hacer nada para librarte de lo que sientes.

Deja de lado cualquier pensamiento o historia que tengas entre manos y sintoniza con tu cuerpo, que es el escenario del sufrimiento.

Si pones la mano en tu pecho amablemente, sentirás el movimiento de tu respiración tal y como está siendo. Notarás que es rápido o superficial. Presta especial atención al pequeño momento en que el aire está saliendo y acompáñalo.

Cada vez que espires, aunque sea levemente al principio, deja que salga un poquito más de aire. Pon tu atención en las sensaciones de espirar y acompáñalas hasta el final.

Notarás que la espiración se alarga poco a poco y que todo el aire que había quedado retenido va liberándose, permitiéndote poco a poco inspirar más abiertamente.

Familiarizarte y sintonizar con tu espiración es una llave maravillosa que permite que el natural fluir del aliento se restablezca fácilmente. Disfrútala.

3. Frases asociadas

Manteniendo esta consciencia de la espiración y, mientras el aire va saliendo, pronuncia interiormente frases que puedan surgir en tu consciencia relacionadas con el soltar. Las siguientes pueden ser ejemplos:

«Confío en la vida».
«Dejo ir todo lo que no necesito».
«Me desprendo de todos mis juicios y expectativas»...

4. Al caminar

Cuando camines, observa cuántos pasos dura tu espiración. Sigue observando asegurándote de que dejas salir todo el aire. Encuentra un ritmo cómodo para ti y disfruta de este soltar en movimiento.

Una variedad del anterior para practicar en casa: Inspira antes de empezar a moverte y camina espirando, observando cuántos pasos dura la espiración. Cuando notes que ha salido todo el aire, detente. Siente cómo la inspiración natural llena tus pulmones y, de nuevo, camina mientras vas espirando y sigues observando el número de pasos que das mientras te vacías.

5. Antes de comer

Sentado en la mesa, delante de la comida, deja que salga todo el aire de tu cuerpo. Si eso te ayuda, cuenta mentalmente los segundos que tarda en hacerlo. Después inspira y, de nuevo, deja que se alargue tu espiración un poco más, ayudándote a vaciarte. Hazlo al menos tres veces.

Con cada espiración, deja que tu cuerpo se vaya aflojando, soltándose: «Suelto mi cuerpo» –puedes decirte mientras sucede–.

Mentalmente puedes aprovechar para liberarte de cualquier ansiedad, prisa o incomodidad. Cada vez que el aire sale, puedes pronunciar interiormente: «Dejo ir todo lo que me perturba»; «Suelto el pasado, suelto el futuro»...

Podemos explorar esta actitud antes de iniciar cualquier actividad, o en medio de cualquier situación, en cualquier momento del día (o de la noche).

Descanso al vacío

Descanso en lo real sin miedo.
La vida me sostiene en este instante eterno.

He aquí otro de los grandes retos de la respiración. Una vez que hemos espirado, la respiración se detiene. Normalmente es un instante casi imperceptible. Sin embargo, cuando empezamos a prestar atención, adquiere relevancia y nos damos cuenta del gran tesoro que encierra.

Hemos soltado todo. Ya no queda nada a lo que aferrarnos y, sin embargo, seguimos ahí, vivos como nunca y conscientes. ¿De qué? De *ser*, simplemente, sin ninguna referencia.

Quizás sea un momento fugaz o puede que se prolongue, pero esta vivencia nos aporta una experiencia inestimable: descansar en lo que somos.

Es fácil, por un instante, reconocernos como la consciencia silenciosa que subyace a los pensamientos, observando su aparición y desaparición. Disuelta toda agitación, tenemos la oportunidad de degustar la paz, esa paz «*que sobrepasa todo entendimiento*», más allá del movimiento de la mente o de cualquier acontecimiento. Aprendemos a descansar confiados. A estar con lo que hay, abiertos y presentes. *Sin hacer nada.*

Este es para mí el sentido profundo de este momento de *no respiración.* Hay una fuente de vitalidad latente en él que me resulta misteriosa y sorprendente. Aparentemente no sucede nada y, sin embargo, si los vivimos con consciencia, resurgimos renovados. ¿Qué sucede?: Hemos conectado con la poderosa energía de la consciencia. Unidos a ella, nos vitalizamos.

Por supuesto, también en esta fase encontramos resistencias. *La experiencia del vacío,* aunque sea por unos instantes, es temida por el *pequeño yo.* En ella se disuelven sus referencias y, sin nada a qué aferrarse, teme desaparecer.

En esos momentos no somos nada concreto: estamos inmersos en un océano de consciencia que todo lo abarca y lo contiene. Somos sostenidos por algo real, muy lejos del cambiante mundo de las formas. Si aceptamos vivirlo, nos sentimos íntimamente confiados.

Cuando, en medio de una situación difícil, nos permitimos detenernos en esta simple experiencia, accedemos a una actitud radicalmente diferente de la que tenemos habitualmente. En momentos así, la tendencia de nuestra mente condicionada es *hacer* algo para arreglar lo que no nos gusta, llenar ese espacio. Inspiramos rápida y entrecortadamente, retenemos el aliento, nos tensamos...

Descansar un momento en el vacío nos invita a experimentar el *no-hacer*. Supone confiar en que toda la ayuda y las soluciones necesarias están ahí. Subyacen a la forma que está adoptando la vida en esos momentos. Aceptamos la forma, contemplamos simplemente lo que va apareciendo sin intervenir... la solución implícita se revela desde la paz.

Permitir estos momentos en nosotros, dejarlos durar sin esfuerzo, es una experiencia llamada a transformarnos, ya que son instantes de rendición a lo que es. Con el aire que sale, soltamos también nuestros juicios sobre las cosas. No sabemos nada y, sin embargo, hay paz en nuestra experiencia.

Esa paz no se apoya en nada tangible. Esta es la enseñanza del descanso del aliento en el vacío. Descansar en el silencio interior, más allá del movimiento de la mente pensante, es la clave de la verdadera sanación. De él surge todo lo que más anhelamos y buscamos, con esfuerzo, en el mundo de las formas.

Cuando empezamos a ser conscientes de esta fase de la respiración, descubrimos que ese descanso que tanto anhelamos, se nos ofrece de forma natural constantemente, como un refugio sagrado al que podemos acceder en cualquier momento.

SUGERENCIA

Familiaricémonos con estos momentos de vacío observándolos con frecuencia, aunque su duración sea mínima.

Permitámonos descansar en ellos, en especial en momentos de alteración, en los que todo parece agitarse y precipitarse por dentro: los pensamientos, los sentimientos, las sensaciones.

Exploremos, tras soltar todo el aire, la experiencia de no hacer nada, solo contemplar desde la quietud la sucesión de movimientos mentales y emocionales sin reaccionar a ellos.

Inspiración

Y, entonces... llega la inspiración. Sucede. No la provoco ni la fuerzo. El vacío en el que descanso la invoca y ella acude naturalmente a llenarlo.

Me abro a una nueva energía y ella encuentra ahora la vía libre para adentrarse en mi espacio interior, expandiéndome suavemente.

Mi cuerpo, distendido, se abre naturalmente para recibirla y saboreo el aliento que me nutre inundándome de vida.

Acompañar el aire mientras va entrando, consciente de las sensaciones que despierta su llegada en distintas áreas me ayuda a intimar con esa constante nutrición que nos sostiene.

La atención a las fosas nasales, al suave roce del aire que las recorre; las sensaciones de expansión en los pulmones y en el pecho al llenarse... Tanta vitalidad que puede ser sentida en una simple inhalación.

Apertura, impulso, receptividad, deleite, nutrición.

Retención al lleno

Y cuando inspiro de este modo atento, sucede a veces que esa energía quiere quedarse unos instantes, expandiéndose dentro de mi cuerpo. Acojo ese impulso sosteniéndolo.

El espacio, abierto ahora, la invita a extenderse conquistando todos los rincones olvidados, iluminando cualquier oscuridad o confusión, esas zonas de sombra que no suelen ser atendidas y que esperan nutrición.

Mi espalda se endereza naturalmente creando aún más espacio en mi interior que quiere ser llenado.

Manteniendo el aire dentro de mí me expando. Es un momento de nutrición intensa. El aire inspirado, cargado de energía, se distribuye por todas nuestras células, aportando vitalidad y consciencia.

Es también un momento mágico en el que la actividad mental se detiene ante la experiencia de plenitud, que a veces no parece querer terminar. Es un instante de no-mente, de intensidad de consciencia, en el que el sentir se incrementa, sea o no agradable la experiencia.

Permitir este momento es fundamental para conectar con las resistencias emocionales que quieren surgir. Si las sensaciones que más tememos se manifiestan, es el momento de rodearlas con los brazos de la consciencia, dejando que se expresen totalmente para así transformarse.

Es un espacio de alquimia y, si aceptamos esta efervescencia energética, notándola compasivamente, sentiremos que se disuelve y podemos dejarla ir al espirar.

ABRIRME DESDE DENTRO

Uno de los cambios más curiosos que he ido observando en mi vida a medida que mi conexión con la respiración se intensificaba ha sido el de mi postura corporal. Ella suele reflejar nuestra actitud en el mundo, y esta, a su vez, el ambiente mental que la determina. Ciertos patrones de pensamiento limitantes, con los sentimientos que provocan, van induciendo una actitud física de encogimiento o de cerrazón. Al negarnos a sentir lo que no nos gusta, inconscientemente vamos cerrando nuestro cuerpo a la emoción. ¿Cómo sucede?

Nuestro miedo a sentir se refleja en un temor a respirar ya que, de algún modo sentimos que respirar aviva y hace aflorar nuestros sentimientos. Así, vamos restringiendo el caudal de aire que recibimos bloqueando nuestro cuerpo, y en especial, la zona del pecho, que se inhibe y se retrae.

Esta contracción es apoyada por la inclinación hacia adelante de la columna dorsal. La actitud postural que resulta nos mantiene retraídos y transmite interiormente un mensaje de cerrazón, temor, desconfianza en la vida, en la que nuestro pecho, hundido, esconde nuestras emociones ante nosotros y ante el mundo.

Cuando mantenemos mucho tiempo estos hábitos, nuestro cuerpo se convierte en un medio de perpetuar ese estado de temor, ya que lo encarna y lo confirma en su estructura. Desde ese ambiente interior, resulta más difícil que un cambio mental hacia la apertura sea posible, ya que la vivencia que estamos teniendo, celular y estructuralmente, es de cerrazón.

Nuestra consciencia de pequeñez se ve apoyada por esta restricción respiratoria que nos ahoga por dentro. Nos sentimos limitados, como si una barrera nos separara del mundo.

La inseguridad interior que proviene de sentirnos desconectados de nuestro Ser se refleja en esta actitud: no queremos ser notados, tratamos a veces de pasar desapercibidos, intentando ocupar el mínimo espacio posible, respirando con dificultad o superficialmente. Nuestro cuerpo encogido, los hombros tensos y cerrados, los brazos pegados al cuerpo y el diafragma contraído nos refuerzan esa actitud mental y emocional, intensificándola.

Respirar superficialmente y bloquear nuestras emociones supone una reducción de nuestra vitalidad y de nuestras posibilidades. Además, la visión del mundo que esa postura nos ofrece es amedrentadora. Como si observáramos todo desde una rendija, no podemos ver la totalidad. Lo que vemos está determinado por nuestra experiencia limitada del mundo y nos da miedo. Se nos contrae el plexo solar y experimentamos una sensación de aislamiento, pues nos cerramos a la vida.

Durante muchos años me viví así. Mi cuerpo se había convertido en un reducto donde esconderme. Ese reducto era agobiante. Me sentía ahogada, bloqueada, enjaulada en una prisión en la que me acostumbré a existir al ralentí. Sin embargo, al contacto con la respiración, casi sin darme cuenta, comenzó a expandirse mi postura y a abrirse la zona del pecho y del plexo solar. Empecé a evocar así esa actitud abierta y radiante de mi verdadera naturaleza.

El plexo solar es como una puerta que nos comunica con el todo. Cuando se encuentra abierto y distendido, la energía fluye, la vida nos penetra y nos comunicamos naturalmente con ella. Nos sentimos nutridos y llenos de energía, inspirados, libres y lúcidos. Espontáneamente estamos atentos a todo lo que sucede a nuestro alrededor y también en nuestro fuero interno. Nuestra consciencia se extiende y abraza lo que aparece ante ella de forma natural.

El plexo solar se dilata cuando los patrones de pensamiento restrictivos y las emociones resultantes dejan de dirigir nuestra vida. Es decir, cuando en vez de creernos un *pequeño yo* victimizado nos identificamos con la consciencia solar y expandida que realmente somos. Como una natural consecuencia, observamos que, incluso sin intencionalidad por nuestra parte, el cuerpo empieza a reaccionar de un modo mucho más fluido, a quererse soltar desde dentro. Empezamos a notar con mayor facilidad la tensión que antes se nos pasaba por alto, y el impulso de abrirse, estirarse y relajarse surge de forma natural. Simplemente, la nueva conexión con nuestra energía vital desencadena una tendencia a la apertura que ya no tiene vuelta atrás. Y si la tuviera, en seguida, la experiencia que ha quedado registrada de ese nuevo estado físico, nos impulsaría por sí misma a volver a conectar con él.

A veces también sucede que, cuando nos encontramos más abiertos y desligados del antiguo sistema de pensamiento, los hábitos adquiridos corporalmente pueden sentirse como un freno a esa expansión que se está produciendo.

Para mí ha sido muy importante observar que la apertura interior que experimento pide una renovación de mi actitud corporal. Unirme a mi respiración, sentir la vida a través de ella, genera un impulso de apertura en mi cuerpo, como si una nueva actitud física surgiera desde dentro queriendo encarnarse en mí, respondiendo a la nueva perspectiva de amplitud que se abre en mi consciencia.

Nacimos abiertos: mental, emocional y físicamente abiertos. Recuperar la apertura en todos los aspectos de nuestra vida es una clave segura para reconciliarnos con nuestra esencia profunda.

Decía al principio que no habría ejercicios ni prácticas y no quiero que las sugerencias que voy ofreciéndote te confundan en relación a esa premisa de la que partimos. Propusimos no hacer *cosas* para conseguir otras.

En mi experiencia, solo he ido aceptando de corazón y haciendo mías las inspiraciones que conectaban directamente con lo que surgía de mi profundidad. En este caso, abrir mi cuerpo y mi postura fue algo que brotaba como un impulso interno incontenible, al que fui dando respuesta como mejor intuía, dejándome guiar desde dentro y aceptando todas las posibilidades que iban apareciendo en mi vida en sintonía con ese anhelo.

El universo nos responde apoyando nuestra intención y entonces, aceptar sus impulsos creativos y realizarlos ya no surge del esfuerzo de un personaje buscador, sino de la humilde aceptación de la acción poderosa de la vida moviéndose a través nuestro hacia su expansión.

Así que, como verás, te seguiré ofreciendo *sugerencias* que quizás conecten con tu intención y quieras practicar sin pretensiones ni expectativas. Simplemente porque así lo dice algo dentro de ti y mis palabras funcionan como un eco de tu impulso vital en estos momentos. Si no es así, déjalas pasar.

Cuando empecé a familiarizarme y a saborear el respirar, algo me pedía explorar toda la amplitud de mis pulmones, que durante tantos años había quedado inutilizada. ¿Cómo recuperar ese espacio? Fui aprendiendo algo muy útil a través de mis prácticas de yoga que ahora comparto contigo.

SUGERENCIA

Siéntate en una silla cómodamente, pero manteniendo la columna vertebral erguida. Deja que tus pies se posen en el suelo contactando bien con él. Te ayudará al principio posar las manos sobre las rodillas o muslos, de modo que los brazos puedan estirarse. Empieza conectando con la espiración: la acompañamos atentamente hasta que los pulmones queden totalmente vacíos. Observa cómo entonces, el aire entra por sí solo en la inspiración. Suavemente, lo dirigimos hacia el abdomen, dejando que este se infle un poco bajo la presión del diafragma...

Ya se ha llenado la parte inferior de tus pulmones.

En este momento, para seguir llenando también su parte superior, arquea ligeramente la columna dorsal hacia delante, presionando un poco con las manos en las rodillas mientras estiras los brazos. Este movimiento permite que sucedan dos cosas de forma natural:

- Que puedas mantener el aire en la parte inferior de los pulmones, sin desplazarlo hacia arriba (que es la tendencia frecuente al principio).
- Que la cavidad del pecho se abra y al seguir inspirando, se llene la parte superior de los pulmones, sin tener que forzar nada.

Puedes mantener la imagen de un vaso que va llenándose desde la parte más profunda a la más alta. Pero para eso, es necesario que tu recipiente esté realmente abierto. Tu nueva postura te convierte en un buen recipiente.

Una vez que los pulmones se han llenado de este modo, puedes mantener el aire dentro durante un momento y empujar los hombros hacia atrás suavemente: así experimentas cómo tu pecho se expande aún más fácilmente hacia adelante.

Después, permites que el diafragma se vuelva a relajar naturalmente y el aire vaya saliendo. Acompaña su salida hasta el final. Síguela atentamente sin forzar. Y, si encuentras un momento de vacío antes de la nueva inspiración, acéptalo, siéntelo con comodidad.

Respirando así varias veces, podemos llegar a sentir el flujo de la energía en nuestro cuerpo. La circulación de la sangre es estimulada por doquier al descender el diafragma y presionar la zona por donde circula en mayor volumen. La expansión de los pulmones en todas sus áreas genera energía en todas las terminaciones nerviosas afectando al cuerpo entero.

Poco a poco, aunque al principio es solo un ejercicio, vamos recuperando nuestra capacidad pulmonar, nos expandimos e incluso nos apetece respirar así. Llega un momento en que dejamos de necesitar prestar tanta atención a todos estos detalles y todo empieza a suceder por sí solo, pues nuestro cuerpo reconoce lo que es benéfico para él y lo hace suyo de inmediato.

Si te das cuenta, esta forma de respirar ha producido un cambio postural. Es una nueva actitud ante la vida, que quizás puedes ya sentir o al menos evocar. Expresa dignidad, apertura, libertad y una gran seguridad. Así nacemos, con nuestra columna erguida, con el pecho abierto y nuestro plexo solar distendido.

Y aprender a respirar así, no solo nos produce una gran expansión interior y un mayor aflujo de energía, sino una nueva actitud vital. Yo lo llamo *«recuperar nuestra postura de dignidad»*. Nos hacemos más espaciosos, también físicamente, y ello promueve una mayor consciencia del espacio interior.

SUGERENCIA

Pasamos mucho tiempo de pie en nuestro día a día; trabajando, esperando, caminando... Al igual que sentados, la consciencia de la respiración puede conducirnos a una nueva forma de percibirnos, manteniendo esa actitud de dignidad.

Mientras estás de pie, deja tus rodillas sueltas, desecha toda rigidez de tus piernas. Dirige la atención hacia los pies. Toma consciencia de lo que percibes en tus plantas apoyadas sobre el suelo. Con cada espiración, ve acomodándote sobre ellas, como si te fueras dejando caer hacia la tierra. A través de los pies, siente el suelo y tu propio peso, haciendo que se reparta equitativamente sobre toda la extensión de las plantas. Puede servirte la imagen de un árbol: todo tu cuerpo es el tronco que se eleva hacia el cielo y la base de tus pies es la del árbol, sobre la que descansa. Es una base amplia de la que surgen fuertes raíces que te conectan con la tierra. Te sientes estable.

Conectamos de nuevo con nuestro respirar: Nos sentimos crecer tendiendo hacia arriba al inspirar y utilizamos el comienzo de la espiración para soltar los hombros. No se dejan caer, sino que abandonamos la tensión que los mantiene encogidos.

El segundo movimiento es el de posarse. Para ello, hemos de aceptar el vientre y la zona de la pelvis, reconocer ahí nuestro apoyo, nuestras raíces. Esta zona suele estar bloqueada, impidiendo el libre flujo de la energía. Descansar en esta zona de nuestro cuerpo es recibir energía y no desperdiciarla. Ahí se encuentra nuestro centro de gravedad.

Y ahora, recordamos de nuevo nuestra dignidad mientras descansamos sobre el suelo. Mientras respiramos serenamente, tratemos de encontrar nuestro equilibrio. Disfrutemos de estar de pie, simplemente. Apreciemos nuestra estabilidad. La tierra nos sostiene.

RESPIRACIÓN Y ESPACIOSIDAD

Como decíamos al inicio de nuestras páginas, hay dos modos muy distintos de transitar por este mundo: desde lo que somos de verdad –espacio, vida sin límites– o desde el personaje con el que nos hemos identificado –sólido, cerrado, separado mentalmente de la vida–. O vivimos desde la amplitud o sobrevivimos desde la limitación.

La felicidad es posible cuando nos sentimos conectados con nuestra esencia espaciosa y abierta, con nuestra realidad esencial. Cuando perdemos esta conexión sufrimos y nos percibimos empequeñecidos, ahogados en un mundo que parece limitarnos, pero que en realidad solo está reflejando la desconexión interna de nuestro ser verdadero. Saberlo es fundamental, comprenderlo más aún, pero experimentarlo es lo que nos ofrece la evidencia.

La vivencia de la respiración consciente nos facilita esa conexión con la espaciosidad que somos en lo profundo. Inhalamos constantemente esta esencia sutil, sin la cual nada de lo que consideramos tan sólido y consistente sería posible en nuestro mundo. Es esencial para seguir vivos. Cada vez que respiramos atentamente, introducimos espacio en nuestra experiencia, el aliento se expande permeando todos nuestros tejidos y naturalmente, nos sentimos más abiertos.

Dicen los físicos cuánticos que más del 99% de lo que percibimos como solidez es, en realidad, espacio vacío. Ese 99% tiene mucho más que ver con lo que somos que las forma corpóreas y limitadas con las que nos hemos identificado.

Nuestro ser es el espacio vasto, inmenso, que lo contiene todo. Es nuestra naturaleza profunda y verdadera, la fuente de la que surgimos. Algunos le llaman Dios, consciencia, espacio sin forma, vida pura en expansión en la que todo se sostiene. Para mí, ese cielo del que hablan las tradiciones espirituales alude en realidad a ese campo energético que subyace al mundo de los objetos: nuestra realidad profunda, que no puede verse ni tocarse y mucho menos definirse.

Padre nuestro, que estás en los cielos,
en los cielos o espacios internos
en los que danzan las partículas subatómicas,
y en los cielos o espacios siderales
que contemplan el surgir de las galaxias.

Es decir, en la amplitud sin forma. Honrar ese espacio es el modo más sencillo de empezar a conocernos en lo profundo, sintonizando con nuestra naturaleza esencial.

Respirar nos conecta vitalmente con esa amplitud. Por decirlo de algún modo, introducimos espacio en la estrechez de nuestros límites, y éstos se ensanchan, se abren, se disuelven...

Podríamos decir que la respiración es el modo natural que tiene la vida de conectarnos con la realidad espaciosa que somos en esencia. Solo con respirar atentamente un instante, nos conectamos ya con esa naturaleza profunda y nos sentimos más abiertos.

El aire, sin forma ni límites, es una expresión accesible de esa sustancia fundamental que nos mantiene vivos y conscientes. Se adentra en nuestro cuerpo y nos ofrece su expansión, dilatándonos, abriéndonos. Y no es solo un fenómeno físico que sucede en los pulmones: si estamos atentos, la experiencia de una sola respiración nos comunica esa sensación interna espaciosa, abierta, que nos aleja ya un poco del apego a cualquier contenido que nos estuviera atrapando. Los pensamientos se distancian entre sí cuando atendemos el fluir del aliento. Salimos naturalmente de su dinámica acelerada y algo se expande por dentro.

Desde nuestra mentalidad egoica, sin embargo, la tendencia es la contraria: evitar los espacios. Y en este empeño por atiborrarlo todo de contenidos llegamos a olvidarnos de la inmensidad que contienen todas las pequeñas formas con las que la humanidad trata de definirse e identificarse. Nos hemos confundido con cuerpos sólidos separados, personajes que se aglomeran y se agitan jugando papeles sin sentido, pensando sin cesar y elucubrado sobre todo. Hemos ignorado el espacio que hace todo eso posible, nos hemos olvidado de respirar, hemos obviado nuestro ser, la consciencia ilimitada y espaciosa que todo lo sostiene y de la que todo surge.

Crear espacios en nuestra vida es la mejor manera de conectarnos con lo real, de recordarnos nuestra esencia olvidada y, poco a poco, reconocer lo que somos.

Espacios de respiración, espacios entre las palabras, entre los pensamientos, entre los gestos, los bocados, las acciones... Espacio a contemplar entre los objetos... Si podemos prestar esta atención al vacío que percibimos entre las cosas, dejamos de sentirnos víctimas de las cosas. Si podemos prestar atención a los espacios entre las palabras, dejamos de sentirnos víctimas de ellas.

Arraigarnos en los espacios, descansar en ellos, conectar con la amplitud que todo lo envuelve nos relaja naturalmente porque nos acerca a nuestro hogar interno, donde siempre es posible experimentar la paz. El espacio es la oportunidad de descansar, de soltarlo todo, de renunciar a todas las cargas con las que tratamos de definirnos.

Acercarnos a nuestra naturaleza esencial solo requiere detener la loca carrera en la que nos desenvolvemos superficialmente y, en un instante, recordar. Soltar todo lo que nos oprime al respirar y descubrir que, por debajo de todo dolor o contracción, subyaciendo a ese personaje superpuesto con el que nos hemos confundido, palpita el ser radiante y espacioso del que nos hemos olvidado.

Nuestro modo de pensar alejado de la vida inhibe el fluir del aliento. Tratando de mantener una imagen artificiosa de nosotros mismos desconectamos, sin darnos cuenta, de lo que nos mantiene vivos. Nuestra respiración se bloquea y sobrevivimos con dosis ínfimas de aire, contrayéndose todo por dentro.

Nuestra respiración consciente, el verdadero aliento de nuestra alma, perdido y olvidado, nos conduce amorosamente a la experiencia de ese ser vibrante y amplio que somos. Este, sin nunca abandonarnos, se quedó velado a nuestra consciencia mientras seguíamos distraídos tratando de hacer funcionar el juguete que nos habíamos fabricado, ese *pequeño yo* que creímos ser, circunscrito en unos límites corporales.

La respiración, vivida conscientemente, nos permite trascender la sensación de estar presos en nuestro cuerpo, limitados por sus dimensiones estrechas. Nos conduce a la experiencia de lo que somos realmente: espacio, consciencia, vida ilimitada, paz.

SUGERENCIA

Acerquémonos, por ejemplo, al espacio que se crea al final de la espiración: ese momento de silencio, en el que nada parece suceder. Si intensificamos nuestra consciencia de ese instante, observaremos que ese aparente vacío posee una inmensa quietud, una energía poderosa en la que podemos descansar.

Vivamos con intensidad, igualmente, la sensación de apertura que va produciendo el aire al inspirar. Saboreemos la expansión natural que ocurre sin esfuerzo. Si notamos que quiere quedarse un instante, descansemos en esa plenitud abierta.

Y soltemos toda sujeción al espirar, dejemos que todo se distienda mientras acompañamos atentamente la salida del aire.

Solo con esta atención, ya nos hemos distanciado por unos instantes de la estrechez de la mente pequeña en la que quizás estábamos enganchados...

Permitámonos saborear esta amplitud con frecuencia. Poco a poco, ella va instalándose y conquistándonos por dentro, modificando incluso nuestra postura y nuestra actitud vital.

Respirar es la forma que la vida tiene
de despertar nuestra consciencia de espaciosidad,
de alinearnos con nuestra verdadera naturaleza.
Lo hace de forma callada, silenciosa.
Momento a momento,
nos invita a intimar con ella y descubrir su secreto.

Cada vez que respiro atenta,
me recuerdo a mí misma
la amplitud, la vida que soy,
más allá del pobre concepto que alimenté sobre mí.
Al inspirar, se inunda de presencia esta aparente solidez.
Al espirar, me extiendo, abandonando mis falsos límites.
Vivir unida a mi aliento es vivir en la consciencia del
verdadero ser que se vive a través mío.

No soy este cuerpo que parece limitarme.
Soy el espacio en el que aparece,
el aliento que lo nutre y lo envuelve.
El océano vivo en el que se mueve y existe,
La madre amorosa que lo sostiene.

RESPIRAR: VOLVER A LA REALIDAD

Hasta ahora me he extendido compartiendo contigo mi apasionado camino, explorando la respiración. Y no me extrañaría que, ante mi entusiasmo, surgiera en ti una profunda objeción: *«Sí, muy bonito todo, pero... ¿Qué pasa cuando apenas puedes respirar, cuando todo en ti está tan bloqueado y contraído que parece imposible la entrada del aire, tal es el grado de ansiedad y angustia en el que te encuentras?».*

Ahora es cuando empezamos a pisar un terreno absolutamente ineludible, pero que muchos eludimos. Incluida yo. Pasé muchos años evitando estos estados u otros parecidos en los que el goce y la consciencia de mi respirar ya no eran posibles, sofocados por agitaciones mentales y emocionales que me hacían creer que había perdido mi bienaventurada realidad profunda. ¿Qué había hecho mal para no poder vivir ya esa amplitud de mi consciencia al respirar? ¿Qué podía hacer para recuperar aquella respiración que me guiaba desde dentro o, al menos, para poderla disfrutar? Porque el goce desaparecía cada vez que mi mundo interno se contraía encerrándose en circuitos mentales sin salida.

Durante ciertos períodos, mi experiencia diaria al abrir los ojos por la mañana era aproximadamente así, como describe esta página de uno de mis viejos diarios:

> Despierto esta mañana y el estado que me envuelve es de extrema vulnerabilidad. Siento dolor y cansancio en mi cuerpo. Mi mente está confusa mientras recorre distraída un panorama de posibilidades y comienza a sentir ciertos pesos: Culpas del ayer, temores que se levantan hacia el futuro, sugiriéndome escenas amenazadoras. «¿Y si...?». El mundo que percibo es sombrío y confuso, como si estuviera compuesto de piezas destartaladas que no casan entre sí. Lo que veo a mi alrededor se me antoja cansino y viejo, vacío.
>
> Mi sensación de vulnerabilidad e incertidumbre me empujan a buscar un remedio, un paliativo rápido. Una parte de mí no soporta

ese estado inconsistente y nebuloso, lleno de esa confusión y pesadez que me es tan familiar. «Un café quizás lo arreglaría todo...».

Una voz resuena en mi mente: «No tienes que hacer nada. No es necesario arreglar ningún problema, dándole así realidad».

En medio de mi confusión me parece imposible no recurrir a nada para evitar este sentimiento de pobreza interior, de extrema debilidad. Me siento confusa y sin apoyo en medio de un universo que se me antoja amenazador.

«No te resistas» –susurra la vocecita en mi mente–.

¡Caramba! ¡Qué panorama! Aceptar este estado sin actuar para cambiarlo, sin resistencia, me parece imposible. Toda mi vida ha sido un intento desmedido de dejar de sentir esta pequeñez que me aturdía, esta vulnerabilidad que me aterrorizaba, llenándome de impotencia.

Me he sentado dolorida, cansada, queriendo dar una oportunidad a esa voz que resonaba en mí: «No resistas. No tienes que hacer nada. Siéntate y, simplemente, observa».

Obedezco. Decido sentarme... ¿Qué puedo perder? Peor no puedo encontrarme...

Me conecto a duras penas con mi aliento. Como quien se agarra a una tabla salvadora, lo empiezo a sentir en su fluir irregular, desde dentro.

Es incómodo notar tal turbulencia, sobre todo porque mi pequeña mente cataloga de incorrectas tales modulaciones cambiantes y caóticas, que no tienen nada que ver con lo que ella considera deseable.

Soltando poco a poco mi resistencia a medida que voy dejando que el aire retenido salga, mi respiración se va haciendo por sí sola más perceptible, más intensa. Le dejo tiempo, sin juzgarla, siguiendo sus vericuetos extravagantes, sin separarme de ella. Es como un riachuelo turbulento ahora... Pero tiene su propia sabiduría y va ensanchándose poco a poco en mi interior. Me abre despacito a un mundo mucho más real, en el que van disolviéndose todas esas dudas con las que amanecí.

Aparece una idea que quiere ser experimentada: «Al inspirar, sé que la energía de la vida está penetrándome. Al espirar, suelto lo que no es ahora. A medida que esta frase se repite en mí, me voy quedando en silencio, y llega la paz.

Nada que arreglar. Entro delicadamente en el fluir de la vida. Una vida que está más allá de las locas expectativas y temores que mi mente condicionada se hace sobre ella. Más real y profunda que estas superficiales olas de pensamientos y percepciones que me confundían al despertar.

Uniéndome al flujo de mi aliento me conecto con la realidad tal y como es en este instante. Respirando me uno a una consciencia profunda que supera mis ridículos temores y las estrechas perspectivas de una mente que se mueve en laberintos sin salida.

Solo la vida presente es real. Y su aliento moviéndose en mi me rescata de una oscura pesadilla que me ahogaba al despertar. Me trae directamente a contemplarlo todo tal y como es, en su natural inocencia.

No existen problemas insolubles cuando entramos respirando en la realidad, cuando conectamos con la existencia y nos dejamos mecer por ella.

Esta mañana, simplemente, he soltado mi necesidad de solucionar por mi cuenta algo que parecía «torcido» y he dejado que la verdadera solución se manifieste.

> Lo real se me ofreció a través de mi respiración, abriéndome la puerta de una vida auténtica que siempre se está ocupando de todo sin necesidad de que yo intervenga con mis artificiosas soluciones.
>
> Estaba ahí, por debajo de los movimientos temerosos de mi mente, en la profundidad de un océano en cuya superficie se agitaban olas inquietas que removían mi alma.
>
> Y he comprendido también aquellas palabras «Dichosos los pobres de espíritu», antes inadmisibles para mí: Aceptar este estado de aparente pobreza interior y de debilidad sin disfrazar, sin ocultar ni tratar de solucionarlo es la puerta directa que se abre para reconocer la inmensa riqueza y abundancia de la que formo parte. Aceptar mi estado de pequeñez y vulnerabilidad me deja en los brazos inmensos de la vida.

Así es, y cada día lo comprendo más profundamente. La respiración tiene el poder de acompañarnos desde dentro en esta apertura a la verdadera vida que somos.

Necesitamos explorar y conocer a esta extraordinaria compañera en todo su potencial. Y también propulsarla, hacer que tome fuerza y consistencia en nuestra cotidianeidad. Este es el sentido de los apartados anteriores.

Sin embargo, hay un aspecto aún más poderoso y necesario en nuestra transformación: la respiración es un puente que nos devuelve constantemente a la realidad, sea cual sea la ilusión que estemos viviendo. Y lo hace desde su hermanamiento profundo con la experiencia que nos ocupa. En su agitación, ella nos llama: «*Atiéndeme, únete a mí, siénteme*». Y si aceptamos sentirla y sintonizar con ella tal y como está siendo, va regulándose poco a poco, serenándose y conduciéndonos, si la seguimos, al océano profundo de nuestra estabilidad esencial.

Esos momentos en que la respiración es difícil, porque emocional o mentalmente estamos alterados, no son en sí un problema a resolver o a evitar. Son el modo que tiene la vida de devolvernos al instante presente, conectándonos con la forma que está tomando. La incomodidad al respirar o el ahogo que sentimos, si los atendemos, nos traen de vuelta a casa, al abrazo de nuestra vulnerabilidad y a fundirnos con lo que somos.

Cuando estamos hipnotizados con lo que nuestra pequeña mente nos dicta, no podemos ver la realidad. Percibimos un paisaje deformado por nuestros temores y prejuicios. Las imágenes son confusas y nos sentimos inseguros. Volviendo a la vida, experimentándola gracias a la conexión con el aliento, recuperamos la verdadera visión, contemplamos la realidad en su inocencia.

SUGERENCIA

Te invito a detenerte en cualquier momento en que sientas confusión en tus pensamientos. Observa cómo es tu percepción de la realidad. Tu mundo de ahora mismo, ¿Te parece claro o confuso?, ¿sereno o estresante?, ¿inocente o amenazador?

Dedicándote un espacio de aquietamiento, sintoniza con el ir y venir de tu aliento sin hacer nada para cambiarlo, siguiendo con total atención su movimiento, sus sensaciones en ti, dejando que vaya evolucionando naturalmente. Permanece en esa atención dedicada unos minutos, digan lo que digan los comentarios de tu mente. Descansa, abandonando ese tumulto de los pensamientos de la superficie y sumergiéndote en un espacio más profundo mientras acompañas tu respirar.

Cuando te sientas más conectado con tu vida, mira de nuevo a tu alrededor. Observa tu mundo ahora. ¿Tienes la misma percepción de él? ¿Hay algo que ha cambiado en tu forma de sentirlo?

LA RESPIRACIÓN Y LOS JUICIOS SUBYACENTES

Al contemplar con atención los momentos de la vida cotidiana, la consciencia que emerge va iluminando con claridad no solo lo que hacemos, sino los contenidos mentales que acompañan nuestro vivir. Nos podemos dar cuenta, por ejemplo, de cómo la pequeña mente lo va evaluando todo. Los juicios que emite no siempre aparecen con evidencia. La mayoría de las veces, subyacen a las experiencias. Están ahí, se mantienen semiinconscientes determinando la actitud que adoptamos en cada situación.

Para ese tipo de mente hay labores *que merecen la pena,* y a las que dedicamos energía y otras que no la merecen y que realizamos en la más completa inconsciencia. Hay unas personas que son significativas, y nos preparamos para ellas, y otras con las que no solemos involucrarnos mucho, dejándolas simplemente de lado. Lo familiar, lo cotidiano, los lugares y gestos habituales, las personas que conocemos de cerca, suelen pertenecer a esta categoría que la mente evalúa como *normales* y de las que no esperamos nada *especial.* Así que, nos relajamos y perdemos la atención fácilmente al estar con ellas. Hay acontecimientos en los que invertimos una gran cantidad de energía y situaciones que no nos dicen nada y en las que nos movemos de forma anodina. Hay incluso horas del día *valiosas* y otras que consideramos sin ningún valor.

Así son los juicios subyacentes que no detectamos a primera vista y que, sin embargo, determinan nuestra vida.

Todo aquello que intensifica nuestro sentido del *yo,* que parece hacernos *especiales* ante otros; las personas que pueden valorarnos, los acontecimientos que pueden aumentar nuestra sensación de ser alguien, los momentos en que nos jugamos nuestra consideración o aprobación en este mundo... Ahí nos involucramos: aumenta la atención, cuidamos la imagen, los gestos, las palabras... y nos dejamos llevar por la inconsciencia cuando esos estímulos desaparecen. En el fondo, es el *pequeño yo* y sus juicios el que dirige así nuestra vida. Todo es evaluado en vista a un objetivo, también escondido: convertirse en un ser especial, amado, valorado, reconocido.

Respirar con la misma atención, tanto cuando atravesamos una situación que nuestra mente considera valiosa como cuando estamos inmersos en circunstancias que evalúa como anodinas, es una experiencia extraordinaria. No solo porque despierta nuestra atención a la existencia de estos juicios subyacentes, sino porque unifica estas vivencias en una sola realidad más profunda que sostiene a ambas.

Es esto lo que necesitamos: vivir en lo real, más allá de los juicios mentales. Y la respiración es una perfecta aliada. Nos sumerge en la vida única que todo lo traspasa sin delimitar o evaluar nada. Manteniéndonos conectados con ese fluir mientras vamos atravesando diferentes situaciones, nos sitúa en un espacio muy estable, cargado de energía, desde el que todo se contempla con total ecuanimidad. No hay diferencias entre las personas, ni entre los lugares y situaciones. Una misma energía secreta lo contiene todo: la vida que nos respira.

Los juicios subyacentes son la forma que tiene el *pequeño yo* de acaparar nuestra energía, retirando la consciencia de la vida. Cada vez que mi mente considera una situación *«de segunda categoría»* (irrelevante, aburrida, ya conocida, poco interesante, indeseable...), mi respiración se inhibe, reaccionando al gesto interior de rechazo o resistencia.

Si «no quiero vivir algo» o «quiero que se pase lo antes posible», mi respiración se aminora o se apresura. Casi siempre, la consciencia de la misma se reduce, se debilita la conexión con la vida y una sensación de vacío se instala.

Por eso, la consciencia de mi respiración me ayuda a conquistar las zonas perdidas de mi experiencia. Al respirar conscientemente en medio de situaciones que mi mente califica como vulgares o poco interesantes, se enciende la luz de la consciencia y me doy cuenta de que la vida está siempre ahí, única y plena, más allá de los juicios y las historias que mi mente genera.

RESPIRACIÓN Y ADICCIONES

El temor a sentir lo que sentimos desencadena la mayor parte de nuestros comportamientos adictivos que, en realidad, no son sino formas de evitar el malestar que llevan consigo ciertas emociones.

Este miedo a sentir se expresa en nuestra habitual contención al respirar. Nuestra respiración restringida nos habla de una consciencia limitada de nuestros sentimientos, que se nos han quedado almacenados, sin procesar, desatendidos y olvidados. Sin embargo, están vivos, pulsando por liberarse y salir a la superficie.

Cuando por fin decidimos retirar estas tapaderas adictivas y nos permitimos ser atravesados por el dolor, la tristeza, la rabia o la soledad, una gran inseguridad nos invade. Nos sentimos *en el aire,* sin nada a lo que aferrarnos. Y es precisamente *ese aire* el que nos puede ofrecer una ayuda extraordinaria en medio del desarraigo y la desolación que podemos experimentar. Sentir su presencia nos sirve de sustento en medio de esas experiencias, anclándonos en algo real que siempre está ahí para nosotros. Me gustaría compartir cómo la respiración consciente tiene un gran poder para apoyarnos cuando nos decidimos a abordar nuestros comportamientos adictivos, y en especial los relacionados con la toma de sustancias, bebidas o alimentos.

Cualquier adicción, en el fondo, expresa el anhelo de reconectar con nuestra Fuente, de paliar esa separación artificiosa a la que nos hemos sometido con nuestra forma errónea de pensar. Ansiamos el contacto, queremos beber, incorporar la energía que sabemos nos nutre y nos hace sentir parte de un gran Todo: la Unidad.

Por eso, cuando nuestros pensamientos nos sumen en el aislamiento a través de la duda, la culpa, la exigencia o el temor, algo dentro nuestro no lo soporta: siente frío, una soledad que sabe que no es su naturaleza, y por el hábito condicionado de incorporar sustancias, busca alguna que parece calmar esa desconexión tan dolorosa. Tomar algo, tragar algo, fumar algo... nos da sensación de estar conectados y, al menos por un momento, dejar de sentir separación.

Les hemos dado a esos productos un poder que no tienen: protegernos, calmarnos, acompañarnos, vincularnos, amarnos... Igual que se lo damos a las personas. Provisionalmente, nos tapan las emociones difíciles. Sin embargo, a la larga, vuelven a surgir. Al no habernos responsabilizado de ellas comprendiéndolas, nos quedamos a merced de algo externo que las bloquea y que genera dependencia y ansiedad.

Quiero proponer algo que muchos de nosotros hemos experimentado como una gran ayuda. Hay otra *sustancia* que, por su misma naturaleza, es inofensiva, pero extraordinariamente poderosa. Bebemos sin cesar de ella, pues sostiene nuestra vida: el aire, vehículo de la energía viva que nos nutre en cada aliento.

¿Por qué no darnos cuenta de eso y dejar que nos ayude, también físicamente, a llenar de consciencia esos huecos que tanto sufrimiento nos despiertan? Cada vez que respiramos, *tomamos algo* que es realmente nutritivo y está lleno de vitalidad. En oriente se conoce como *prana* y se concibe como la energía que sostiene la vida. No tiene efectos secundarios y está ahí, disponible. Podemos beber de ello a profusión, y nunca se agota. Sus efectos en nuestro sistema son altamente estimulantes y vitalizantes y sentimos en seguida su eficacia.

El impulso que nos hace querer incorporar algo a lo que agarrarnos y que nos lleva a *tomar* cosas, podemos atenderlo más fácilmente desde la conexión con el aliento que respiramos. Cuanto más sensibles nos hacemos a él, más real resulta para nosotros la nutrición y la conexión que supone en nuestra íntima experiencia. Es como estar siempre nutriéndonos del seno de una gran madre que es la vida.

Nuestro problema es que solo consideramos lo que se ve, lo que podemos palpar, describir, aislar. El aire, como todo aquello que es importante para nosotros, no puede verse y pasa desapercibido si no le prestamos una delicada atención. Por ello se hace necesario sensibilizarnos a él acercándonos al sentir de la respiración. Al conectarnos con este proceso real que nos mantiene vivos notamos que podemos confiar, apoyarnos y dejarnos llevar por él. En esta conexión quizás notemos disolverse poco a poco esa sensación de aislamiento, a veces insoportable, y que, precisamente, nos lleva a refugiarnos en adicciones.

Sintonizar íntimamente con el aliento es una ayuda preciosa que intensifica nuestra atención y nos permite al fin parar, observar lo que nos está sucediendo y encontrar la lucidez para elegir una vía diferente a la habitual.

Sin este apoyo que nos conecta con nuestra energía vital y nos fortalece, es muy difícil: la sola intención mental unida a nuestra pobre fuerza de voluntad resulta con frecuencia insuficiente. Los argumentos en contra de nuestra decisión encontrarán un fácil acceso para socavar nuestra determinación. Las adicciones tienen un enorme componente emocional y energético. De hecho, su oculta finalidad es evitarnos sentir las emociones que nos causan malestar. Cuando estas aumentan de intensidad, es necesario contar con una energía de calidad más poderosa que pueda observar y dirigir a *la energía del hábito*. Esta es una expresión de Thich Nhat Hanh que me parece muy acertada. Tal energía es potente simplemente porque le hemos dado mucho poder alimentándola cada vez que ha surgido. Ahora necesitamos conectarnos con un poder mayor que pueda ocuparse de ella: la energía de la consciencia plena. Es la energía del ser, la consciencia viva que somos.

Hemos vivido ignorándola y parece estar velada o adormecida. Sin embargo, nunca nos abandonó y cuando empezamos a poner nuestra atención en la vida, esta energía de la consciencia plena se despierta. Cada vez que observamos con atención el fluir de nuestra respiración, la sentimos expandirse e intensificarse en nosotros. Poco a poco, nos vamos identificando con ella y recuperamos nuestro verdadero lugar.

Por otra parte, el conectarnos con el fluir del aliento, siguiendo sus variaciones con atención, nos involucra en un estado íntimo de atención sostenida desde el que podemos observar todos los componentes de la adicción: los impulsos, sus sensaciones en el cuerpo, los pensamientos que los generan.

Todo ello se siente con tal intensidad que, sin una conexión poderosa con algo vivo y real nos perdemos fácilmente en sus movimientos, que parecen poder arrastrarnos.

Necesitamos realizar una verdadera conexión interna dedicándonos tiempo y espacio en momentos en que se manifiesta cualquier impulso adictivo. Antes o después en nuestras vidas, esta decisión es necesaria.

En el corazón de toda adicción late un profundo anhelo de conexión con nuestra verdadera naturaleza. Si, en vez de seguir ciegamente estos impulsos, elegimos conectar amorosamente con sus sensaciones y contemplarlas con claridad, abrimos una puerta a la vida. Ella, la vida, es nuestra auténtica fuente de nutrición y la hemos despreciado, buscando sucedáneos y tapaderas que nunca llenarán nuestra única necesidad: descansar en lo que somos.

Soltar esas tapaderas nos pone en contacto directamente con la energía de nuestras emociones desatendidas. Nos asustan porque toman formas turbulentas. Necesitamos atravesar a veces territorios de extrema vulnerabilidad y temor que vivimos con inseguridad. Más adelante veremos cómo conectar con las emociones e impulsos ciegos abriéndoles un espacio de consciencia en el que sean admitidos y procesados. Aprenderemos a detenernos y contemplar amablemente las sensaciones que pugnan por captar nuestra atención, los pensamientos que tratan de alejarnos de la experiencia, estrechando nuestra consciencia en callejones sin salida.

La respiración es siempre nuestra poderosa aliada. Siguiendo nuestro aliento podemos sentir la gran energía que nos sostiene y nos impulsa. Descubrir y cultivar esta conexión básica nos ayuda naturalmente a liberarnos de dependencias innecesarias. Al potenciar este vínculo que nos llena de vida vemos reducirse la sensación de necesitar apegarnos a ciertos sustitutos o cargar con ellos.

Es una puerta hacia la libertad.

RESPIRAR Y CONFIAR

¡Qué difícil es vivir en el presente! –se oye decir con frecuencia–.

La pequeña mente no confía en este instante, por eso le resulta difícil vivirlo. Trata constantemente de evadirse de él y ello es una fuente enorme de ansiedad en nuestra vida. Continuamente da su veredicto sobre cómo deberían ser o haber sido las cosas, atemorizándonos con sus anticipaciones y llenándonos de dudas sin fin. Todo menos aceptar vivir este momento tal y como es.

La típica salida de *«Disfruta del momento presente, aprovéchalo, que se te va»*, es una de las soluciones que nos ofrece esa mente pequeña cuando ya ha abandonado todas las posibilidades de salir de su sufrimiento auto infligido.

Pero, ¿y si la forma que está tomando este momento no es *disfrutable*? ¿Y si estoy atravesando una situación que mi pensamiento juzga de indeseable y sufro por ello? Ahí se crea un gran dilema, al cual la mente condicionada responde: *«Busca momentos de disfrute, rechaza lo que no te gusta, evádete, que son dos días»*. Con lo cual comienza de nuevo la búsqueda y captura de esos *buenos momentos* que exprimirle a la vida para llevárnoslos puestos: *«Y... que me quiten lo bailao»*.

Sin embargo, en esa búsqueda ya hay tensión y ansiedad al surgir de la resistencia a lo que es ahora. Me quiero separar de este momento que no me gusta para conseguir otro que me guste más. Otro momento presente, en el futuro. Curioso este juego de la mente, ¿verdad? Siguiéndolo, no podemos realizar nuestro deseo de descansar en el ahora.

Y la causa es bien clara: la mente superficial no sabe vivir en este instante. Sabe juzgarlo, clasificarlo, rechazarlo... pero de ninguna manera vivirlo. No confía en la apariencia que la vida está tomando ahora y trata de evadirla moviéndose constantemente entre el pasado y el futuro. Ninguno de ellos existe. Algo que pasó o que quizás suceda no es. No hay realidad alguna fuera de lo que ahora mismo podemos experimentar. Pero... ¿cómo acercarnos a este momento si nos resulta desagradable y no nos ofrece ninguna confianza?

Necesitamos cambiar de perspectiva, dejando la percepción de la mente que se resiste. Ella, con sus juicios e interpretaciones se queda ceñida a las formas cambiantes que van y vienen. No puede captar la realidad viva del presente.

Necesitamos entrar directamente en la vida que está aquí, manifestándose a través de nuestro cuerpo: en sus sensaciones, en su respiración. Es así como nos conectamos con el ahora, pues nuestra experiencia sensorial en este instante es innegable y es una puerta al *aquí*, donde la vida se está desenvolviendo realmente.

Puedo dudar de lo que mis pensamientos me están susurrando, pues su contenido no pertenece a este momento, pero de la sensación de mis dedos en contacto con el bolígrafo, del movimiento de mi pecho o de mi abdomen al respirar, tengo evidencia inmediata.

Para mí, el modo más extraordinario de vivir esta conexión con el presente es unirme a mi respiración, expresión genuina de la vida. Está sucediendo siempre. Vivirla desde dentro, en contacto con ella, tal como va siendo momento tras momento, me vincula directamente con el presente.

Sentir íntimamente el inspirar y el espirar es un puente entre el mundo del pensamiento y la vida auténtica. Si mi mente divaga y, al darme cuenta, me conecto con el fluir del aliento en mi cuerpo, vuelvo a lo que es real ahora, a lo que está sucediendo de verdad. Y si permanezco ahí conscientemente, desoyendo los vaivenes y protestas de mi mente, me encuentro en un lugar interior más seguro, simplemente porque es, porque está aquí y ahora, sucediendo. Volvemos a casa, a nuestro hogar y nos sentimos anclados en lo real.

Hagámoslo ahora mismo. Estás leyendo, ¿verdad? Deja que tu mirada descanse en un punto de la página. Sintoniza con tu aliento. Observa cómo está entrando o saliendo de tu cuerpo. Justo ahora. Una vez que lo encuentres, quédate un momento ahí, uniéndote a él para acompañarlo, tal y como está siendo al entrar o salir de tu cuerpo. Siéntelo. Puede que esté detenido... ¡detente con él! Permite eso, observa... Estate ahí atentamente, sin juicios.

Puede ser que una parte de tu mente en seguida empiece a comentar sobre lo que estás haciendo: *«¡qué difícil!», «¡no puedo!», «¡mi respiración es incorrecta!», «debería ser más profunda...».* Estos comentarios son normales... Déjalos ser. Sigue conectando con el proceso sin tratar de alterar nada. Con la misma fidelidad que nuestra sombra refleja nuestros movimientos, ahora nuestra consciencia refleja los movimientos –a veces curiosos– de nuestro respirar.

Para mí, aprender a fluir así no fue fácil, pues mi pensamiento perfeccionista y censor intervenía tratando de cambiar, alargar, profundizar o, simplemente, criticar mi respiración. Se nos ha dicho tantas veces cómo deberíamos respirar, lo mal que lo hacemos, que nuestra relación con ella sufre de esta barrera de exigencias. Los juicios nos desvinculan. Al escucharlos perdemos el íntimo contacto con lo que está siendo.

A veces mi respiración parece inexistente, como si se hubiera quedado en suspenso en alguna de sus fases. Mis pensamientos pueden considerarla inadecuada o incorrecta. Y aquí es necesario incidir de nuevo: no hay nada inaceptable en el fluir del aliento. Es como es, ahora mismo: simplemente un efecto sobre el que no tenemos nada que hacer, salvo aceptarlo sin reservas permitiéndole expresarse sin interferir. Es la consciencia la que contempla así. Al dejar que todo sea como es, me identifico con ella, con el ser que todo lo abarca y lo contempla. Y desaparezco como ese yo restringido que todo lo juzga y lo disgrega.

En la presencia incondicional de la consciencia, permisiva y espaciosa, la naturaleza, por sí sola, se reorganiza y encuentra su fluir espontáneo. Es nuestra necesidad de control la que perturba y retiene.

Así que sigamos observando fielmente, momento a momento, todo lo que el aliento va haciendo. Cómo se detiene, se alarga o se contrae, desaparece o surge. En qué partes de nuestro cuerpo sentimos todo esto.

La atención se va afinando cuando estamos así abiertos. Es entonces cuando empezamos a descubrir los secretos de esta maestra interior. Nos habla de nosotros. Nos informa celularmente de nuestras resistencias y patrones internos. No es un lenguaje intelectual, sino visceral.

Para mí, uno de los más grandes aprendizajes es permitir la *«no respiración»*. Esos momentos, incómodos para la mente porque no puede definirlos, en que el aliento se detiene. Y al detenernos con él pacientemente, solo observando sin esfuerzo, se desata un nudo interior de retención. Requiere paciencia, es cierto. Estar ahí atenta y respetuosamente, con interés, curiosidad y total aceptación. Y en su momento, permitir que el aire vaya saliendo o entrando a su ritmo particular. Sin tener que *hacer* nada.

Al permanecer así, abiertos y centrados con nuestra propia respiración, estamos aprendiendo una actitud básica extraordinaria: abandonar el control y permitir que todo sea lo que es. Este aprendizaje supone un salto poderoso en nuestra vida y la creación de una avenida directa hacia nuestra liberación interior. Nos liberamos de la necesidad compulsiva de controlar, manipular, juzgar y criticar la vida, resistiéndonos a ella.

Seguir el aliento mientras nos movemos en la vida cotidiana nos ayuda a eliminar la distracción y el pensamiento innecesario que nos separa de nosotros mismos.

Estoy hablando de confiar, de enamorarnos profundamente de la existencia conectándonos con su fluir, dejándola ser como está siendo en cada instante. Aceptar ese flujo impredecible en nosotros nos sitúa en un espacio de gran seguridad interna, en el que todo lo que a la pequeña mente le parece insoluble y trabajoso ya está resuelto.

Vivir desde la consciencia que somos
no es un esfuerzo penoso, un sacrificio que agota,
por conseguir algo en el futuro.
Es ahora y es la fuente de nuestra felicidad.
Es aquí y toda la ayuda que necesitamos
se encuentra disponible para nosotros en este instante.

Podemos experimentar la confianza de ser sostenidos
en lugar de deambular por nuestra cuenta sintiéndonos separados.
Confiar en la vida,
vivir en esa confianza,
experimentarla momento a momento,
es totalmente posible.
Y está aquí. Es ahora.
¿Nos unimos a ella o vamos solos?
Esta es nuestra verdadera decisión.
Hay una puerta abierta para ti
si quieres explorar esta confianza:
Siente ahora mismo tu aliento entrando o saliendo de tu cuerpo.
Es la vida que se mueve en ti, sosteniéndote constantemente.
Acércate a sentirla.
Acompáñala desde dentro.
Únete a su ritmo de ahora mismo, sin cambiar nada.
Confía en el ritmo particular de este momento.
Y deja que sus olas te muevan,
devolviéndote siempre a la inmensidad del océano
que es tu esencia.

RESPIRAR CON AMOR

Seguir la respiración, intentar volver a sintonizar con ella cuando nos hemos perdido en el pensamiento, puede generar a veces una sensación de esfuerzo, de búsqueda de algo que siempre está más allá. Podemos volver a confundirnos al *hacer* de la respiración consciente una práctica para conseguir algo.

En realidad, no lo es. Sentir y sintonizar con el aliento no es algo que *hacemos*. El aliento sucede sin nuestra intervención, como todas las expresiones de la vida. Precisamente alejarnos de esta consciencia es lo que hemos hecho pensando, fugándonos al mundo virtual de nuestra mente. Volver a la experiencia de la vida que respira en nuestro cuerpo es, precisamente, dejar de escaparnos, *dejar de hacer* algo por evadirnos de este instante.

Cuando descartamos todo intento de conseguir algo a través de la respiración y le damos una atención íntima y delicada, descubrimos que nos permite unirnos a la vida en cualquier momento. Naturalmente sintonizamos con un espacio más profundo: lo que somos realmente, consciencia viva, amor.

Ello solo es posible cuando esta conexión no es algo que *hacemos*, sino algo que observamos suceder. Darle esta atención respetuosa es la llave mágica que permite a la respiración ofrecernos todos sus dones, sus tesoros escondidos, que nos son revelados en el silencio.

Ella siempre está ahí, como la mano de una madre, disponible para ser tomada. La vida que subyace a todos los fenómenos cambiantes de la superficie es esa Gran Madre silenciosa y sostenedora de todo. Su aliento, penetrando en nosotros a cada instante, nos invita a unirnos a la totalidad.

Respira con amor.
Sin razones.
Disfruta de esta respiración como si fuera la única que tienes.
Apréciala como un regalo de la vida
que te está siendo ofrecido momento a momento.
Entra confiadamente en su sentir,
como si te abandonaras en los brazos
de una gran madre que te recibe y te nutre.
Sin expectativas, sin tiempo,
solo esta respiración:
es una puerta abierta hacia la vida inmensa que te vive.

Un día, hace años, mientras meditaba en contacto con mi respiración, viví un profundo cambio de perspectiva. En lugar de ser la que buscaba sintonizar con el aliento, me sentí identificada con él. Entonces lo entendí. Desapareció instantáneamente la división entre la pequeña Dora, intentando ser consciente de su respiración, y esta, que parecía escapársele.

Yo soy el aliento que penetra en este cuerpo.
Estoy aquí para llenarlo de mi energía, al igual que todo lo que existe.
Yo soy la vida que lo respira.
Tus intentos de seguirme, tu frustración por no conseguirlo,
son irrelevantes para mí.
Yo te sigo siempre, no te dejo ni un instante.
Descansa en mí.

Esto que trato de describir con palabras fue una experiencia de profunda conexión, en la que esa separación entre la respiración y yo quedó disuelta. Yo soy ella. Yo soy la vida. Yo soy ese océano de vitalidad en el que mi cuerpo es sostenido y alimentado constantemente sin mi intervención. Solo con evocar esta vivencia vuelvo automáticamente a esa unidad profunda en la que todo esfuerzo desaparece y, naturalmente, descanso.

LA VIDA EN TU CUERPO

CONFUNDIDOS CON EL CUERPO

Mi cuerpo fue, durante mucho tiempo, el lugar en el que más se reflejaba mi falta de amor y conexión con la vida. En él proyecté mis anhelos y rechacé mis sombras, otorgándole un poder que ignoraba en mí misma. Identificada con él me sentí disminuida, rechazada, encerrada, culpable, temerosa y anhelante de una libertad que él no podía darme, pero que yo le pedía en mi confusión.

No es extraño sentirnos confundidos. A través de nuestro cuerpo, si nos enfocamos en su forma, apariencia, sensaciones... experimentamos con frecuencia limitación, malestar y separación. Lo que percibimos en él son condiciones constantemente cambiantes, como ocurre con todo en el mundo de los fenómenos físicos. Nos damos cuenta de que en el cuerpo no encontramos garantía alguna de estabilidad o seguridad, y al identificarnos con él nos sentimos constantemente amenazados por sus cambios e impulsados a buscar soluciones para evitarlos.

A veces, eso sí, sentimos cierta satisfacción a través de nuestro cuerpo. Mentalmente nos contentamos con su apariencia o nos felicitamos por su aspecto o por las modificaciones que hemos conseguido generar. O quizás, al compararlo con otros cuerpos, nos sentimos afortunados al percibirlo en mejores condiciones que las que observamos a nuestro alrededor. También, a veces, experimentamos placer, que tratamos de perpetuar; sin embargo, suele ser poco duradero. Las condiciones siempre cambian, las sensaciones que nos visitan y nos alegran, rápidamente pueden tornarse en las contrarias. Por ello mismo, por muy buenas que sean, no estamos en paz, pues identificados con algo tan inestable, nos sentimos secretamente inseguros y amenazados de lo que pueda alterarlo: enfermedades, alimentos, críticas, opiniones, cambios sentimentales, ambientales o profesionales...

Y para evitar cualquier alteración, nos lanzamos al *hacer*, a la búsqueda de soluciones de todo tipo que nos garanticen bienestar y sensación de control. Esta búsqueda nos separa del presente, de la experiencia directa de la vida que somos, a la que tenemos acceso a través del cuerpo si aceptamos detenernos para sentirla. Cuando rara vez nos permitimos descansar, sintiéndolo desde dentro, nos damos cuenta de que el cuerpo es inocente, no es causa de nada. No hace nada por sí mismo. Es el escenario perfecto de las creencias que la mente acepta como ciertas. Y lo que se siente en él es el efecto de haber creído tantas y tantas historias distorsionadas que él simplemente refleja, muchas veces en forma de sensaciones desapacibles. Estas no tienen su origen en el cuerpo, aunque en él aparezcan. Y creo que esto ha de quedar muy claro.

Gran parte de nuestra frustración surge de estar pidiendo algo imposible en un ámbito tan limitado: la paz y la felicidad que ya son nuestras. El cuerpo, en sí, no puede ofrecérnoslas. No porque sea malo o inapropiado, sino porque esa paz y felicidad brotan de la vida inmensa y sin forma que lo recorren, de la consciencia profunda que somos. Identificarnos con algo más pequeño nos ahoga y nos hace sentir incómodos e impotentes. Al creernos ser él, nos limitamos enormemente y pasamos la vida intentando crear a través suyo las condiciones de una felicidad imposible en tan estrechos límites.

El cuerpo *hace* lo que la mente le ordena, y bajo el mandato de una mente desconectada de la vida, se ve obligado a seguir un ritmo que con frecuencia, lo enferma o lo altera, lo cual sigue confirmando su supuesta insuficiencia. Las experiencias limitantes del cuerpo, vividas desde esa forma de pensar, le sirven al *pequeño yo* para afianzarse en la insuficiencia y la impotencia: encuentra en ellas las razones para estar insatisfecho y seguir buscando. Al vivir confundidos con este personaje, el cuerpo se convierte en el modo de justificar la disminución y la limitación que sentimos y que nos llevan al *hacer* constante para validarnos.

En este capítulo quiero compartir contigo cómo ha ido transformándose la relación con mi cuerpo. Después de muchos años de sufrimiento por considerarlo la causa de mi malestar, convirtiéndolo en el escenario doliente de mis luchas, empiezo a descansar aliviada. He dejado de otorgarle la responsabilidad de mi libertad y mi paz. Atrás quedó el dar vueltas en torno a su perfecto funcionamiento y pureza, que creía me definían.

Hoy encuentro espaciosidad y mucha vida donde antes solo percibía una sólida pesadez contraída. Aunque el espejo me muestra una imagen ahí fuera de lo que se ve de mí como ente separado, desde dentro solo siento apertura atravesada por corrientes de energía que recorren mi espacio, generando sensaciones que ya no trato de explicar. No me sirvo de ellas para contarme historias de insuficiencia o de indignidad, ni para emprender planes de mejora. Son movimientos pasajeros que no dicen nada de mi esencia, mientras se despliegan en ella. Unas veces dolorosos, otras, placenteros... tienen espacio libre en mí para moverse, son atendidos sin tapujos con total permisividad. Pero mi enfoque no está en ellos. Son vividos desde mi consciencia, un lugar mucho más estable en el que estoy aprendiendo a instalarme. Son penetrados por mi atención, pero no les pido nada, no trato de conseguir que cambien. Sé que lo harán por sí mismos desde esta contemplación serena en la que descanso.

Me encanta concebirme como una niña recién nacida, que aún no se ha identificado con su cuerpo, sin tener una noción delimitada del mismo. Abierta a la vida, en el momento presente, no sé más que lo que directamente observo: apertura, espaciosidad plena de experiencias sensoriales que van y vienen. Esta perspectiva despierta un intenso sentimiento de libertad y un poder gigantesco.

A veces, cuando salgo a caminar o a correr por la naturaleza, aprovecho para recordarme que esa inmensa espaciosidad que me envuelve es mi esencia. No soy un cuerpo que se desplaza con una historia sobre sus limitaciones o logros al moverse. Me concibo como un abierto espacio en el que todo aparece y desaparece: cielo, montañas, personas, sensaciones en mis pies, sonidos de mi entorno y de mi cuerpo al avanzar... Lo que soy no camina, no corre. Pero todas las sensaciones de hacerlo van y vienen en mí en un solo momento: ahora. Desaparecen las metas y los recuerdos... Y desde esa perspectiva, todo esfuerzo se esfuma por sí solo. Correr se hace muy liviano cuando en lugar de ser el cuerpo que avanza pendiente de sí mismo y de su historia, soy el espacio en el que las sensaciones suceden sin pasado, sin futuro... Sin mí.

LA INOCENCIA DE MI CUERPO

Crecí con una sensación pesada de mi cuerpo. Me percibía viviendo en una prisión densa que ahogaba mis impulsos expansivos. Encerrada, encapsulada y perdida.

Un profundo anhelo de liberarme de ese encierro surgía con frecuencia desde mi profundidad: ¡Necesitaba liviandad, ligereza, luz! Miraba otros cuerpos más estilizados y suponía, en mi mente infantil, que mis sensaciones se derivaban de la pesadez del mío.

Consideraba secretamente que mi naturaleza interna era indigna y burda, lo que conformaba un cuerpo tan difícilmente vivible.

Sin embargo, por mucho que luchaba por cambiar su forma para hacerla más aceptable, las sensaciones internas de contracción, dolor y densidad me seguían sobrecargando.

Soñaba con salir de ese encarcelamiento, no quería seguir arrastrándolo. Como solemos hacer, proyecté en mi cuerpo la causa de mi malestar y angustia vital, ya que era en él donde se paseaban estas sensaciones que me sumían en miserables estados de embotamiento y cerrazón.

Así viví muchos años. Cuando a los dieciocho viví ese bello despertar de mi consciencia que he narrado, algo extraordinario sucedió que cambió la percepción que tenía de mi corporalidad: empecé a experimentar la ligereza, el dinamismo, la intensidad infinitamente móvil de la vida recorrer mis células.

Como inmersa en un oasis de eternidad, viví muchos meses en el éxtasis que podría experimentar un preso recién liberado de su celda. La vida, sensaciones multiplicadas, intensidad en mis sentidos, energía libre disponible sin fin... Un milagro había sucedido, cuyos efectos perduraron durante un buen período de mi juventud.

Sin embargo, poco a poco, fui perdiendo el contacto con esa fuente de vitalidad que me animaba. Casi sin darme cuenta, me vi sumida en mis patrones mentales de antaño: limitación, angustia, impotencia, miedo, culpa... Y mi cuerpo lo reflejó cerrándose de nuevo. La respiración parecía haberse bloqueado y me resultaba difícil conectar con ella.

Bajo la creencia de que el cuerpo era la causa y la solución de todo, volví a dar vueltas en torno a su mejoramiento y liberación durante años: me dediqué a fondo a explorar todo tipo de técnicas psicofísicas, yoga, meditación, introspección, aprendiendo y practicando una inmensa gama de ejercicios y dietas alternativas para conseguir recuperar el paraíso perdido. Y sí, a veces esta dedicación parecía ofrecerme períodos de paz y también mucho aprendizaje. Sin embargo, apenas una de estas prácticas empezaba a *funcionar* prometiéndome la liberación de esa pesadez ancestral, sobrevenía la reacción de mi emocionalidad llamándome hacia la verdadera raíz de mi malestar.

Por mucho que la forma de mi cuerpo cambiaba y *mejoraba* visiblemente, pues ganó en flexibilidad, pureza y esbeltez, seguía percibiendo un paisaje constreñido en mi interior. Sensaciones tan densas y turbadoras que me empequeñecían y parecían sumirme en pozos profundos de abandono. Contracciones y bloqueos que no podía soportar, y ahora menos que nunca, al haber soltado muchas capas opacas y sentirme mucho más sensible.

No me daba cuenta de que seguía separándome de mi cuerpo: rechazando sus sensaciones había emprendido una huida hacia mi mente para encontrar solución a ese sentir o para escaparme de él. A veces tomaba forma de búsqueda espiritual de estados ideales en los que el cuerpo no era tenido en cuenta.

Sin embargo, nunca quise descartarlo como un enemigo, pues íntimamente sabía que a través de él era posible experimentar esa libertad auténtica encarnada e integrada en lo físico. Había experimentado la ligereza y la transparencia y eso era una certeza para mí.

Por supuesto, periódicamente siguieron llegando períodos de bienaventuranza y de liberación, y ello nutría mi anhelo, pero no podían ser duraderos, pues necesitaba una profunda comprensión.

Aún no sabía, y eso viene siendo mi gran aprendizaje desde hace años, que esa libertad y bienestar físicos que anhelaba son solo una consecuencia de una aceptación e integración profunda de nuestro mundo interno. Solo concienciando y abrazando esas sensaciones viscerales sombrías que me aturdían y que rechazaba, la liberación se haría posible de forma natural. Y sobre todo, comprendiendo que ese malestar surgía de un modo de pensar erróneo que necesitaba cuestionarme profundamente, así como la falsa identidad que lo sustentaba.

Nada más lejos de mis posibilidades en aquella época, en la que lo mejor que se me ocurría era hacer ejercicio, relajar el cuerpo, desahogarlo, olvidarlo, llenar sus huecos emocionales con alimentos o criticarlo.

Hoy sé que no podemos pasarnos el cuerpo por alto. No podemos decir simplemente *yo no soy un cuerpo* y retirarnos de la vida que lo recorre. Por mucho que lo intentamos, ella, la vida, volverá siempre a llamarnos desde sus entrañas: *«Atiéndeme»*.

Y, evidentemente, *no somos un cuerpo*: somos mucho más.

En estas páginas estamos explorando la posibilidad de aceptarnos como el ser, consciencia plena, vida ilimitada. Y esa vida es la que atraviesa y sustenta la forma que llamamos *nuestro cuerpo* con la que nos hemos identificado.

Es de esa vida, expresada en nuestras células, de la que nos hemos alejado mentalmente. Hemos huido de sus sensaciones y señales, que no son sino mensajes de sabiduría, peticiones de amor tan desoídas que ya ni las identificamos. Las rechazamos buscando el modo de eliminarlas y convirtiendo nuestro cuerpo en un campo de batalla, generando bloqueos, retenciones, que impiden que la energía vital pueda circular libremente.

Sin embargo, el cuerpo no hace nada, es inocente. Es la mente la que le impone este régimen restrictivo. Creemos que el cuerpo es el enemigo porque nos duele, nos atormentan sus sensaciones, sus cambios, sin darnos cuenta de que éstos se han generado al desconectar de su vida, dejándolo a merced de una mente que le impone sus conceptos y ritmos estresantes. Hasta que no aceptamos acercarnos a esas sensaciones tortuosas, abrirnos a ellas desde la consciencia y sentirlas directamente, el engaño no se detiene. Y para ello, necesitamos dejar de juzgarlas, soltando todos los conceptos que hemos acumulado.

Miremos esto profundamente...

MI PAISAJE INTERIOR

¿Quién dirige mi mundo interno?
¿Qué voces se escuchan en mi mente?
¿Hay tiranía, abuso, maltrato?
¿O reina la paz y la armonía entre mis células?
¿Son todas ellas nutridas en abundancia o
viven en la carencia y la amargura?
A veces nuestro juicio implacable se enfoca
en el mundo que nos rodea
sin darnos cuenta de que es solo el reflejo de nuestro paisaje interno.

El mundo externo nos llama repetidamente la atención con escenarios de violencia, lucha, abandono, maltrato, desnutrición... que nos conmueven profundamente. No entendemos que esas situaciones puedan darse. Sin embargo, cuando nos decidimos a abordar nuestro mundo interno, contemplándolo desde dentro con plena atención y empatía, descubrimos ambientes parecidos que podrían conmovernos aún más. Esta exploración atenta no es usual, nadie nos enseñó a practicar esta intimidad interior. Nuestro condicionamiento nos lleva a mirar siempre fuera, donde proyectamos lo que no hemos sabido ver en nuestra íntima experiencia.

Nuestros pensamientos generan sin cesar todo tipo de emociones que se reflejan en nuestro cuerpo, desencadenando a veces reacciones bruscas y violentas, bloqueos de la energía vital... La mente alejada de la vida no está ahí para sentir sus efectos.

Hipnotizada en sus asuntos, invierte en ellos una energía preciosa de la que se ve privado nuestro ambiente interior. Ahí todo sigue funcionando automáticamente, pero sin que la atención nutritiva de la consciencia participe plenamente.

La consciencia de las sensaciones en nuestro cuerpo es una puerta extraordinaria para acceder a una observación vívida de los efectos emocionales de ese modo alienado de pensar que nos hace sufrir.

Cada sensación difícil es una criatura que pide atención. Normalmente, estas llamadas son desoídas, pero cuando decidimos detenernos y contemplarlas tal como son, sin tocarlas ni pretender cambiarlas, nos damos cuenta del sufrimiento que se genera en nuestras células y tejidos, afectados por la violencia de pensamientos de temor, culpa, exigencia, prisa, carencia, muchas veces inconscientes. Basta observar atentamente y nos encontramos con la escenificación frecuente de una relación de maltrato: la pequeña mente utiliza el cuerpo para sus fines. En busca de reconocimiento y aceptación compulsivos, provoca un estado de alteración y ansiedad que necesita ser contemplado. Esa simple observación sentida es suficiente para despertar la consciencia de ese desamor y abandono que vivimos internamente y que a veces no sabemos explicarnos.

Ante una sensación que nos perturba, no es necesario *hacer* nada. Solo detenernos y estar ahí. Sin pretender cambiarla, sin tratar de conseguir nada, le damos a esa experiencia el espacio de atención para desenvolverse. La dejamos ser y evolucionar, conectando atentamente con todos sus matices. Es una criatura que busca, simplemente, ser atendida.

Podemos acostumbrarnos así a estar en contacto con nuestro espacio interno. Es como un hogar en el que nuestras sensaciones buscan descansar, no ser erradicadas o evitadas. Así va despertándose la comprensión y el amor hacia ese mundo maltratado y abandonado por nuestra mente enfermiza, a la que le hemos dado la potestad de guiar nuestra vida.

¿A qué se parece tu hogar?
¿Cómo está tu ambiente ahora mismo?
Aquiétate y acércate amablemente a sentirlo.

A veces ese espacio interno que nos muestra nuestro cuerpo nos parece tan extraño... Hemos estado lejos mucho tiempo y, al igual que una casa que no ha sido habitada, vive en el abandono. Necesitamos acercarnos con delicadeza y atención a cada área, llenándola de nuestro aliento, colmándola de consciencia y de comprensión. Una vez más, la quietud, los espacios de intimidad con nosotros mismos se hacen preciosos. Entrar en nuestro hogar interno no siempre es agradable, pues las heridas del maltrato y la indiferencia nos asustan. La respiración, una vez más, es nuestra más preciosa aliada. Siguiéndola atentamente, van abriéndose las puertas internas y podemos entrar, encender la luz de la consciencia y, poco a poco, llenarlo todo de nuestra presencia amorosa.

VOLVER AL CUERPO, VOLVER A LA VIDA

A través de nuestro cuerpo podemos abrirnos a la vida,
ese espacio inmenso de energía y vitalidad que somos en esencia.
En vez de usarlo para sentirnos separados,
sintonizamos con él
y volvemos al presente,
el único lugar en que existimos.
Intimando con sus sensaciones,
aprendemos a atender nuestro sufrimiento
y a abrazar la vida.

Se habla mucho de volver al cuerpo, volver a los sentidos... Y, sin embargo, creo que no hay nada tan mal comprendido y tan difícil para la mayoría de nosotros.

Por un lado, como decíamos, vivimos identificados con el cuerpo. Creemos ser esta forma corporal con la que nos hemos familiarizado y que con frecuencia nos disgusta. Reducidos en ella, nos sentimos a veces tan limitados y encerrados que dedicamos mucha energía a mejorarla o cambiarla.

Y, por otro lado, aunque aferrados a su forma mentalmente, abandonamos la conexión con la vida de nuestro cuerpo desde muy niños... Nuestra emocionalidad, expresada en sus sensaciones difíciles, nos desbordó tanto que dejamos de vivirnos en él para trasladar nuestra consciencia a un reducto mental donde no se vive, sino que se piensa la vida. Ahí opinamos, juzgamos y tratamos de arreglar todo lo relacionado con el cuerpo en su forma, pero sintiéndonos a salvo de sus sensaciones difíciles, las reiteradas llamadas de la vida a atenderla a través de él.

Fue quizás la mejor manera que encontramos de evitar lo que no sabíamos abordar, fabricando así una especie de seguridad dentro de un universo que no parecía amparar nuestra desnuda vulnerabilidad. Descubrimos que pensar, solucionar o hacer cosas, podía ofrecernos esa anhelada sensación de control.

Sin embargo, sin una conexión real con la vida que lo sustenta, nos sentimos separados de nuestro cuerpo, aunque creemos ser él. Y esto es muy doloroso. Damos vueltas mentalmente en torno a sus supuestas necesidades, elucubrando sobre ellas, tratamos de introducir cambios, preocupándonos de su apariencia... Pero nos resistimos a la experiencia directa de la vida en él, eso que somos realmente.

Poco a poco, empezamos a darnos cuenta de que, desconectados de nuestra energía vital, nos sentimos desarraigados y vacíos. Paradójicamente, cuanto más identificados estamos con la forma corporal, más maltrato se vive en él, pues no somos sensibles a su sentir. Necesitamos volver a casa.

Nuestro cuerpo físico no es ese hogar anhelado. La vida que lo recorre sí.

No es que tengamos que volver al cuerpo para que nos agrade su forma, extraerle un poco más de placer o para hacerlo aparentemente más aceptable y así estar mejor. No, estos son objetivos que vuelven a dejarnos en el mismo nivel superficial de las formas, buscando la felicidad donde no se encuentra. ¡Y eso ya lo hemos intentado tanto!

El cuerpo es, simplemente, un vehículo a través del cual circula la vida, la entrañable esencia que nos sostiene. A veces disfrazada de sensaciones de dolor, desvelando el sufrimiento que no comprendimos y que anhela nuestro abrazo. En otros momentos, ofreciéndonos sensaciones de placer que nos expanden por dentro. Durante mucho tiempo rechazamos unas y nos aferramos a las otras. Sin embargo, ninguna es nuestra morada; están ahí revelándonos la existencia que las recorre. Y, sobre todo, invitándonos a reconocernos como la profunda espaciosidad que las contempla.

Este reconocimiento no es algo que hay que *hacer*. Es una perspectiva que sobreviene naturalmente cuando comprendemos que el viaje hacia afuera ha terminado y aceptamos volver a lo esencial.

SUGERENCIA

Volver al presente sintiendo la vida en tu cuerpo

Una sencilla invitación: detente y siente. ¿Cuáles son las sensaciones que experimentas en tu cuerpo en este momento?

Nota las áreas o puntos que más te llaman la atención, percibe tu postura desde dentro, el roce del aire en tu piel, lo que hay aquí ahora mismo. La vida que se mueve en ti bajo diferentes matices, tu respiración...

Siente la totalidad del paisaje vivo de tus células... Observa tus sensaciones. Ellas son el modo en que la vida se modula y se expresa en ti ahora mismo. Te gusten o no, sin necesidad de darles nombre, más allá de la forma o el matiz que toman, por encima de los pensamientos que sueles tener sobre ellas, siéntelas simplemente. Obsérvalas ir y venir en tu espacio.

Ábrete a toda esa existencia que te puebla y dale tu aliento. Respira...

Nota la vitalidad que hay detrás, esa energía que te recorre y te sustenta. Hónrala como si entraras en un espacio sagrado y vivo que habías dejado en el olvido y que te está siempre esperando. Siente la vida que te recorre, la simple sensación de existir.

Poco a poco, deja que el goce de este contacto sencillo se vaya haciendo habitual. Sobre todo, acostúmbrate a ello cuando notes que llevas mucho rato enfocándote en tus pensamientos y encerrando tu consciencia en ellos. Cuando empiezas a tensarte, a experimentar agobio, desazón o malestar, ¡vuelve al cuerpo! ¡Conecta a través de él con la vida que lo sostiene: tu vida!

Después, naturalmente, sigue adelante, ya en conexión con tu energía interna. Verás que fluir con ella es muy diferente. Descansas al dejar que viva a través de ti.

En esos momentos, seguramente se alzará la resistencia: «No tengo tiempo, no puedo parar, tengo tanto que hacer...». Detrás de todos estos pensamientos acelerados hay una vida que te espera.

Detente. *No tengo que hacer nada.* ¿Recuerdas? Sentir es natural, sucede por sí solo. Con solo aquietarnos ya podemos notar esa constelación de sensaciones que se mueven en el campo abierto de la consciencia. Sin historias sobre ellas, sin juzgar, sin intentar nada, sin expectativas.

Poco a poco, esta conexión se hace familiar y se convierte en el telón de fondo que acompaña nuestros pasos. Ya estemos quietos o en movimiento, es un placer sentirla desde dentro: posar el pie en el suelo, el tacto de la ropa que nos envuelve, la sensación de avanzar o levantar la mano, el movimiento de los labios al hablar... Es la existencia concienciándose a sí misma a través de las formas cambiantes.

Siente, por ejemplo, tu mano derecha ahora mismo.
No necesitas cambiar nada.
Intima con sus sensaciones unos segundos.
Siente la vida en ella...

Mientras estabas ahí, ¿estabas presente? Consciente de tus sensaciones de calor o de vida en tu mano, ¿te preocupaste mucho por algún tema pendiente? Seguramente me dirás que no. La consciencia te trajo a ese momento de forma inmediata.

El cuerpo siempre está ahí, ofreciéndonos esa insondable sinfonía de sensaciones, sonidos, sabores, colores... A través de sus sentidos conectamos con la vida, inmediatamente *volvemos al presente*, el único lugar real del que la pequeña mente trata de alejarse. Este es el gran don de sentir la vida del cuerpo: traernos a la realidad del ahora y sumergirnos en ella. Así, recuperamos la energía que estaba invirtiéndose en los círculos viciosos de la mente, devolviéndola a su espacio natural, la consciencia.

NO SOY UN CUERPO

La física cuántica nos lo explica desde hace tiempo: nuestra aparente solidez es una ilusión. En nuestra constitución profunda, somos la pura energía de la vida, libre, más allá de lo que los ojos ven.

Con nuestra forma limitada de concebir la realidad, lo que hacemos es poner un cerco a un fragmento infinitesimal de esta energía gigante de la que formamos parte. Al identificarnos con ese reducto, al que llamamos cuerpo, nos sentimos separados del universo.

Esa percepción de un mundo formado por cuerpos sólidos aislados unos de otros es el error básico sobre el que se sostiene nuestro sistema de pensamiento. Los ojos ven lo que la mente acepta como cierto. Nuestras mentes han asumido la separación como un hecho y nuestros sentidos la perciben así: están al servicio de un modo de pensar desconectado de la realidad.

Y seguimos empeñados en recrear el mundo que construimos desde la creencia en la separación y la solidez. Lo hacemos constantemente pensándonos y concibiéndonos como entes aislados. No somos conscientes del dolor que esta percepción entraña y vagamos por la superficie de la vida en una búsqueda compulsiva de conexión con otros cuerpos, con la esperanza de recuperar así nuestra unidad.

Una y otra vez la experiencia nos muestra que la unión no es posible ahí, salvo esporádicamente, como un vago reflejo de donde se encuentra realmente. No hay ninguna garantía de estabilidad en el mundo ilusorio y cambiante de los cuerpos. Solo desde un espacio más profundo, nuestra naturaleza real, la vida que somos, podemos experimentar esa unidad indisoluble cuando nos conectamos con ella y renunciamos a los conceptos y juicios que nos separan.

No estoy hablando de rechazar o renunciar al cuerpo, sino de instalar nuestra morada donde realmente podemos sentirnos seguros y unidos a la vida. Desde ahí, la experiencia del cuerpo puede ser maravillosa, sabiendo que no es él el responsable de nuestro bienestar o malestar. Comprendiéndolo más bien como un extraordinario instrumento al servicio de nuestro ser.

Si durante mucho tiempo el cuerpo sirvió para reforzar nuestra consciencia limitada de separación, ahora podemos usarlo para conectarnos con la vida que lo recorre y vivirla intensamente. A través de él tenemos un vívido acceso a nuestra emocionalidad y en él puede ser contemplada y abrazada desde la consciencia que somos. Nuestras emociones, en forma de sensaciones que se mueven en el cuerpo, nos permiten conocernos como espacio para ellas. Al darles este espacio, la experiencia de nuestro cuerpo se hace poco a poco más abierta y va reflejando la liberación interna de nuestros patrones restrictivos que, desde una mente confundida, lo contraían y bloqueaban.

Considerarnos como cuerpos aislados unos de otros parece algo normal. Sin embargo, cuando empezamos a ahondar en la experiencia interna que esta forma de contemplarnos nos genera, descubrimos que nos sentimos distantes. Nuestras mentes juzgan, opinan sobre algo muy reducido, muy cosificado, con una apariencia, una historia y unas condiciones. Y el concepto que nos formamos de cada persona la deja recluida en algo sólido e identificable. Eso, a la mente pequeña y controladora, le ofrece una cierta seguridad. Le parece poder encajar la inmensidad y el misterio en algo tan reducido. Etiquetándolo, localizándolo, cree poder controlar esa vida espontánea que mentalmente no consigue abarcar y que le resulta quizás amenazadora.

Basta mirar a los ojos de otro ser humano serenamente para darnos cuenta de que todo lo que pensamos sobre él, esa violenta reducción que supone el considerarlo un cuerpo limitado, se nos cae por tierra. Basta mirar así, sin historias, sin juicios, para abrirnos a la extraordinaria realidad de lo que somos realmente.

Puede ser suficiente tocar, sentir, abrazar a alguien sin pretextos, conectando con la vida que respira y anima su cuerpo, para que todas las barreras que nuestra mente ha construido caigan por sí solas. Tocamos vida, sentimos la ternura inefable de su existencia a través del cuerpo que abrazamos, su anhelo simple de amor que conecta con el nuestro, y ya está, dejan de importarnos las historias que nos narra nuestra mente y que convierten a ese ser humano en un cuerpo separado del nuestro.

Nuestro cuerpo, vivido desde esta consciencia amplia, nos permite expresarla. Nuestros ojos, manos, gestos, nuestra voz, nuestros sentidos adquieren una dimensión más allá de lo meramente corpóreo. Nos comunican, en vez de separarnos como sucedía cuando el objetivo era afianzarnos como personajes diferentes unos de otros.

Externamente no cambia nada, pero al situarnos en la perspectiva de la consciencia, lo que antes era un fin (el cuerpo) ahora se convierte en un medio extraordinario a través del cual la vida se expresa y se conoce a sí misma. Comprender esto, nos deja descansar y genera una profunda paz. En lugar de tener que conseguir cosas para el cuerpo haciendo muchos esfuerzos por parte del *pequeño yo* identificado con él, lo contemplamos como un espacio que ofrecemos a la vida. Momento a momento, la existencia se contempla a sí misma a través nuestro. La consciencia mira a través de nuestros ojos, saborea a través de nuestra boca, escucha valiéndose de nuestros oídos... Todo es visto, sentido, escuchado. *No soy yo quien vive, es la vida quien vive a través de mí.*

TÚ ERES EL CIELO

No seas un cuerpo para tus sensaciones.
Ya sean dolorosas o placenteras,
No las recluyas en algo tan cerrado.
Sé espacio para todo, espacio abierto.
Déjalas moverse, bailar, transformarse, disolverse.
No hagas de ellas algo personal, no te las apropies en un terreno privado.
No erijas una valla entre tú y el mundo
para defenderlas o luchar contra ellas.
Tus sensaciones, tus emociones, tus pensamientos, no son tuyos.
Son como nubes en tu cielo.
Tú eres el cielo que las contempla y las sostiene.
Descansa como tal: deja que todo se mueva en ti.
Deja que todo aparezca y desaparezca
bajo la calidez de tu mirada iluminada.
Pero no te construyas una identidad en base a algo tan efímero.
No dejes que nada de lo que percibes te sirva para separarte de la vida.
Atrévete a no definirte por la idea que te has hecho de tu cuerpo,
atrévete a ser mucho más que una forma limitada.
No te separes de la vida, palpitante e intensa,
que anima y sostiene las formas.
Atrévete a ser libre.
Atrévete a ser.

TU CUERPO, AHORA

Te propongo explorar esto que llamamos *nuestro cuerpo* desde una nueva perspectiva: la del ser, que no es otra que la del instante presente. No vamos a practicar técnicas para conseguir algo: vamos a vivir la experiencia real de la vida en nuestro cuerpo ahora.

¿Qué significa esto? Ni más ni menos que vivir el cuerpo ahora mismo tal y como es: sin pasado, sin futuro, sin historias ni expectativas, como si fuera la primera vez que nos acercamos a experimentarlo. Dejando incluso el recuerdo de su forma, de sus conocidos límites. Vengamos a la experiencia viva, sin nombre, de lo que experimentamos en este instante a través del mismo. Conectemos con la vida real que lo sostiene.

¿Te imaginas, por un momento, renunciar a todo ese arsenal de información, a toda la historia del pasado y a todas las expectativas de futuro sobre tu cuerpo y quedarte simplemente en la experiencia de este instante, abriéndote a lo que aparece aquí?

¿Te atreves a mirar con ojos nuevos la vida que se mueve a través de eso que llamas *tu cuerpo* justo ahora, sin tener que hacer nada para que cambie, sin alterar nada, sin esperar nada?

En realidad, es así como mirábamos cuando nacimos. Aún no nos habíamos identificado con una imagen cerrada de nosotros mismos. Nuestra consciencia, abierta, contemplaba todo sin referencias a un ente sólido llamado cuerpo. Existía el *mirar* inocente, sin conceptos sobre lo mirado ni sobre el que mira. Un puro ir y venir de estímulos visuales, sensitivos, auditivos... en el campo abierto del *ver:* el campo abierto del *ser.*

¿Deseas explorar?

SUGERENCIA

Si quieres concederte esta experiencia, te sugiero que te sientes cómodamente con tu espalda erguida o te tumbes en un lugar tranquilo. Concíbete como un campo abierto sin referencias ni conceptos, como un niño recién nacido que contempla la existencia por primera vez. Tienes todo el tiempo que necesites... Concédetelo.

Deja que surja la consciencia de tu respiración y sigue su movimiento natural, sin interferir. Acompaña la espiración y permite que te vaya relajando más profundamente a medida que se van vaciando tus pulmones. Observa cuándo se detiene y descansa en ese pequeño instante de vacío. Después, déjate llenar lentamente por el aire que llega poco a poco... Si notas que «quiere» mantenerse unos momentos dentro de ti, permítelo y déjalo salir de nuevo, lentamente, suavemente. Haz esto varias veces, vaciándote del todo y dejándote llenar completamente, experimentando el placer de la plenitud.

Empieza ahora a recorrer con tu atención distintas áreas de tu cuerpo.

Cuando te detengas en una zona, permanece en ella respirando como si el aire se dirigiera hacia allí, se mantuviera unos instantes inundando esa zona y llenándola de espaciosidad. Puedes también visualizar el aliento que respiras como una oleada de energía luminosa que te penetra, despertando la vitalidad que ahí duerme. Después, pasa a otra área y respira en ella también.

Observa qué vas experimentando. Siente, simplemente, agudizando tu atención, abriéndote a las sensaciones que se despiertan allí donde diriges tu aliento.

Seguramente, notarás más fácilmente unas zonas que otras. Las manos son, con frecuencia, el lugar donde experimentamos más sensaciones de vitalidad y energía.

Puedes profundizar en algunas sensaciones: toma una de ellas y sintoniza atentamente, como si quisieras conocerla en sus detalles. ¿Cómo la sientes? Si tuvieras que dibujarla, ¿qué trazos dejarías sobre el papel? ¿Serían definidos? ¿Serían manchas o líneas?

A medida que va avanzando tu atención, ¿qué va pasando con la sensación? ¿Qué nuevos matices adopta? ¿Se extiende? ¿Profundiza? ¿Cambia de localización? ¿Desaparece?

¿Qué percibes alrededor de la sensación que estás experimentando? ¿Dónde aparece? ¿Hay solidez o espaciosidad a su alrededor? Explora eso olvidándote de las imágenes que tienes de lo que hay ahí. Quizás descubras solo vacuidad. Si es espacio eso que la rodea, ¿está separado de ella o se interpenetra con ella? ¿Puedes dejar la sensación extenderse en ese espacio, fundirse con él?

Una hermosa imagen que podría inspirarnos sería la de las nubes que aparecen en el cielo. Las nubes son, por decirlo así, formaciones densas dentro de la inmensidad del cielo. El cielo las sostiene, pero al mismo tiempo, las penetra de su sustancia. Surgen de él. Nuestras sensaciones son como esas nubes y, del mismo modo, surgen de nuestra propia vida, en nuestro espacio de consciencia, y en él se sustentan.

Para ahondar en tu experiencia de ese espacio en el que aparecen las sensaciones, siente tu respiración una vez más. Con cada inspiración, hay más espaciosidad; con cada espirar, te extiendes.

Así vas concibiéndote, más que como un cuerpo cerrado, como una inmensa amplitud. Un espacio abierto en el que encontrarás, por aquí y por allá, puntos o áreas de sensaciones muy variadas: unas las percibirás molestas, irritantes o incluso dolorosas, otras serán suaves, cálidas y agradables. Suelta esos conceptos que las distinguen entre sí. Son, simplemente, diferentes matices de la energía de la vida adoptando esas formas. Déjalas ser, observa sin necesidad de «arreglar» nada en ellas. Permite que tu respiración penetre esas zonas, ella no rechaza ni privilegia nada. Dales más y más espacio a esas modulaciones de energía tan intensa sin generar una historia sobre ellas. Sé espacio para ellas.

¿Qué tal se siente esa tensión en tu pecho si en vez de percibirla ahí encerrada, la concibes en un espacio más amplio? ¿Y qué hay en las áreas donde no percibes sensaciones claras? ¿Quieres detenerte en ellas también y explorar ese espacio sin definición?

Sigue dedicando tu atención a más lugares de tu cuerpo. Paséate por ellos, sin privilegiar unos sobre otros. De hecho, esta actitud nos será muy útil cuando abordemos nuestras sensaciones difíciles en medio del sufrimiento emocional.

La vida es siempre la misma, sean cuales sean los matices de lo que experimentamos. Siente esa vida en ti, en cada parte de tu cuerpo en la que pones tu atención. Respira en todas...

Cuando hayas recorrido todo tu cuerpo, activándolo con tu respiración, permanece unos momentos observando tu sensación global, la energía que te recorre.

¿Percibes solidez?

¿Dónde empieza y dónde termina tu cuerpo?

Si olvidas lo que sabes, la imagen que tienes de él, ¿hay fronteras claras que lo delimitan?

¿O más bien, experimentas continuidad con el espacio que lo rodea? ¿Es cerrado o abierto? ¿Lo sientes conectado o aislado?

Con los ojos cerrados, enfocándote en este momento, quizás en algunas áreas no percibas los límites con los que tu mente se identifica. Es posible que, aunque sea fugazmente, no notes una forma sólida y cerrada que te contiene, sino un continuo acontecer de sensaciones que te recorren.

Si te abres a ese espacio amplio que subyace a las formas y te identificas con él, tal vez notarás que las sensaciones van sucediéndose sin restricción y no conforman en tu percepción interna un cuerpo separado como el que tus ojos están habituados a ver. Puede sentirse como el fluir de un río de vida con infinitos matices.

Esa vitalidad interior se activa fácilmente con la consciencia de tu respiración. Allí donde esta se dirige, la sensación energética de vitalidad y apertura se intensifica.

Disfruta de esa sensación. Respira con ella, observando cómo el fluir de tu aliento va abriéndote a una percepción del cuerpo tal vez un poco diferente a la habitual.

COMO LA *PRIMERA VEZ*

¿Qué es esta sensación sin ninguna historia sobre ella?
Sin recuerdos ni anticipaciones sobre su recorrido.
Sin asociaciones ni juicios que la califiquen.

Sin un personaje al que le ocurre.
Sin juicios hacia ese personaje ni condenas.
Sin un cuerpo que la encierre y la defienda.
Sin la pretensión de que desaparezca.
Simplemente esta sensación ahora.
En este preciso instante,
¿en qué consiste esta experiencia despojada de historia sobre ella?
¿Qué está haciendo ahora mismo?
¿Cómo la mira el sol?
¿Cómo la sostiene la vida?
¿Qué pensamientos aparecen que la comentan
y tratan de darle un significado,
de imprimirle una dirección y un recorrido
asociándola a otros momentos pasados o futuros?
¿Hay algo a su lado o la rodea el espacio?
¿Qué es en realidad esta sensación en un espacio abierto que la acepta?
¿Qué ocurre cuando no sé nada,
cuando acabo de descubrir esta nueva experiencia
que no cesa de transformarse en otra cosa?
Puedo ver la intensidad del deseo de que desaparezca...
El intento de trascenderla o de evitarla,
relacionándola con una historia conocida que doy por cierta.
¿Soy la que se cree esa historia y se abruma con ella?
¿Soy la resistencia que trata una vez más de arreglarlo todo?
Es lo que siempre he creído ser.
Me concebí como la solucionadora de problemas.
La que se esfuerza y no lo consigue.
Fracasando en su intento una y otra vez.
Ahora puedo verla, abrazar su cansancio,
contener su sufrimiento, su impotencia, permitirlos también.
Y dejar que todo duela, sin intentar ya nada.
Asistiendo al despertar de una calidez permisiva y amplia,
la amable compañía que todo lo envuelve, la que siempre es.
Sin intentar ya nada, totalmente rendida,
fundida en ese espacio de calidez y dulzura,
contemplando esta sensación que se disuelve en el ser.

CUANDO DUELE

El dolor y las sensaciones físicas de enfermedad son los mejores medios de los que se vale nuestra pequeña mente para atraer la atención a su reducto estrecho y separado, el cuerpo. Ahí, concentrados en lo que nos duele y dando vueltas en torno a ello, mientras buscamos eliminarlo, nos sentimos disminuidos, pues la consciencia se encierra al identificarse con el mundo de los efectos, las formas cambiantes que van y vienen.

Los dolores físicos son tan llamativos que nos captan la atención intensamente. Además, hemos aprendido a considerarlos como pruebas de nuestra limitación y de nuestra incapacidad. Los usamos para justificar nuestras condiciones de vida, para mantenernos en nuestra zona de confort, o para buscar la atención del mundo, recluyéndonos en el cuerpo y sus sensaciones difíciles cada vez que la enfermedad o el dolor nos visitan.

Ese encierro nos aleja de la consciencia expandida de lo que somos. Al centrarnos en lo que nos duele, lo sobredimensionamos y perdemos de vista la amplitud. Nos empequeñecemos tratando de evitarlo.

Necesitamos aprender a sentirlo, a no temer sus sensaciones, a explorarlas abiertamente, en vez de rehuirlas.

Esto no significa aguantarlo resignadamente para conseguir que desaparezca. No, lo que estamos proponiendo es un cambio a una perspectiva muy diferente. Abrirnos al dolor sin hacer nada para que cambie es algo imposible para el *pequeño yo*. Esta confianza es totalmente inaceptable para él y por ello, lo excluye. Solo nuestra consciencia puede contener su intensidad. Simplemente porque se sabe más grande y no lo teme. ¿Cómo acceder a esta grandeza que contempla?

No hay que hacer nada. Simplemente recordarnos lo que somos, consciencia abierta, justo en esos momentos en que las sensaciones intensas parecen insistir para que nos recluyamos en ellas. Entrando en contacto con nuestra respiración, abriéndonos a la vida en nosotros, confiando en ella, ya nos podemos sentir inmersos en la amplitud de la existencia, que abraza nuestros pequeños intentos de eliminar algo.

Desde esa conexión más profunda, podemos permitirnos sentir ese dolor como parte de nuestra totalidad: se trata de un fenómeno que se está moviendo dentro: una forma pasajera que la vida está adoptando en nuestro espacio interior ahora mismo. Pide presencia y amor, no evitación.

Es una actitud muy diferente: acoger, sentir, respirar, abrazar...

La vida ya está admitiendo este dolor, respirándolo, iluminándolo. Solo nuestra pequeña mente lo persigue, lo condena, quiere evitarlo al considerarlo la causa de su malestar. En realidad, lo que nos hace sufrir, más que el dolor en sí, es la resistencia con la que lo vivimos.

Si nos fijamos bien, debajo de todo dolor hay un pensamiento muy común: *«Esto no debería estar pasando»,* como si estuviéramos viviendo algo erróneo a eliminar lo antes posible. Sin darnos cuenta, con frecuencia generamos en torno al dolor o a la enfermedad, una especie de *paréntesis invisible* tras el cual imaginamos que volveremos a vivir una vida *normal.* En ese paréntesis, como un pequeño mundo aparte, sucede algo muy curioso: nuestra mente se enfoca en el dolor, y genera mucha actividad en torno suyo. Se hace muchas preguntas para tratar de explicarlo, recurre a recuerdos con los que lo relaciona o elabora anticipaciones sobre su futuro, en base a lo que ya hemos vivido o conocido.

Así, nuestra consciencia se estrecha y se recluye en un reducto mental en el que nuestra realidad corporal toma una intensa relevancia. Más que nunca, somos un cuerpo. Identificados con él, nos sentimos vulnerables y muy limitados. Aceptando las historias que la mente nos cuenta sobre lo que nos duele, el dolor se intensifica, pues ellas generan emociones como el miedo, la culpa, la insuficiencia o la impotencia, que nos encogen y nos restan energía para abrirnos a la amplitud de la vida.

Al unirse este componente emocional, lo que sentimos puede ser tan desagradable que, si no nos decidimos a abrirnos a él desde la consciencia, trataremos a toda costa de anestesiarlo: calmantes, búsqueda de atención por parte de los demás, cascadas de pensamientos dramáticos... serán nuestros recursos para evitarnos algo tan sencillo como permitir y asumir ciertas sensaciones que van y vienen en nuestro espacio interno. Sin historias sobre las mismas, sin construirnos imágenes sobre ellas, sin nombrarlas ni darles tiempo, quizás se hubieran disuelto con facilidad al no otorgarles una consistencia mental.

No hemos aprendido a permitir las sensaciones que aparecen en el momento presente. Tendemos a asociarlas o a etiquetarlas en los límites de una enfermedad o dolencia conocida.

Vivir momento a momento nuestro sentir supone una radical transformación en el modo de concebirnos.

Cada sensación que aparece en nuestro cuerpo, sin nombre y sin tiempo (sin referencias al pasado o al futuro) es solo un acontecer puntual al que nos abrimos con curiosidad, sin saber cómo seguirá siendo.

No conceptualizar las sensaciones que van apareciendo, sino dejarlas moverse en la amplitud de nuestro espacio, les permite una libertad enorme para procesarse y autorregularse que queda cohibida cuando creemos saber lo que nos está pasando y tratamos de evitarlo.

La elección fundamental es decidir *desde dónde* queremos vivir eso que llamamos dolor. Si elegimos el camino habitual, considerarnos un cuerpo afectado por algo que no queremos, nos convertimos instantáneamente en víctimas de ello y nos disminuimos. Ahí comienza el paréntesis del sufrimiento.

Si elegimos ser la consciencia en la cual aparecen y desaparecen ciertos fenómenos sin nombre, cambia nuestra concepción y nos convertimos en un espacio abierto en el que cualquier cosa puede suceder, incluso eso que se llama milagro. Nos instalamos en el presente, donde todo es fácilmente abordable.

Es necesario comprender esto, pues la enfermedad, aunque el *pequeño yo* declara no desearla y se resiste activamente a ella, en el fondo es un recurso que suele utilizar para perpetuarse como un ente separado, impotente y necesitado. En suma, un artilugio para seguir considerándose un cuerpo, y por tanto, limitado.

¿Y por qué podríamos pretender algo así?

No es lo que deseamos, efectivamente, en nuestro ser profundo. Sin embargo, la mente condicionada del personaje con el que nos confundimos la utiliza como un artificio valioso para confirmarse. Las dolencias le ofrecen, en ese paréntesis, todos los recursos (mentales, emocionales y físicos) para identificarse con un cuerpo y perder la consciencia de la amplitud que somos. Los pensamientos que normalmente nos disminuyen y frenan, adquieren enorme relevancia y son apoyados por los síntomas que experimentamos. De hecho, son su fiel derivación, pues el cuerpo refleja nuestros patrones mentales y nos los muestra condensados en limitaciones de todo tipo.

En lugar de entenderlo así, la pequeña mente pretende que es al revés, que es el cuerpo la causa de su limitación e infelicidad. Es decir, proyecta en un espacio inocente, nuestra experiencia corporal, la culpa de su sufrimiento. *«Si yo no tuviera este dolor, o esta enfermedad...»* –suele decirse– haciendo depender su felicidad de lo que experimenta en el cuerpo. Tremenda confusión, sin duda. Ser felices no tiene nada que ver con las sensaciones que experimentamos, ya sean de dolor o de placer.

Comprender esto es abrir una puerta inmensa a nuestra verdadera naturaleza, donde radica la auténtica felicidad.

NO NECESITO ARREGLARME

No necesito que desaparezca mi dolor
para reconocer quién soy.
No necesito cumplir ninguna condición ni requisito
para alcanzar un estado ideal.
Puedo, ahora mismo, reconocer mi amplitud
que abraza y acoge todo dolor, toda deficiencia aparente.
No necesito un tiempo para recomponerme
antes de vivir la paz que es mi esencia.
Así, ahora, sin hacer nada, puedo descansar
sin tratar de arreglar nada que sea inadecuado,
sin tener que deshacerme de nada que esté impidiendo mi paz.
Ni siquiera tengo que librarme de las sensaciones dolorosas en mi cuerpo.
Ni del constante ir y venir de mis pensamientos.
Mi paz reside precisamente en el reconocimiento de que lo que yo soy,
no necesita que ninguna apariencia cambie.
Todo lo que aparece es íntimamente penetrado de mi esencia.
Todo tiene permiso en mí para moverse,
procesarse, extenderse y disolverse.
Hasta la resistencia a concederme este permiso.

FLORECER DESDE DENTRO

Un día lo supe: la creencia de que ahí fuera hay cosas que nos dañan, situaciones de las que nos tenemos que proteger, personas que nos dejan sin energía... un mundo, en suma, que nos amenaza y del que tenemos que separarnos para no sufrir, es un error básico de nuestra vida.

Sobre él construimos todo un sistema defensivo, tratando de evitar todo aquello que parece ser la causa de nuestro malestar: No hacer eso o lo otro, no comer esto o aquello, no frecuentar tales ambientes o personas, retirarnos lo antes posible a un lugar de seguridad en el que descansar del esfuerzo de protegernos, generar la suficiente voluntad para enfrentarnos a lo que nos parece amenazante... Sobre este maremágnum de estrategias se edifican nuestras vidas como seres separados. Todo ello nos habla, en realidad, de una falta de confianza en la existencia. Vivimos sin la consciencia de ser sostenidos amorosamente por ella. Esto genera un repliegue energético que se refleja en la contracción de nuestro plexo solar y con él, de todos los sistemas, órganos y tejidos cuyo funcionamiento rige. Se llama miedo.

El ser humano es como una inmensa inflorescencia abierta al universo, nutrida por él y constantemente sostenida. En su estado natural, no necesita nada, no busca nada, la vida la recorre, la penetra. No teme, en su apertura, al espacio que la envuelve.

Thich Nhat Hanh habla metafóricamente del cuerpo humano como una flor: los pies, las manos, la boca, los ojos... Todo, en su esencia, son flores que nos abren a la existencia... Y nuestra única tarea es reconocer esa apertura esencial.

El plexo solar, en particular, es una extraordinaria flor abierta a la vida. Pero cuando creemos en la amenaza de un mundo externo, nos cerramos emocionalmente y experimentamos una contracción interna, soledad y aislamiento. Y es en esa área donde se hace notorio el famoso *nudo en el estómago*.

Si el plexo solar está cerrado, nuestra sensación general es de opresión, separación y malestar. Nos hemos alejado de la apertura que somos, replegándonos en un reducto que nos comprime. Nos sentimos muy pequeños y una sensación de vacío nos acongoja.

¿Cómo sucede tal estrechamiento de la consciencia? Cuando ponemos nuestra atención en los sucesos, emociones, pensamientos y los percibimos desconectados del espacio consciente en el que surgen. Sin darnos cuenta, empezamos a girar en torno a esos fenómenos tratando de cambiarlos, controlarlos o arreglarlos al sentirnos amenazados ante sus cambios.

Es decir, perdemos la perspectiva del cielo y nos hundimos en las nubes que lo recorren, disminuyendo y oscureciendo nuestra visión. Nos contraemos y nos sentimos tan pequeños, que cualquier cosa puede alcanzarnos y dañarnos. Conectarnos con lo real, con la vida auténtica, es lo único que necesitamos.

El plexo solar es una puerta hacia la vida. Sin embargo, cuando vivimos en un nivel de consciencia superficial, suele cerrarse al ser afectado por la calidad de los pensamientos que manejamos y las emociones que éstos provocan en nuestro cuerpo. Da igual que nuestras costumbres sean virtuosas, nuestra comida ecológica y de la máxima pureza o practiquemos todo tipo de ejercicios saludables. Si nuestra mente sigue separándose del mundo y posicionándose ante él para defenderse, incluso por medios sutiles, nos cerramos por dentro a nuestro ser auténtico. Nos sentimos aislados y desconectados de la vida. Simplemente, porque nos hemos olvidado de quién somos: luz, espacio abierto… y nos hemos confundido con un *pequeño yo* y con las pequeñas cosas que pueblan ese espacio.

A TRAVÉS DE TUS SENTIDOS

Solemos utilizar nuestros sentidos para recibir impresiones,
Pero… ¿podemos usarlos también para dar nuestro aprecio
a lo que vemos, oímos, tocamos, saboreamos y olemos?
¡Es un verdadero cambio que surge del corazón!

Nuestros sentidos, han estado condicionados en su funcionamiento a la exploración del mundo material, tratando de extraer información de él. Han aprendido a percibir un mundo de objetos separados que confirman nuestra creencia en el mismo. A través de ellos percibimos selectivamente, perdiendo la visión de la totalidad. Ese es el uso que consideramos normal, de tan extendido. Entre otras razones porque no hemos explorado otras posibilidades. Sin embargo, estamos adentrándonos en un cambio de perspectiva tan radicalmente diferente que el uso que hemos hecho de todo puede cambiar de modo drástico. Incluyendo a nuestros sentidos.

Una vez concebí la posibilidad de usar mis ojos en sentido inverso: en lugar de utilizar mi mirada solo para captar información, dejar que mi mirada fuera una manera de acariciar el mundo que aparece ante mí. Empecé a practicar y descubrí que los ojos (como el resto de nuestros sentidos) simplemente obedecen a la consciencia que reina en nuestro interior. Si vivimos en un estado restringido y temeroso nuestros ojos son solo ventanas defensivas que tratan de controlar las situaciones o confirmar los puntos de vista de un *pequeño yo*. Este ve lo que quiere ver, y va seleccionando de la realidad los aspectos que le sirven para justificar su modo de pensar.

En cambio, como aquella vez empecé a vislumbrar, si en mi interior reina la consciencia expandida de la vida que soy, esta, que solo quiere extenderse, los usa para ello de forma natural. Mis ojos pueden irradiar, expresar el brillo de mi consciencia, acariciar, mirar profundamente, contactar con el alma de otro ser humano.

También pueden entrenarse en contemplar el espacio que envuelve y rodea los objetos, en vez de simplemente enfocarse en ellos aislándolos de la totalidad que los sostiene. Nos hemos acostumbrado a *ver* así, centrados en las cosas y obviando el fondo en el que aparecen. Aunque común y compartida por todos, se trata de una percepción sesgada y limitante que restringe la visión de la realidad.

Una experiencia que me marcó profundamente en los años en que me dediqué a la pintura, fue practicar con el libro «Aprender a dibujar con el lado derecho del cerebro», de Betty Edwards. Uno de los ejercicios consistía precisamente en enfocarse en el espacio entre los objetos, en lugar de en los contornos de los mismos. Al hacerlo, ese espacio, que normalmente no percibimos como significativo, toma mucha consistencia. El resultado es que los objetos que queríamos dibujar, aparecen sobre el papel sin tanto esfuerzo y mejor conseguidos.

A la pequeña mente le parece que el espacio no es nada, que son los objetos sólidos lo que cuenta, pues en ellos se basa su funcionamiento. Contemplar la luz, la espaciosidad en la que todo se mueve no tiene mucho atractivo para ella.

Te invito, sin embargo, a explorar esa posibilidad en cualquier momento. Lo que somos (vida, consciencia) envuelve y penetra todo lo que vemos. Aunque nuestros ojos no estén entrenados para ello, habituémonos a contemplar la espaciosidad circundante, a relajar nuestra vista del constante enfoque en la solidez aparente de las cosas. Disfrutar de la luz que inunda nuestras estancias, de los rayos de sol que acarician nuestros rostros, de los espacios entre los objetos, aparentemente vacíos, son experiencias que apoyan la nueva perspectiva a la que nos acercamos: Ser.

Y lo mismo sucede con los demás sentidos:

El tacto, por ejemplo. Si puedes evocarlo, quizás recuerdes ciertos momentos de inspiración en tu vida en los que, al tocar, no solo buscabas sentir o experimentar, sino derramarte en ese contacto o caricia. Podría ser un trozo de pan, la espalda de tu amigo o el suave pelaje de un gatito que se te acercó. Querías, a través de tu mano, dar la dulzura o el cariño que te habitaba.

Del mismo modo puedes experimentar con otros sentidos como el oído ¿Has tenido alguna vez la sensación de escuchar las voces de los niños en la calle, el crujir de las ramas de un árbol cercano con el viento, la lluvia en el cristal de tu ventana... como sonidos que formaban parte de ti, como si se movieran en tu espacio interior y te fueran muy íntimos y familiares? Los sonidos van y vienen en el océano invisible de nuestra consciencia. Podemos unirnos a esa espaciosidad atenta que envuelve todo lo que oímos. En lugar de priorizar «lo que se oye», aprendemos a percibir el silencio del que surge lo que oímos. Estamos acostumbrados a creer que el silencio es la ausencia de sonidos. Para mí, tiene más que ver con la amplitud que los sostiene, Conectados con ella, podemos sentir el silencio aunque estemos escuchando ruidos intensos. Y quizás descubramos que se puede descansar en él mientras los tonos y matices de lo escuchado cambian, aparecen o desaparecen.

Y al saborear un alimento, ¿no se te ha ocurrido, mientras permanecía en tu boca, abrazarlo, apreciar los matices de sabor y sus texturas cambiantes? La consciencia tiene mucho más que ver con la capacidad de explorar saboreando que con el alimento en sí que llena nuestra boca. Al darle nuestra atención y aprecio, recibimos el verdadero deleite.

El olfato es una inmensa posibilidad de experimentar también esta otra dirección de la consciencia. Respiras y aprecias un aroma, penetra en tu nariz y te deleitas, le das espacio. Puedes explorar atentamente la experiencia, las evocaciones, los recuerdos... Permites que se desenvuelvan en ti.

Es maravilloso abrirnos a una perspectiva más amplia desde la que disfrutar de un sentir amplificado y gozoso. Acercarnos a nuestros sentidos, viviéndolos desde la consciencia abierta, es una puerta más que nos une a la vida que somos.

LA INTENSIDAD DE TUS EMOCIONES

Salir de la corriente automática del *hacer* compulsivo y aquietarnos, aunque surja como un anhelo profundo del alma, nos resulta difícil. Aún más si no comprendemos de dónde proviene esa tendencia a la actividad incesante. La razón es muy sencilla: hacemos todo tipo de cosas para evitar la experiencia de este instante. Percibimos el *ahora* como algo inquietante o doloroso y no nos sentimos capaces de abordarlo. Las emociones que se mueven en nuestro presente toman a veces tal intensidad que acercarnos a ellas se nos antoja como un enorme sufrimiento. Ansiedad, miedo, culpa, rabia, tristeza, aburrimiento, vacío, decepción, soledad, impotencia... se amontonan y se confunden en nuestro interior en oleadas atemorizantes. Si nunca lo hemos abordado, nos parece que un mundo sombrío y amenazador podría desbordarnos al primer contacto si nos detenemos.

Necesitamos comprender que nuestro sufrimiento, con todo el arsenal de sentimientos en que se manifiesta, se genera al confundirnos con creencias y pensamientos erróneos, no alineados con la verdad de lo que somos. Muchos de ellos son inconscientes y necesitan ser iluminados por la claridad de la consciencia.

Lo que sentimos como emociones y sensaciones son solo sus efectos y no están aquí para ser eliminadas, sino comprendidas. *No hay nada que hacer* en torno a ellas. No hay acciones que emprender para esconder lo que sentimos ni estrategias que aprender en torno a su evitación. No necesitamos revestir nuestros sentimientos de una historia de pasado que los explique o de futuro que prevea su desenvolvimiento. Todo ello no hace sino alimentarlos ciegamente.

Son, como dice Thich Nhat Hanh, nuestros hijos. Expresiones de nuestra vida que aparecen para ser iluminadas por la consciencia, comprendidas e incluidas, no rechazadas. Están aquí ofreciéndonos su don: ser un punto de apoyo perfecto para reconocer nuestra naturaleza profunda. Mirémoslo detenidamente.

CONFIAR EN LO QUE SIENTO

Quizás una de las tendencias fundamentales del *pequeño yo* es *evitar sentir* lo que percibe como sufrimiento. Muchas de sus estrategias, incluso a veces las más espirituales, están basadas en el intento de eludir lo que percibe como indeseable y en la búsqueda de lo que aparentemente puede calmarle o amortiguarle ese dolor. Una gran parte de sus planes de mejora, sus intentos de superarse, provienen de la resistencia a dejarse atravesar por las tormentas de la vida, a aceptar sus experiencias difíciles.

Porque cuando se atreve a ello, experimenta sensaciones que le amenazan y le sitúan en un lugar en el que le parece no ser nada. Algo insoportable para él, claro, pues es como morir, dejar de identificarse con un *alguien* a quien otros reconocen y sentirse profundamente vulnerable.

Así hemos sido condicionados: nos alejamos de las situaciones en las que se despierta esa vulnerabilidad. No confiamos en lo que sentimos y nos hemos acostumbrado a eludir esas emociones de forma automática. No podemos parar. Si lo hiciéramos, se podrían hacer notar esas sensaciones de fragilidad. Notarlas genera temor, así que bloqueamos nuestro cuerpo, nos apretamos por dentro, nos congelamos, cerramos el flujo del aliento y evitamos las situaciones en que pueden aparecer. Llenamos de ocupaciones nuestros días de modo que no queden espacios en los que pueda filtrarse el quejido de alguna de estas criaturas a las que hemos ido abandonando en nuestro fuero interno. Recurrimos a sustancias o actividades para anestesiar u ocultar el sentir de esa energía infantil incomprendida y rechazada.

Observar este movimiento de evitación en el mundo externo, nos despierta rechazo. Cuando vemos, por ejemplo, una madre que no escucha el llanto de su bebé o unos padres que no atienden las necesidades de sus hijos, los condenamos. Y no nos damos cuenta de que, al juzgar esas situaciones, simplemente estamos proyectando en ellas nuestra actitud hacia las áreas más vulnerables de nuestra vida interior.

Las emociones son nuestros hijos, nacidos de nuestro modo de pensar disfuncional, de nuestros pensamientos separados de la vida. Y no nos hacemos cargo. Nuestros hijos siguen huérfanos de atención, encerrados en los rincones oscuros de nuestra psique, encogidos en el *«cuarto oscuro»* de nuestra morada. Buscan salir, piden atención, espacio, luz, calidez: ¡un hogar, no un centro penitenciario!

Hemos construido un modo de vivir basado en la evitación o supresión de lo que sentimos. Y parece normal, pues crecimos escuchando: *«No llores», «No tengas miedo», «No estés triste», «No te enfades»*... y entendimos, claro, que sentir estas cosas no es aceptable. Así que bloqueamos nuestras emociones y nos habituamos a contenerlas. La energía emocional que se almacena busca naturalmente liberarse y, cuando menos lo esperamos, podemos sorprendernos de un estallido inesperado de ira o un ataque de ansiedad que surgen de dentro al más mínimo estímulo sin que podamos explicárnoslos. Muchos estados depresivos, períodos de crisis y enfermedades varias sobrevienen cuando, durante mucho tiempo, incluso estos escapes han sido reprimidos y nuestra expresión emocional, eludida o congelada. La naturaleza no admite tapaderas.

Ambas situaciones, la contención y el desbordamiento de nuestras emociones, son reacciones automáticas de temor. ¿Cómo salir de esta alternancia en la que solemos movernos tan dolorosamente?

Existe la tercera opción, la de la consciencia. Atrevernos a sentir y experimentar nuestra grandeza. Es nuestro anhelo más profundo: recordar nuestra amplitud, la espaciosidad que sostiene todas estas experiencias que tanto nos asustan.

No queremos seguir escapándonos de lo que vivimos, eludiendo lo que experimentamos. Necesitamos descubrir que somos mucho más que eso: el océano en el que esas olas se levantan y descienden; el cielo en el que esas nubes se mueven y las tormentas estallan; el espacio vivo de nuestra consciencia que contiene y comparte la esencia de todo lo que surge en ella.

Al igual que el sol, nuestro ser interior, nuestra verdadera naturaleza, puede contemplar todo lo que vive en su espacio, los fenómenos que aparecen y desaparecen. Pero esta contemplación no es neutra, no es inerte. No está separada de lo que contempla: lo penetra de su vida, le da su calidez.

Sí, se trata de un cambio completo de perspectiva. En lugar de *hacer cosas* para conseguir deshacernos del dolor, atrevernos a entrar en la consciencia del sentir. Tener el coraje de hacer una pausa y observar la contracción del cuerpo, sus sensaciones dolorosas y el fluir alterado de la respiración es el primer gran paso, el del amor hacia nuestra propia vida.

Una emoción es, simplemente, nuestra energía vital moviéndose en lo interno. Si, en medio de una de estas experiencias aceptamos quedarnos y nos damos permiso para experimentar, tenemos ante nosotros un espacio inmenso de descubrimiento.

Nos decidimos a dirigir la atención a nuestro cuerpo y nos damos cuenta de que, en realidad, la emoción se percibe en él como oleadas energéticas con diferentes matices que se mueven continuamente en distintas zonas. Podemos sentir tensión, contracciones o bloqueo, calor o frío, cosquilleo, temblores, sudor, respiración entrecortada, aceleración del latir del corazón...

Y como está siendo desencadenada por pensamientos (conscientes o inconscientes), podemos observar en nuestro paisaje interno como si se hubiera desencadenado una tormenta mente-cuerpo, en la que aparentemente, todo es caótico y brumoso. Sensaciones, pensamientos inconexos que como rayos atraviesan nuestra mente y estallan en forma de truenos incontrolables en nuestro sistema nervioso mientras todo se agita, tiembla o se estremece. Del mismo modo que, en la naturaleza, estos fenómenos son naturalmente permitidos y regulados, nuestra fisiología está preparada para procesar estas intensas experiencias cuando se presentan. Aparecen y se expresan en diferentes modulaciones, subidas, bajadas, y terminan por desaparecer, agotándose.

Pero esto sucede cuando permitimos que la energía de la emoción se mueva en nosotros con libertad, cuando no hay resistencia y dejamos el espacio necesario para su evolución natural.

Si, por ejemplo, estamos experimentando ira (por llamar de algún modo al enjambre de sensaciones que estamos notando) y, aquietándonos, le ofrecemos un espacio de atención y aceptación, asistiremos a los cambios que se suceden. Sus matices podrían ir cambiando desde una gran tensión muscular y agitación nerviosa, pasando por sensaciones de bloqueo o contracción en diversas zonas relacionadas con el miedo o la angustia, hasta notar incluso intenso dolor en algún punto. Quizás notáramos después un descenso de la intensidad de los síntomas, convirtiéndose en abatimiento y pesadez en la totalidad del cuerpo para luego disolverse poco apoco. La energía va cambiando sin formas predeterminadas, y si nos convertimos en simples observadores compasivos, asistimos a un juego de transformaciones energéticas que nos va atravesando dejándonos muy vivos, muy atentos y seguramente, mucho más serenos.

Sin embargo, no hemos aprendido esta actitud. Más bien, impresionados con los rugidos y sensaciones de la tormenta, nos hemos tratado de proteger de ella, evitando a toda costa sentirla por considerarla amenazadora. Nos hemos separado así de nuestra vida y de nuestra energía, bloqueándola, impidiéndole fluir. Al quedarse frenada de este modo, pierde su capacidad natural de autorregularse, y aparecen todo tipo de desarmonías internas.

Nuestra educación nos ha hecho concebir la idea de que permitir a una emoción manifestarse es peligroso, pues la percibimos como algo que puede desbordarnos. Algo que puede crecer de forma irrefrenable y anularnos. Creemos que si permitimos la tristeza, aumentaría hasta hacernos caer en una depresión profunda; o que si dejamos aparecer la ira, podemos ser dañinos para otros y aparecer como seres indeseables, siendo rechazados.

Así que decidimos buscar el modo de distraernos, olvidar, tapar o eludir lo que sentimos. Sin embargo, este movimiento de rechazo es lo realmente doloroso, pues es lo que nos aleja de nosotros mismos, de nuestra energía viva. Al separarnos de ella bloqueándola, le impedimos moverse libremente y queda aprisionada, añadiéndose al almacén de energía emocional que, en otros momentos, no ha sido admitida. Esto nos asusta inconscientemente, pues tenemos la sensación de una gran marejada contenida que no queremos ni mirar.

Tomar consciencia ya es mucho, pues comprendemos que ese boicot no disminuye, sino que aumenta nuestro sufrimiento. Son muchos años de colapso emocional y de energías retenidas en nuestro interior que, tarde o temprano, tendrán que ser comprendidas, permitidas y procesadas.

Aunque aparezca como una tarea ardua, en realidad, no hay nada que temer. Tenemos en nuestra mano la gran oportunidad, o más bien, la única: este momento. Todo lo que necesita ser sanado aparece en nuestro presente.

Si tenemos una intensa carga de rabia o de resentimiento, atraeremos las situaciones y personas que nos lo despierten para que todo ello pueda surgir y por fin, ser mirado y atendido. Aceptar que todo lo que aparece en nuestra vida tiene esta finalidad liberadora es un paso fundamental. Y supone un gran cambio de perspectiva. No hay nada que nos esté amenazando. Todo lo que no fue comprendido o amado en el pasado llega una y otra vez hasta ser admitido y abrazado. Todos nuestros hijos rechazados o aprisionados harán su aparición hasta que por fin, los reconozcamos como nuestros y nos fundamos con ellos en nuestro interior.

No sabemos hacerlo, nos sentimos incapaces de ello, ya que nadie nos mostró esa posibilidad. Tal como nos conocemos, como pequeñas criaturas impotentes o temerosas de lo desconocido, no sabemos. Hemos estado siempre yéndonos de ahí.

Sin embargo, esa condición disminuida no es nuestra verdadera identidad. Somos consciencia, somos vida. Somos un espacio inmenso de aceptación y amor que sabe sostenerlo todo. Y aunque quizás hemos tenido pocas experiencias de ello, la necesidad de liberar nuestro sufrimiento es una gran oportunidad para entrar en contacto con nuestra verdadera naturaleza, mucho más amplia.

Así que vamos a aprender a dar espacio a nuestras emociones y así descubriremos que hay mucho espacio en nosotros. Vamos a aprender a mirar con comprensión y aceptación lo que aparece y así descubriremos nuestra naturaleza amable y amorosa. Vamos a dejar que la vida se mueva a través nuestro y así descubriremos nuestra fuerza vital para sostenerla. Poco a poco, nuestra consciencia espaciosa va apareciendo y extendiéndose y se convierte en nuestra guía.

Nos resulta difícil confiar en lo que sentimos, es cierto. Son muchos años de desconfianza, de temor a sentir. Iremos despacio. Un terapeuta, que tenga integrada esta experiencia en su interior, puede tener esa función: acompañar a otros en el proceso de aprender a dar espacio al sentir. No es fácil dejar expresarse a las sensaciones de golpe porque la tendencia a contraernos y cerrarnos es muy grande cuando nos sentimos abrumados. Si nos decidimos a experimentar solos, necesitamos aprender a confiar poco a poco en lo que sentimos.

Es importante que vayamos familiarizándonos con la energía emocional que se mueve en nuestra vida de forma cotidiana. No es necesario esperar a las grandes tempestades. Una pequeña irritabilidad, una leve preocupación, un momento de alegría, una experiencia de entusiasmo, la desgana o el aburrimiento, un brote de nerviosismo... Todo son oportunidades para acercarnos amablemente y aprender a dar espacio a esa experiencia tal y como va manifestándose en nosotros.

SUGERENCIA

Nos ofrecemos una pausa, un tiempo y un espacio para ello. Podemos estar sentados o tumbados y empezar tomando contacto con nuestra respiración, tal y como la estamos sintiendo.

Dejamos que salga todo el aire y que la inspiración pueda llenarnos libremente. Cuando sentimos que el respirar se ha hecho más libre, más espacioso, que estamos más conectados con nuestra amplitud, podemos recordarnos a nosotros mismos: Estoy aquí para acompañarme. Soy la consciencia que contempla esto. Quiero conectar con mi vida en este instante. Quiero ser amable conmigo y cuidarme.

Puede ser muy benéfico dejar reposar nuestra mano en el pecho, en el abdomen, o en el lugar que sintamos más vulnerable en ese momento. Es un gesto de intimidad y conexión que expresa nuestra decisión de acompañarnos.

Para mí, el centro del pecho es un lugar extraordinario. La zona del corazón es, energéticamente, como una puerta hacia esa inmensa amplitud que somos y que olvidamos cuando estamos tan centrados en lo que pasa, en el mundo de los objetos y fenómenos. La mano ahí posada es como un recordatorio de que deseamos acceder a una contemplación más amplia, verlo todo desde una perspectiva mayor, la de la consciencia.

Desde esa conexión, podemos sentir cualquier cosa: una presión, una punzada, una dificultad y atentamente notar nuestra respiración como si la enfocáramos hacia esa zona. Soltando lentamente nuestra espiración, permitiendo que la inspiración suceda por sí sola. Dejamos que la respiración misma vaya generando más espacio en torno a esa área. Nos acercamos a la sensación respirando en ella, como dándole espacio para que se mueva libremente. Suele ser muy útil, en lugar de percibir la molestia encerrada en nuestro pecho, estómago o en cualquier parte del cuerpo, simplemente concebirla en un espacio abierto que la envuelve.

Más allá de la imagen que tengo de mi cuerpo o de esa área, ¿cuál es mi experiencia real ahora mismo?

¿Cómo es esa sensación sin imágenes ni pensamientos sobre ella? ¿Qué es lo que siento sin referencias a lo que he sentido en otros momentos ni temores sobre lo que podría suceder? Ahora mismo, ¿qué hay aquí?

Nuestra atención se va afinando. La intimidad se intensifica. Queremos acercarnos de corazón.

Mientras siga sintiendo confianza puedo estar ahí, respirando suavemente. Al inspirar, siento esto tal y como va siendo; al espirar, permito, doy espacio. Puedo también dirigirme a las sensaciones y decirles internamente: «Sois bienvenidas aquí, podéis moveros con libertad... Hay espacio en mí para vosotras. Tengo tiempo para acompañaros... Confío en vosotras». Podríamos incluso decirles: «Gracias por estar aquí, podéis quedaros todo el tiempo que queráis».

Aunque pueda parecer extravagante o artificial, ya que hay una parte nuestra que sigue resistiéndose, agradecer la presencia de todo lo que aparece en nuestra vida es una clave mágica que revela una comprensión muy profunda: todo lo que estamos viviendo es necesario y perfecto. ¿Cómo podemos saberlo? Precisamente porque está aquí, tal y como está siendo. Por muy inaceptable que lo juzgue nuestra pequeña mente, la vida se está expresando exactamente bajo esta forma ahora mismo. Abrirnos a ello y agradecerlo nos conecta íntimamente con la existencia, con lo que ES.

Esa confianza irá poco a poco haciéndose cargo del proceso. Unirnos a ella es todo lo que necesitamos, familiarizarnos con esta conexión. Atrevernos a sentir muchas veces. Si nos ofrecemos estos pequeños espacios de confianza, cuando se presenten momentos mucho más desafiantes estaremos preparados para abordarlos.

La consciencia es inmensa, lo sostiene todo. Solo hay que abrirle la puerta. Experimentar que no somos esa versión reducida de nosotros mismos, un pequeño cuerpo impotente ante las amenazas y el dolor de emociones desbordantes. ¿Qué somos? Ese espacio que se ofrece para acoger todo, ese hogar en el que todo tiene cabida, en el que todos nuestros hijos tienen permiso de expresarse, mientras son sostenidos y reconocidos.

Este es el gran regalo que nos ofrecen nuestras emociones cuando aparecen. Al permitirles ser en nuestro espacio, reconocemos nuestra naturaleza amplia, la inmensidad de lo que somos realmente.

EN LOS BRAZOS DE UNA MADRE

Un día, hace ya años, agotada y hundida, en un período de estancamiento y profunda desazón, decidí detenerme en medio de lo que más temía: mi nada, mi oscuridad sin nombre tan rechazada, mi pequeñez insípida y cotidiana, sin eco, el vacío en el que parecía perderme, ignorada del mundo, ignorada en realidad, de mí.

Rechazada y recluida en un profundo sótano oscuro encontré a una niña asustada, que creía no ser nada. Y respiré. Por primera vez me atreví a respirar ahí dentro. Y sentí. Por primera vez osé experimentar esas sensaciones físicas de desazón y angustia conscientemente. Seguí sintiendo y respirando. Quería llegar al corazón de aquella *nada* que tanto me atormentaba.

Una madre amorosa se despertó en mí. La madre respiraba abrazando a su criatura, envolviéndola en su aliento, colmando su vacío, inundando de presencia su desolación. La niña revivía, volvía a la vida. Solo necesitaba a su madre.

Esa madre que vive en cada uno de nosotros es, como explica Thich Nhat Hanh, la energía de la consciencia plena, que sirviéndose de la respiración abraza nuestro sufrimiento ocupándose activamente de él, permitiendo que se exprese y ofreciéndole el amor incondicional que necesita para borrar cualquier fantasma de temor.

Esta forma de abrazar compasivamente a nuestro yo infantil olvidado y rechazado es, para mí, la sanación más profunda y eficaz que podemos ofrecernos.

No hacer nada, no tratar de arreglar nada... Simplemente, a través de nuestra respiración, conectar con esa energía dolorida, bloqueada.

Al inspirar, siento...
Al espirar, sigo sintiendo...
Estoy aquí, contigo, acompaño esto.
Te doy espacio, tiempo.
No tengo que hacer nada.
Solo penetrar de mi calidez estos espacios huérfanos de afecto, perdidos en el olvido por tanto tiempo.

Y nos reconocemos como esta presencia, más amplia y envolvente que el dolor que contempla y acompaña: nuestra consciencia abierta y libre de temor, juicios o culpa.

En ella no hay resistencia, no hay conflicto. Observa la energía del sufrimiento, se conecta con ella compasivamente, sin expectativas. Esta presencia solo atestigua, contempla. No reacciona, no busca, no se enfrenta. Quizás no sucede nada extraordinario, pero está ahí: es real y sostenedora. Respira con la emoción, la calma.

Me gusta concebir la respiración como los brazos de esa madre que envuelven, mecen y sostienen, aportando seguridad y disolviendo la tensión. Cuando se trata de un estado de temor, de encogimiento interior, el aliento penetra suavemente, respetando las áreas anudadas en donde es difícil respirar. No fuerza, se acerca con delicadeza, se mantiene consistentemente ahí. No busca nada, ni siquiera el alivio inmediato. Hay tiempo... Como cuando atendemos a nuestros hijos: no se nos ocurre fijar un plazo para que su sufrimiento cese. Simplemente estamos ahí, incondicionalmente. Permitiendo, sustentando, contemplando, siendo.

Habituándonos a contactar conscientemente con nuestras emociones podemos rescatar a ese yo infantil y traerlo a la luz. En él reside la llave de nuestra creatividad, de nuestra alegría y bienestar natural. En él duerme una energía poderosa de la que nos hemos separado. Conectar con él es revitalizarnos, al contrario de lo que nuestra mente teme y trata de evitar.

El tesoro oculto de este acercamiento es descubrir quién somos de verdad. Experimentar un contacto verdadero con nuestra naturaleza profunda, con nuestra consciencia amorosa. La madre es solo un símbolo de ella.

Atender nuestras heridas, ofrecer un hogar a nuestras criaturas rechazadas es el modo más directo de recordar que somos espacio de amor para todo, un hogar cálido, una presencia luminosa para cualquier emoción. De forma natural esto deja de ser un concepto para convertirse en nuestra vivencia de la realidad.

LA NATURALEZA EN MÍ

¿Cómo fluir?
Conéctate con algo que siempre está fluyendo dentro de ti:
tu aliento.
Acércate a él, intima con él, baila con él...
deja que este contacto te enseñe a seguir
el ritmo de la vida.

Caminar al aire libre, bañarme en los rayos del sol del amanecer, sumergirme en el ambiente de los bosques, respirar sus aromas, dejarme reforzar por la presencia de los árboles, escuchar el murmullo de los riachuelos o contemplar los horizontes lejanos desde las cimas de las montañas han sido mis fuentes de inspiración más poderosas y el modo más sencillo de conectarme con mi paz interior. Desde muy joven me acostumbré a buscar refugio en los brazos de la naturaleza. La sentía como una madre que, tras absorber mis penas, me devolvía a la vida renovada.

La naturaleza, sin embargo, no es solo externa. No es siempre necesario ir a buscarla fuera. Está dentro de mí, soy yo misma. Si me detengo a contemplarla aquí, soltando la búsqueda de algo externo que a veces está lejos, puedo experimentar esa misma comunión con la vida ahora.

Cada vez que me detengo a conectar con mi respirar, a sentir el ir y venir de mi aliento, estoy contemplando un verdadero oleaje interior que nunca se detiene. Hay olas enormes que ascienden inundándome de energía para descender nuevamente mientras espiro perdiéndose en mi océano... Otras veces, pequeñas olitas irregulares, cuyo ritmo va cambiando me transportan a un mar agitado de respiraciones cortitas que también puedo contemplar.

Dedicarme a observar y seguir atentamente ese fluir de mi aliento me conecta inmediatamente con el fluir de la vida en mí. No hay críticas ni juicios cuando contemplo el mar ahí fuera: es como es, está como está en este preciso instante. Y, del mismo modo, no se me ocurriría juzgar cómo deberían ser mis olas interiores.

Intensos nubarrones cubren el cielo y vientos intensos me zarandean, cuando paseo en días desapacibles. Mi paisaje interior es así a veces: parece que no veo la luz, que corrientes internas desbocadas me empujan en todas direcciones, pugnando por desarraigarme. Y yo, al recordar quien soy, puedo dejarme atravesar, sabiéndome espacio para esa tempestad.

La naturaleza soy yo, está aquí: late en mi corazón, fluyen sus ríos por mis venas, bailan sus olas en mi respiración. En cualquier momento puedo volver a ella, revitalizarme en su movimiento.

Finalmente, dentro, fuera... ¿Dónde está el límite entre lo que llamo interior y la naturaleza que mis ojos contemplan?

En realidad, no hay separación. Lo que veo ahí me habla de lo que vivo aquí; y lo que está pasando aquí, en lo íntimo, forma parte de un todo más amplio que me envuelve. Todo sucede en mí. Cuando abrazo lo que parece lejano, me abrazo en mi intimidad. Y cuando respiro lo inmediato, me extiendo hacia la inmensidad.

LA ENERGÍA DE LA ACEPTACIÓN

«Al Tao se le llama la Gran Madre.
Vacío, pero inagotable.
Da nacimiento a infinidad de mundos.
Está siempre presente en tu interior.
Puedes usarlo del modo que quieras».

Tao Te Ching

La palabra *aceptación* es una de las más difíciles de comprender para muchos de nosotros, por las connotaciones de conformismo y resignación a las que, durante mucho tiempo, ha estado asociada. Resignarse es la actitud distorsionada con la que el *pequeño yo* trata de reflejar la energía poderosa de la verdadera aceptación, que pertenece a un nivel de consciencia superior. Me gustaría acercarme a esta nueva comprensión, liberadora y creativa.

Para mí, aceptar es dar un sí profundo a este instante. Solo a este instante, pues es el único que tengo.

Para ello, necesitamos contemplarlo en su totalidad, no solo enfocarnos en los hechos puntuales que nos llaman la atención desde lo externo. Este instante es todo un paisaje a descubrir que la mente condicionada no puede captar. Si nos abrimos a contemplarlo desde lo profundo, nuestra vida puede transformarse. Hay un gran poder en esta comprensión del momento presente. Veamos un ejemplo:

Aceptar una palabra desagradable que alguien me dirige supone abrirme a experimentar lo que estoy sintiendo en el momento en que la escucho: rechazo, vergüenza, rabia, tristeza, rebelión... Y admitir todas las sensaciones difíciles que se están generando en mi cuerpo con esas emociones, permitirme experimentarlas.

Supone también abrirme a contemplar cómo he interpretado esa palabra, lo cual no siempre es fácil. Mi pequeña mente puede haberla considerado como una represalia, una expresión de desamor, un desprecio... Y eso ha de ser reconocido también, pues está en la base de mi sentir. El dolor del pasado se despierta en situaciones parecidas y las tiñe de ese sufrimiento antiguo, no procesado. He de verlo, mirando profundamente sin tapujos.

La palabra que fue dicha, el sentimiento que se despertó en mí, los pensamientos conscientes e inconscientes de donde surgió la emoción, el impulso de atacar a esa persona creyéndola responsable de lo que siento... Todo ha sido permitido por la vida, pues es lo que está sucediendo. ¿Y si me uno a ella dejando que todo sea lo que es?

Contemplarlo todo es aceptarlo todo, no solo la palabra que puntualmente parecía alterarme, sino mis sentimientos, mis interpretaciones y cómo todo eso lo proyecté en la otra persona.

Si acepto abrirme a este paisaje interno, una gran comprensión se despierta. Todo me lleva directamente a mi corazón, que ha de ser liberado de su vieja herida, tocada por esa palabra que me dolió.

Pero sobre todo, me experimento en mi amplitud, más allá del pequeño detonante que desencadenó el proceso. El instante es plenamente aceptado en su totalidad desde una dimensión más profunda en mí con la que empiezo a familiarizarme: el ser que soy.

El *pequeño yo* no puede aceptar de este modo, pues su percepción es muy limitada, y solo ve la parte externa de las situaciones, su apariencia. Se plantea *aceptar eso* (un gesto, un comportamiento, un suceso, una situación precaria...) pero, al no comprenderlo en su totalidad, se le hace imposible y a lo más que llega es a resignarse o reprimir su sentir o su reacción, haciéndose daño, pues es imposible aceptar lo que no comprendemos. Intentarlo nos violenta por dentro.

La aceptación, para este personaje, es algo a conseguir: «*Tengo que aceptar. He de hacer algo para llegar a aceptar lo que me duele y así, quizás, no me dolerá*».

Es una postura parecida a la que suele adoptar cuando se plantea perdonar. En ambas situaciones, su primer movimiento es juzgar lo que ocurre como indeseable o negativo.

En lugar de contemplar lo que es, se hace una historia sobre ello que le impide la clara visión y le predispone emocionalmente a vivir una experiencia difícil. Por ejemplo, la interpretación de este personaje podría ser: «me han rechazado». Incapaz de comprender que lo que percibe no es algo aleatorio, sino una proyección de sí mismo, lo conceptualiza asociándolo con lo ya conocido, para sentirse seguro.

Una vez emitido el juicio, sintiéndose víctima de lo que sucede y separado de ello, el *pequeño yo* se propone aceptarlo o perdonarlo. Tarea imposible y destinada al fracaso, pues es antinatural. ¿Cómo aceptar aquello de lo que nos hemos separado y que no hemos comprendido? Es imposible aceptar la vida desde la identificación con un personaje que se siente amenazado por ella.

Aceptar no puede ser nunca un esfuerzo. Es la natural actividad de la existencia. Esta aceptación que todo lo abraza solo es posible cuando nos situamos en una perspectiva diferente, mucho más amplia, la de nuestro ser esencial, la de la vida misma.

Observando la naturaleza, por ejemplo, podemos comprender mejor la energía de la aceptación. Todo en ella es un sí profundo, un sí sostenido.

Los rayos del sol no detienen ni un momento su radiante penetración. La luz atraviesa todo sin reparar en detalles. Nada escapa del gran sí que sus rayos ofrecen a todo lo que encuentran en su camino luminoso sin discriminación.

La tierra recibe y acepta todo lo que se deposita sobre ella. Cualquier objeto es, instantáneamente atraído e incluido.

El agua acoge y envuelve todo lo que se sumerge en su seno. Y cuando fluye, no se detiene ante nada. La corriente arrastra en su fluir lo que encuentra. Cada ola que se levanta en el océano es, de nuevo, acogida en él.

¿Y el aire? El cielo admite todo tipo de nubes, sutiles o tormentosas. Permite que su espacio sea recorrido por innumerables sonidos y movimientos. Y en lo más íntimo de nuestra experiencia, a través de la respiración, el aire se introduce sin descanso en nuestro cuerpo, en todos los cuerpos. Todo es respirado. Todo es sostenido en el movimiento continuo del inhalar y del exhalar.

En mi experiencia, la mejor forma que conozco de acercarme a la energía de la aceptación es conectarme con mi aliento. ¿No es la inspiración una forma de apertura que acoge? Y cuando retenemos el aire un momento, ¿no estamos integrando en nosotros la energía recibida? Al espirar soltamos todo en manos de la vida y descansamos, permitiendo que todo sea como es.

Cuando experimentamos momentos difíciles, practicar esta atención al aliento, siguiendo íntimamente su proceso nos conecta con esa energía de la verdadera aceptación. Ya está sucediendo en nuestro cuerpo continuamente, incondicionalmente. La vida, al respirar, acoge, integra, libera y permite de forma natural todo lo que se presenta.

La respiración sostiene cualquier emoción, subyace a cualquier pensamiento, está presente en cualquier situación, aunque nuestra mente se quiera retirar de ella juzgándola indeseable.

Entonces, en vez de teorizar sobre la necesidad o el modo de aceptar, ¿por qué no acercarnos simplemente a nuestra respiración y sentirla? Sin palabras, sin aspavientos, de la forma más callada y humilde, pero absolutamente real, nos conduce a experimentar lo que queremos aprender. Cuando nos hacemos conscientes de nuestro respirar, nos unimos al movimiento de la vida.

Aceptar, en realidad, no es algo que hacemos o que tenemos que conseguir, como explica Jeff Foster en su libro «La más profunda aceptación». Es algo que ya sucede naturalmente en todo momento. *La vida en sí es pura aceptación.* Todas sus manifestaciones naturales surgen de ese espacio silencioso que es pura permisividad.

Es, como dice el Tao Te Ching, como una Gran Madre acogedora, vacía, que todo lo sostiene. Solo nuestra mente superficial se entretiene en juzgar, negar y rechazar lo evidente. Y ahí se pierde, aunque luego intente *aceptarlo*.

Por eso, en realidad, la gran pregunta es: ¿Quién acepta? o ¿Quién es el que trata de aceptar?

Lo que somos en lo profundo, pura vida, lo abraza todo. Ni siquiera la palabra aceptar tiene sentido para describir su naturaleza: todo surge de su esencia y vuelve a ella espontáneamente.

En cambio, cuando nos identificamos con el *pequeño yo*, esa mente juzgadora que se separa de la vida, aparece la resistencia. El deseo de evitar el malestar que tal resistencia genera nos lleva a *intentar aceptar* las situaciones, como un modo de librarnos del dolor que sentimos. Pero si no empezamos por cuestionar los juicios que nos llevan a sufrir y seguimos identificados con la perspectiva limitada de ese personaje, aceptar –como perdonar– será imposible. El *pequeño yo* cree que debe hacerlo, y se lo plantea como un esfuerzo, pero por su propia naturaleza, es incapaz. A lo máximo que llega es a un penoso estado de *resignación* en el que trata de *aguantar* los efectos de las historias que se cuenta sobre la realidad.

Comprendiendo esto, podemos acercarnos a la experiencia de aceptar *sin necesidad de hacer nada.* Aquietándonos, contemplando lo que es abiertamente, momento a momento, aprendiendo a permitir y a dar espacio a todo lo que aparece en nuestra experiencia, interna y externa, sin expectativas.

Solo entonces, nuestra naturaleza amplia y profunda, puede empezar a manifestarse y accedemos a una evidencia viva de lo que somos. Consciencia y amor para todo.

La aceptación así comprendida es una aventura extraordinaria, siempre nueva, que aporta una energía maravillosa: la confianza en lo que es, la sensación de poder abandonarnos libremente en el fluir de esa corriente de la que formamos parte, con la seguridad de estar siempre a salvo.

En realidad, aceptar es hacernos uno con la vida, reconciliarnos con ella, volver a casa, a nuestra fuente, de donde salimos buscando alternativas ilusorias. En esta reconexión nos reencontramos con nuestras inmensas posibilidades creativas, que suelen estar ahogadas entre resistencias y resignaciones.

Por ello, cuando nos unimos a esa energía receptiva y serena que acepta, tenemos todas las posibilidades de hacer surgir de nosotros las mejores creaciones, muy al contrario de lo que pudiera comprenderse cuando hablamos de aceptación.

A menudo creemos, desde nuestra mente superficial, que aceptarlo todo es renunciar al cambio, quedarnos siempre en el mismo sitio. En mi experiencia va sucediendo lo contrario. Precisamente la resistencia a abrazar el momento presente, me sumía en un estado de desconexión de mi energía vital que me dejaba desmotivada para actuar.

Solo al aceptar abiertamente mis movimientos emocionales aquí y ahora, entro en contacto con la fuente inagotable de vida que mi negación a sentir había bloqueado. De ella es de donde surge la verdadera creatividad. Se libera así un potencial que estaba aprisionado quedando disponible para imaginar, crear y realizar.

«NO QUIERO QUE ME AFECTE»

¿Te resulta familiar esta expresión?

Es tan común decirnos esto, intentar que nada nos afecte o afirmar convencidos que ya no nos afecta cuando, en realidad, solo nos hemos endurecido, alejado o evitado sentir aquello que parecía hacernos tanto daño.

Sin embargo, se nos pasa por alto que el simple hecho de intentar no ser afectados por algo, está expresando que nos hemos situado en un lugar inestable, de conflicto, en el que nos sentimos inseguros pues no estamos conectados con nuestra esencia.

Cuando tememos tanto ser afectados por las cosas que pasan es porque estamos viviendo en el nivel de las cosas que pasan, es decir, en el mundo de la superficie, llevados por el *pequeño yo*.

Ser afectados, sentir dolor o malestar cuando la vida se mueve en torno nuestro no es un problema en sí. Es natural. Lo que nos hace sufrir es temer sentirlo, pues ello revela que estamos basando nuestra estabilidad en las emociones que van y vienen. Es decir, no nos encontramos enraizados en una dimensión más profunda de nuestro ser capaz de sostener esos movimientos de nuestra emocionalidad y de nuestra mente.

Querer que las cosas no nos afecten indica que, en lugar de experimentarnos como el cielo que contempla las nubes de nuestros pensamientos y sentimientos, hemos elegido encerrarnos en ellas y seguir soñando su sueño. Hipnotizados por las imágenes que percibimos, desfiguradas y cambiantes, sufrimos al creerlas reales, sintiéndonos a la deriva en un universo que parece no sostenernos.

Las cosas nos afectan, claro que sí, pero lo que realmente nos perturba es creernos la historia que nos contamos sobre ellas. Al confundirnos con estas historias, las emociones que aparecen son tan intensas que perdemos el contacto con nuestra verdadera grandeza que sostiene todo.

¿Quiere el océano impedir sus olas? ¿Pretende que no le afecten o se deja simplemente afectar recibiéndolas en su seno constantemente?

¿Quiere el cielo que no le afecten sus nubes? ¿Intenta que no le toquen o las sostiene dulcemente, como hijas de su misma esencia?

Es la resistencia a ser afectados lo que más nos duele. No es lo que está pasando aquí lo que nos perturba, sino el relato que nos contamos sobre ello. Y al creérnoslo, nos resistimos.

Dejémonos afectar.
Dejémonos mojar por las tormentas de la vida,
zarandear por sus vientos.
Sin historias sobre ellos,
simplemente surgiremos renovados.

EL MIEDO. ABORDAR LO PEOR QUE PODRÍA SUCEDER

Cada día soy más consciente de que cada situación que experimento está aquí para ayudarme a despertar, para salir del sueño de la mente regida por los hábitos del apego y la aversión.

Hace poco se presentó en mi vida una nueva oportunidad gracias a algo inesperado que sucedió. Un rato difícil de preocupación por mi hijo se desveló como la puerta a la liberación de un lazo que me oprimía y no me ayudaba a relacionarme con él desde la confianza y la paz.

Mi hijo se encontraba de viaje desde hacía varios días. En casa, esperábamos expectantes su llamada para saber de sus impresiones tras un acontecimiento importante que protagonizaba. Sin embargo, pasaban las horas y esta no se producía. Es más, su móvil aparecía desconectado desde hacía tiempo y supusimos que estaba sin batería. Seguramente nos llamaría cuando llegara al lugar donde pasaría la noche. El tiempo seguía transcurriendo, y esa hora razonable para ponerse en contacto con nosotros ya había sido sobrepasada con creces. Nada usual en nuestro hijo este tipo de despiste. Así que, la película estaba servida. La pequeña mente temerosa no necesita mucho más para generar mil y una escenas sobre lo ocurrido que, según pasaban las horas, empezaron a crecer en dramatismo. Aunque soy especialista en encontrar buenas y comprensivas explicaciones para acontecimientos inesperados, cada vez se me quedaban más escasas. Empecé a sentir mucha angustia y un enorme pellizco en mi plexo solar me contenía la respiración.

Claro, me senté a sentirlo, a vivir la experiencia desde dentro, a abrazar mi sufrimiento, sensación tras sensación, aliento tras aliento. Necesitaba atenderme más que nada en el mundo, pues desde donde estaba, nada lúcido podía ocurrírseme. Quería también, una vez calmada, soltar las historias que me estaba creyendo, generando una nueva avalancha de felices posibilidades. Sin embargo, ya no se me ocurrían. Y por mucho que por momentos me tranquilizaba, las peores imágenes sobre lo que podía haber ocurrido venían en seguida a anular mis intentos generando así más sufrimiento, pues me resultaban muy creíbles, dado el estado en que me encontraba.

De pronto, llegó una inspiración:

¿Qué es lo peor que podría pasar? ¿Qué es lo que temes de verdad?

Me detuve. Por supuesto perder a *mi* hijo. Que *mi* hijo estuviera solo, sufriendo algo dramático y no poder ayudarle, no poder estar ahí.

Vívelo. Escuché en mis adentros. *Sí, aborda lo que tanto temes.* ¿Y si fuera eso? ¿Y si lo peor que imaginas estuviera sucediendo ahora mismo de verdad? ¿Por qué no afrontarlo?

Me di permiso, la vida me estaba invitando a dar un salto hacia la hoguera y dejarme arder, en lugar de seguir buscando paliativos.

Y permití que las escenas más horribles se pasearan en mi consciencia mientras respiraba con ellas. Era el fin de su vida, sucediendo de forma violenta y dolorosa. Sí, eso es lo peor que podía pasar. Mientras las imágenes se sucedían en la pantalla de mi mente, mi paisaje interior era un fuego ardiente de dolor.

Sin embargo, todo eso estaba siendo observado, al tiempo que vivido intensamente.

Seguía imaginando lo «peor», pero desde un espacio muy profundo se generó una contemplación más completa.

Veía el capítulo de mi vida que he compartido con mi hijo como algo que terminaba. Un capítulo lleno de gozo, de comprensiones, de luz, de amor, en el que tanto él como yo lo habíamos dado todo.

Lo veía a él culminando ese capítulo, en brazos de la Vida, feliz por haber cumplido su tarea maravillosa. ¿Y si ya estaba todo cumplido en el mundo visible de las formas? ¿Quién era yo para aferrarme y determinar que no, que la cosa debía seguir, que tenía que intensificar mi protección para que durase, que todo debía ser según mi voluntad...? ¿Quién era yo para determinar qué tipo de fin le correspondía a su paseo por este planeta y cuándo y cómo debía producirse?

Me veía a mí misma en esta tierra aún, ahora sin su presencia física, rendida, sin buscar nada más. Solo ser, abrazando toda la belleza y la riqueza que la vida había tenido a bien hacerme experimentar a su lado... Llena de un dolor que parecía destrozarme, pero también inundada incomprensiblemente de paz y agradecimiento. Nada terminaba, solo un capítulo de la película y, a pesar de mi dolor intenso, la mejor respuesta que concebía era: sí, hágase tu voluntad, querida vida.

Aún no lo sabía, pero algo en mi estaba muriendo también en ese rato.

Después de unas horas, recibimos su mensaje. Todo tenía su explicación simple e inocente y se le notaba muy feliz por lo que había estado viviendo. Era tan sencillo como mi sentido común me lo había susurrado desde el principio. Y su proceder en esa situación no fue muy diferente de lo que yo hubiera hecho en su lugar.

Con tantos años de trabajo sobre mis emociones y acompañando a las personas como terapeuta en momentos de pánico, nunca pensé que yo misma volvería a hundirme en el mundo de los temores irracionales, ni a permitir que me afectaran así. ¿Cómo había podido llegar a un punto de sufrimiento tan intenso?

Al día siguiente lo comprendí. Todo tuvo su sentido. Fue la respuesta a una profunda necesidad de dar un paso hacia la libertad. Creo que, emocionalmente, el cordón umbilical entre mi hijo y yo fue cortado esa noche. Aunque siempre he sido muy consciente de que mi hijo es, ante todo, hijo de la vida, de mi inconsciencia surgen a veces oleadas de desconfianza y de temor.

Necesitaba vivir con intensidad el sufrimiento derivado de esa falta de confianza que experimentamos las madres con frecuencia. De ello surge toda una forma de vivir desenfocada de nuestro centro, creyéndonos responsables de la vida de nuestros hijos cuando ya no es necesario. Secretamente, seguimos durante mucho tiempo considerándolos necesitados de nuestros desvelos. En ello invertimos una energía preciosa que ni les ayuda a aceptar la responsabilidad de su vida al cien por cien ni nosotras asumimos la nuestra con rotundidad, con la excusa de tener que ocuparnos de ellos, aunque sea mentalmente.

Algo en mi descansa desde entonces y un profundo sentimiento de liberación me envuelve. Estoy en paz con él, con la vida, y sé que no necesito ni necesita nada más. Esto es amor, mucho más que esa comedia protectora que he solido jugar tratando de hacerlo bien como madre y olvidándome de que ese papel es solo eso, un papel. No yo.

Abrazo este espacio de autenticidad y sé que es el único lugar donde el amor verdadero es posible. En él se me invita a vivir desnuda, sin papeles añadidos que deformen la belleza de la profunda unidad que somos. En él tienen cabida mis sentimientos más vulnerables, que buscan ser abrazados y trascendidos. En él brota la verdadera ternura y la entrega más honesta, en cada instante, sin roles aprendidos, sin control, sin expectativas ni sacrificios. Es el océano de la eterna confianza en el que vivimos, nos movemos y existimos. Y es ahora.

¿Por qué comparto esta experiencia en este capítulo? El miedo a lo que podría pasar es una de las emociones más recurrentes en nuestra vida. Nuestra pequeña mente es especialista en anticipar y generar historias amenazantes. Nos las susurra en modo de «Y si...» haciéndonos vivir estados de inquietud y de ansiedad si nos las creemos. Lo que solemos hacer es evitarlas, tratar de calmarnos distrayéndonos o buscando otros pensamientos. No suele resultar.

Admitir la emoción de temor en nuestro cuerpo, respirarla y abrazarla, es necesario, y no lo podemos pasar por alto. Sin embargo, este contacto, que suele ser tranquilizador, no suele durar mucho si en seguida nos dejamos inundar por nuevas imágenes atemorizantes.

Es como si lleváramos a un niño al cine, se asustara con una escena de terror y nos dedicáramos a calmarlo un rato sacándolo de la sala. Y, una vez más tranquilo, le volvemos a presentar las mismas imágenes amenazadoras llevándolo de nuevo a la sala. En realidad, no las deseamos, pero cuanto más tememos esas escenas, más tienden a volver.

En estos casos, para mí, lo mejor es abordar lo peor que podría pasar. Eso que más tememos está esperando nuestra aceptación y asoma a nuestra consciencia para ser vivido e iluminado. Permitírnoslo, aunque parezca un juego mental, es una experiencia transformadora que nos clarifica.

Sin embargo, para mí esto solo es posible desde una conexión profunda con nuestro ser interno, una actitud abierta, en estado de meditación y sabiendo que no es nuestro *pequeño yo* el que tiene que lidiar con la experiencia, sino que estamos abriéndonos a nuestra amplitud interior, la luz de la consciencia, desde la que esas escenas son contempladas desde una perspectiva mayor.

Mooji lo llama «morir antes de morir».

EMOCIONES AGRADABLES

Es comprensible que, dado el condicionamiento a rehuir nuestras sombras y a evitar el sufrimiento, sea necesario insistir en aprender a aceptarlo, permitirlo e integrar toda esa experiencia rechazada que forma parte de nuestra vida.

Pudiera parecer que las emociones agradables no necesitan ser contempladas. Fácilmente nos identificamos con ellas interpretando, al sentirlas, que *todo va bien.* El placer, la euforia, la alegría, el deleite, el dinamismo, parecen invitarnos a confundirnos con ellas dejando eso de la *observación* para cuando nos sentimos *mal*.

Al sentirnos *bien*, surge un movimiento de apego que nos deja prendidos de las sensaciones placenteras que experimentamos aferrándonos a ellas, intentando que permanezcan. Entonces perdemos la consciencia de la totalidad, enfocándonos en ciertos aspectos que privilegiamos como deseables, sin darnos cuenta de que la experiencia total que estamos viviendo incluye también ciertos pensamientos de avidez, el temor de perder lo que sentimos, la identificación con ello. Si contemplamos con espaciosidad nuestro cuerpo, veremos que, al lado de sensaciones sumamente placenteras, se dan quizás otras más tensas que precisan también atención. Al igual que cuando sufrimos, si observamos más allá de las áreas afectadas, encontraremos otras que son neutras e incluso agradables.

Si en un momento de bienestar o goce contemplamos la totalidad del paisaje presente, dejando que todo sea como es, las sensaciones placenteras serán apreciadas profundamente, pero no perderemos la consciencia de la totalidad, que equilibra la experiencia, llenándola de comprensión. Tanto la resistencia que vivimos cuando sufrimos como el apego que experimentamos cuando gozamos, son fenómenos observables. Sentirlos, darles espacio en nosotros, es la natural actitud de la vida.

En realidad, no se trata de *hacer* nada. No se trata de privilegiar un área u otra, ni de repartir nuestra atención entre ellas. Ambos aspectos, la luz y la sombra, están siendo acogidos siempre de igual modo *por* la consciencia. Nuestro eterno compromiso es ser uno con ella, no separarnos de nuestra experiencia, sea cual sea su matiz. Incluso sin detenernos a diferenciar cuál es este matiz. Agradables o desagradables, los fenómenos son siempre eso: modulaciones de la energía de la vida, adoptando formas cambiantes que esta, simplemente, permite.

Apegarnos a lo que nos gusta y rechazar lo que nos desagrada es la actitud básica del *pequeño yo*. Abrirnos a todo y amarlo sin juicios ni distinción es ser uno con la existencia.

MÁS ALLÁ DE LA EMOCIÓN

Tanto las emociones dolorosas, (tristeza, miedo, ansiedad, rabia, odio...) como las que nos agradan, (placer, bienestar, cariño, euforia, distensión, satisfacción...) son expresiones condicionadas por lo que sucede o aparece en nuestra experiencia. *«Estoy contenta porque he aprobado el examen», «me siento triste porque no me llama nadie», «me siento relajado porque llega el fin de semana», «me da mucha miedo viajar en avión».*

Estas emociones derivan, en realidad, de cómo nuestra mente interpreta los sucesos de la vida. Según el significado que les da, nos sentimos de un modo u otro. Estos estados son, por tanto, cambiantes y dependen de la actividad de la mente que los piensa.

En realidad, si lo miro en profundidad, no me siento triste porque no me llama nadie, sino por el significado que le doy a esa circunstancia. Puedo creer que soy poco valiosa o digna de amor o imaginar que se me rechaza. Eso es lo que me hace sufrir. Y estas interpretaciones surgen siempre de una mente no alineada con su verdadera naturaleza, la del *pequeño yo*. Es decir, no sufrimos por la razón que creemos sino por habernos olvidado de lo que somos en esencia: espacio, consciencia, vida.

Del mismo modo, cuando nos sentimos satisfechos solemos atribuirlo a un suceso gratificante, pero en realidad, nuestro contento se deriva del significado que le damos a ese acontecimiento. Puedo creer que estoy alegre por haber aprobado el examen, pero en realidad, lo que siento tiene más que ver con la valoración que recibo o me doy cuando paso una prueba. Y también en este caso, he olvidado mi naturaleza profunda que no necesita ser valorada pues ya se sabe inmensa.

Más allá de las emociones, subyace un estado que no está sometido a ningún cambio, que no depende de ningún fenómeno ni circunstancia; tampoco deriva de ninguna interpretación o percepción de la realidad. En conexión con nuestra esencia, nuestro estado natural es una paz inexplicable, que *sobrepasa todo entendimiento,* como decía Jesús.

La consciencia pura contempla todo lo que va, viene y lo sostiene, pues toda forma parte de sí misma. De ella surge esa paz o dicha profunda que está más allá de todas las formas cambiantes de nuestra experiencia. Se hace evidente cada vez que, soltando los contenidos mentales, permitimos el silencio y descansamos en él. Cada vez que accedemos al reino de lo innombrable, el espacio del corazón.

Todas las emociones son contempladas y abrazadas desde esa inmensa espaciosidad de la consciencia en la que todo tiene cabida. Instalados en ella, dejamos naturalmente de aferrarnos a los sentimientos que van y vienen: el dolor, el placer, el miedo, la satisfacción, la tristeza...

De esta contemplación abierta brota esa emoción más profunda y omniabarcante, que podría experimentarse como amor, paz o dicha. *Ananda*, la llaman en oriente. Cuando se manifiesta en nuestra vida sabemos, sin ninguna duda, que estamos enraizados en el ser, viviendo nuestra presencia en este instante.

Del mismo modo que estamos aprendiendo a experimentar todas las emociones condicionadas, dejándolas moverse en nuestra consciencia, es absolutamente necesario permitirnos sentir la dicha, la paz profunda que brota de la conexión con lo que somos, para reconocer nuestra integridad y sumergirnos en nuestra realidad esencial.

Sin embargo, quizás nos suceda que, habiendo pasado nuestra vida enfocados en el sufrimiento, no sepamos dar espacio a la felicidad verdadera, al estado de paz profunda o de éxtasis que vivimos en la intimidad de nuestra consciencia. Tal ha sido mi caso durante mucho tiempo.

Podía experimentar naturalmente el goce y la libertad de vivirme como consciencia y, sin embargo, no me detenía a honrar estos estados, no había en mí espacio para ellos. Así que los pasaba de largo, dándolos por supuestos, y corría a enfocarme de nuevo en el mundo de la superficie, en lo que aún estaba por arreglar.

Desde hace un tiempo sé que habitar y permanecer en esta frecuencia profunda es la fuente más poderosa de nutrición para mí. Y que sostener ese estado de paz y dicha auténtica, es un manantial de sanación que, brotando del corazón, baña cada partícula de mi mundo.

Te invito a descansar en el goce de esa paz, incomprensible pero cierta, que nunca nos abandona y que descansa subyaciendo a todo lo que se mueve. Cada vez que aceptamos aquietarnos y contemplar sin aferrarnos los contenidos de nuestra consciencia, estamos dejando espacio para que esa profunda serenidad se manifieste. Y naturalmente lo hace, ya que siempre está ahí, indisolublemente unida a la consciencia que somos.

Incluso en medio de las más trágicas circunstancias o de nuestras tormentas emocionales, si nos detenemos a contemplar esa intensidad de sensaciones y pensamientos que nos atraviesan, podemos descubrir que el espacio transparente de la consciencia siempre está ahí, envolviéndolo todo. Nos invita constantemente a descansar en su seno, a aquietarnos y encontrar la simplicidad de nuestro aliento, a honrar con la vida que se mueve en este instante.

ADICTOS A PENSAR

LA «RELIGIÓN» DEL MOMENTO SIGUIENTE

Nuestra vida es este instante.

Sin embargo, como venimos observando, no solemos querer estar aquí. La urgencia por abandonar este momento se genera en una mente que lo juzga, lo compara, lo considera insuficiente, lo rechaza y cree que el momento siguiente será mejor.

Podríamos ser ateos y presumir de no creer en nada ni seguir a nadie, pero en realidad profesamos en lo escondido un sistema de creencias del que nos hemos hecho fervientes seguidores, y una de sus premisas básicas podría enunciarse así: «*Este momento no está bien, le falta algo. ¡Busquemos algo mejor en el siguiente!*».

Así, nuestra vida, que es *ahora*, se queda privada de atención, vacía de presencia, mientras nuestra mente cabalga en búsqueda de algo que siempre promete ser mejor que *esto*. *Esto* puede ser una situación, un lugar, una o más personas, mi cuerpo, mi comportamiento, mis sentimientos... lo que percibo aquí, en suma, mi mundo de este instante. Mi pequeña mente lo juzga como inapropiado, aburrido, vacío, vulgar, equivocado o dañino y, por tanto, causante de mi malestar. La conclusión que extrae es que «*hay que hacer algo*». Y se lanza a la búsqueda de soluciones de todo tipo, dejando este espacio inocente del ahora vacío de atención.

Muchos rechazamos el sacrificio de esta vida para ganar el cielo, promovido por algunas religiones establecidas y, sin embargo, si miramos en profundidad, es esa misma ley la que dirige momento a momento nuestras vidas.

Somos devotos de *la religión del momento siguiente,* que nos promete siempre algo mejor. Y para alcanzarlo, tenemos que sacrificar este instante, abandonarlo mentalmente. Empezar a pensar, a generar modos de cambiar lo que creemos que nos amenaza, a actuar para eludirlo o taponar su impacto. Miles de acciones llenan nuestro día a día, y la mayoría de ellas tienen como generador de su movimiento la no aceptación de la vida ahora. Ese abandono del instante presente lo vivimos con emociones de ansiedad e inquietud, de las que muchas veces no somos conscientes.

Lo que se nos escapa es que el mundo, tal como lo percibimos, es solo el reflejo de lo que pensamos. Básicamente, es el reflejo de un pensamiento erróneo que subyace a todo nuestro sistema de creencias: *estoy separado de todo.* Desde esa óptica alterada, lo vemos todo deformado e insuficiente. En particular, nuestra propia vida se nos antoja inapropiada y llena de carencias. Claro, ¡la hemos aislado mentalmente de la totalidad a la que pertenece!

Este aislamiento es tan doloroso que inmediatamente buscamos cómo deshacernos del malestar que nos provoca creer en él. Entonces empezamos a ver alrededor lo que no queremos ver dentro. Las personas que nos rodean, las situaciones, nuestro cuerpo, nuestro comportamiento... nos parecen erróneos y culpables de nuestra infelicidad. Dejamos de verlos como son y nos aparecen teñidos de un velo de insuficiencia.

Nada parece estar bien o ser adecuado *aquí*. Pero *allí*, más adelante o en unas circunstancias diferentes, se nos promete la salvación: *aquello* me hará feliz. Tanto este presente que condenamos como esas condiciones que nos salvarían son nuestra proyección. Nuestra insuficiencia reflejada en lo que no nos gusta del presente y nuestro inmenso potencial proyectado en la promesa del futuro constituyen lo que llamamos *nuestro mundo*, que es tan solo una escenificación de nuestra interioridad no observada.

Si supiéramos acceder a la contemplación de lo que somos, la percepción del mundo externo cambiaría profundamente. Ya no necesitaríamos reflejos externos de nuestra insuficiencia, pues no creeríamos en ella, ni por lo tanto, ninguna salvación fuera de nosotros: experimentaríamos directamente nuestra grandeza en el presente.

Creer que el mundo está ahí fuera, separado de nosotros, generando nuestro sufrimiento y pensar que tenemos que arreglarlo para poder encontrar en él la felicidad, nos separa aún más de nuestra paz. Por eso sufrimos: lo que nos duele es esta percepción que nos aliena.

Interpretamos que, si no corregimos a las demás personas, nuestro cuerpo, nuestro comportamiento, la sociedad o las situaciones, no podremos ser felices. Y pasamos la vida intentando que las cosas cambien. Es la dinámica del *hacer* propia de un personaje buscador de soluciones externas que se ha olvidado de quien es.

Nuestra mente condicionada vive enfocada en lo que percibe exteriormente. Y lo interpreta a su manera, desde su pequeña perspectiva personal, seleccionando de la realidad los aspectos o retazos que parecen confirmar sus creencias. Ve personajes y situaciones que cree amenazantes y puede pensar: «*Me juzgan, me exigen, me ignoran, no me respetan*». Trata de controlarlos ahí afuera sin darse cuenta de que solo están escenificando sus propios pensamientos, jugando el papel que ella les he dado.

Surge, por ejemplo, un pensamiento que juzga y se enfoca en lo que pasa, opinando sobre ello y calificándolo de inadecuado: *«Esto no es como debería ser»*, *«aquí falta algo»*, *«es insuficiente»*, *«no tendría que haber pasado»*, *«no quiero que pase»*. Al pensar así y encerrarnos en estas creencias, dándoles tanto poder, perdemos la consciencia de nuestra grandeza. Nos sentimos afectados emocionalmente. Aún más cuando cambiar o controlar eso se convierte en nuestro objetivo para liberarnos del malestar que sentimos al interpretar así la vida: *«Tengo que conseguir que eso cambie»*. Al hacer depender de todo ello nuestra estabilidad, estamos eligiendo nuestra inestabilidad y sufrimiento. Tenemos que conseguir que las cosas sean como queremos que sean para poder estar bien. Es el mundo del *hacer* compulsivo, en el que vivimos involucrados.

O si se trata de pensamientos que nos molestan por sus juicios hacia nosotros o hacia la vida, luchamos por deshacernos de ellos o dejar de oírlos. Con ello, les damos un poder que no tienen, creyéndolos nuestros enemigos.

En esencia, nada puede dañarme si yo no le doy el poder de hacerlo. ¿Cómo se lo doy? creyendo que las *cosas* o fenómenos cambiantes (objetos, personas, situaciones, pensamientos...) pueden darme algo que yo no tengo o privarme de lo que es mío en esencia. Creando así expectativas y temores sobre un mundo que solo es mi propia proyección y que, en sí, no tiene la capacidad de darme o quitarme nada. Creer en su realidad independiente es lo que nos sumerge en la ansiedad, ese estado artificial de separación en el que se encuentra nuestra mente sintiéndose víctima de lo que pasa y tratando de controlarlo.

La ansiedad es el estado emocional de fondo de nuestra civilización. Aflora por el simple hecho de habernos separado mentalmente de la realidad profunda que nos sustenta y habernos identificado con las formas cambiantes que la vida toma, los objetos del mundo externo. Por haber olvidado que lo que percibimos ahí fuera es lo que nuestra pequeña mente quiere ver para confirmar lo que pensamos y seguir manteniéndonos separados de lo real, cuya naturaleza es pura inocencia.

Sin embargo, la consciencia profunda que somos no depende de ninguna condición, de ningún fenómeno o suceso. Independientemente de la forma que la vida tome, siempre está en paz. Como el fondo del océano, que sigue imperturbable sea como sea el movimiento en la superficie. Imagínate al océano tratando de controlar sus olas o temiendo que sucedan. No, el océano sabe que lo que va y viene no puede amenazarlo. Por eso, lo acoge todo.

Pero en el olvido de nuestra naturaleza oceánica y profunda, nos confundimos con las cosas que van yendo y viniendo. Y nuestro estado anímico se torna tremendamente temeroso, ansioso e inseguro, pues en el mundo de las formas, nada puede ofrecernos lo que anhelamos.

Ese estado nos lanza a la búsqueda de nuevas circunstancias que nos aseguren algo mejor. Pero buscamos en un terreno que no tiene nada de estable, el de los fenómenos cambiantes. Ahí nada está garantizado y en seguida surge el miedo y la necesidad acuciante de seguir controlando.

¿Cómo lo hacemos? pensando y pensando sin cesar, manteniendo nuestra mente ocupada con un soniquete de fondo al que nos hemos acostumbrado: *la voz en la cabeza*. Eckhart Tolle define así ese constante ir y venir de pensamientos que se pronuncian sobre la vida y con los que vivimos identificados. En realidad, son muchas voces que parecen definir a un personaje que nos es muy familiar: el *pequeño yo* que creemos ser.

Todas esas voces, en realidad, tienen su propia lógica y se generaron en el intento de protegernos y darnos seguridad en un mundo que parecía amenazarnos. Suenan muy fuerte y hacen mucho ruido porque aún no nos hemos detenido a comprenderlas. Expresan temores irracionales, exigencias de perfección, críticas, culpas... Y, como nos duelen, nos cerramos a ellas pretendiendo evitarlas, lo cual genera mucha presión y sufrimiento. Al no ser escuchadas en nuestro interior, buscan nuestra atención al expresarse en otros seres humanos que nos rodean y que funcionan como nuestros espejos. Entonces nos alteran aún más, hasta que nos decidimos a detenernos y mirar.

Si nos acercamos con comprensión, nos damos cuenta de que, en realidad, solo tratan de proteger a ese *pequeño yo* que creímos ser. Lo hacen a su manera, ya que brotan de una consciencia muy limitada. Cuando aceptamos que esas voces no son nuestras enemigas y les permitimos pronunciarse libremente, podemos observar que se estabilizan, dejan de adoptar esa expresión exagerada que nos atormentaba. Gritaban porque buscaban ser reconocidas en nuestra consciencia y, al no serlo, pugnaban de forma disfuncional por salir a la luz.

VOCES QUE CUENTAN HISTORIAS

Observa las voces que hablan en tu cabeza.
¿Dicen la verdad?
¿Te aportan paz cuando te las crees?
¿Te definen?
¿Quieres que dirijan tu vida?

A medida que acompaño a más y más personas en procesos de transformación y me acompaño a mí misma, comprendo mejor la imposibilidad de sanar nuestra vida radicalmente hasta que no abordemos la verdadera causa de nuestro sufrimiento.

Todas las terapias, remedios e incluso prácticas espirituales que podamos utilizar, finalmente se me revelan insuficientes, pues siguen siendo utilizadas desde el mismo sistema de pensamiento que crea nuestro malestar y que cree poder manejarlo. Su modo de funcionar es *hacer* ciertas cosas para evitar o conseguir otras. Luchar contra las situaciones, huir de ellas, relajarse, desahogarse, cambiar de ambientes o compañías, consumir cosas, dedicarse a prácticas de cualquier tipo para evitar lo que nos duele, etc. Finalmente, una vez pasado el efecto del remedio, los mismos patrones siguen dirigiendo nuestra vida y generando sufrimiento.

¿Cómo se expresa ese sistema de pensamiento? Lo reconocemos al observar ese ir y venir de voces que suenan en nuestra mente todo el día, ese monólogo *privado* que nos acompaña y que habla en primera persona dándonos la sensación de ser nosotros: *«Yo necesito, esto no me gusta, yo soy así, tengo que conseguirlo, no me hacen caso…»*. Nos hemos confundido con ese supuesto *yo* que parece tan real. Se pronuncia y opina sobre todo lo que acontece, evaluando, juzgando o interpretando, con un discurso particular para cada ocasión. Como un eterno comentarista, suena casi sin interrupción, elaborando historias que parecen muy reales.

Es necesario que aprendamos a observar lo que damos por cierto, a sorprendernos ante las interpretaciones que nuestra mente elabora sin cesar sobre la vida y que, hipnotizados por las imágenes que genera y las emociones que suscita, seguimos a pies juntillas.

Indagarlas, preguntarnos sobre ellas y cuestionar su veracidad es absolutamente necesario cuando se han convertido en creencias arraigadas que generan en nosotros una intensa emocionalidad.

Conozcamos esas voces

Empecemos dejando claro que esas voces no son nuestras: son las de un personaje que fabricamos y con el que nos hemos confundido. Ha ocupado un territorio inocente y le hemos ido permitiendo usurpar nuestra identidad. Sufrimos simplemente porque le damos nuestra credibilidad olvidando lo que somos realmente.

No es que el *pequeño yo* sea *«malo»*, es que se cree solo y perdido en un universo que percibe como amenazador. En su necesidad de sentirse seguro, trata de controlarlo todo. Lo hace a través de una forma particular de usar el pensamiento, un sistema basado en la creencia en la separación, sobre el que van instalándose todos los demás patrones que rigen nuestra vida. Es importante comprender esto, porque nuestro cerebro sigue siendo utilizado para defenderse y sobrevivir en ese supuesto universo amenazante cuando ya no es necesario. Y en consecuencia, todo su potencial creativo, para el que no parece quedar espacio, se queda adormecido.

Pero si queremos acceder a contemplar la vida tal y como es y recuperar el uso lúcido y creativo de nuestra mente, necesitamos identificar esas voces que la obstruyen, observar eso que consideramos el modo normal de pensar.

Veamos algunas de sus tendencias o patrones fundamentales. Oigámoslo hablar. Por una vez, en lugar de creérnoslo, dejemos que esa radio funcione y escuchémosla: ¿Qué dicen las voces del *pequeño yo*?

- JUZGA: Da veredictos, compara, etiqueta, critica y moraliza. Opina constantemente sobre todo. Le encanta definir a las personas (y a sí mismo) en base a lo que hacen, sienten o piensan. Cree tener razón y la visión correcta de todo.
- SE RESISTE: No quiere que las cosas sean como son. No acepta. «*No quiero esto*», suele decir.
- PROYECTA: Ve fuera lo que no quiere ver dentro. De hecho, esta es su actividad fundamental.
- TEME: Anticipa e inventa historias dramáticas, asustando. Es catastrófico y alarmista. Se preocupa constantemente por lo que pudiera suceder. *«¿Y si...?»*.
- CULPA: Busca culpables ante cualquier malestar. También se siente culpable y se castiga por sus fallos.

- DUDA: ¿Lo estaré haciendo bien?, *¿Qué estarán pensando?, ¿Querrá mejor esto o lo otro?* Se siente inseguro pues no se asienta en un terreno firme al vivir representando papeles.
- DISTORSIONA LA REALIDAD: Generaliza (*siempre, nunca, nadie, todos...)* expresándose en términos absolutos. También dramatiza y exagera, deformando con sus historias la realidad: ve lo que quiere ver.
- ES VICTIMISTA. SE TOMA LAS COSAS PERSONALMENTE: No se responsabiliza de sus pensamientos. *«Me han hundido», «me pones nervioso», «me haces feliz», etc.* Le da el poder a lo que sucede fuera para determinar sus experiencias. Así justifica su pasividad.
- SUPONE: Imagina historias y se las cree. Interpreta la realidad tratando de encontrar explicaciones que le hagan sentirse seguro.
- CONTROLA: Cree que sabe cómo deben suceder las cosas. *«Tú tienes que...».* Se hace ideas fijas y no acepta alternativas. *«Tendría que haber...». «Esto no es admisible».* Aferrado a sus pensamientos selecciona de la realidad los detalles que los confirmen.
- SE APRESURA: Piensa con urgencia y prisa. *«Tengo que hacerlo ya».*
- EXIGE y MORALIZA: Utiliza el *«deberías»* y el *«no deberías»,* exigiendo perfección.
- NECESITA: Se percibe necesitado y se queja de todo. Su base es la carencia, la insuficiencia. Es una mente insatisfecha. *«No tengo dinero», «no tengo tiempo»...*

Y muchos patrones más que tú puedes, sin duda, ir descubriendo en tu propio monólogo interno.

SUGERENCIA

Te invito a investigar tu propio inventario de hábitos mentales.

Seguro que, si prestas mucha atención, vas a ir sorprendiéndote de ese caudal de voces que se van paseando por la pantalla de tu consciencia. Irás descubriendo las más recurrentes a medida que se intensifique tu atención.

Puedes hacerlo por escrito, tomándote un tiempo y un espacio para ello. Aprovecha uno de esos momentos en que te sientes desbordado por el ruido de tu mente.

Como si fueran personajes que van apareciendo en la pantalla de tu consciencia, cada pensamiento va expresándose. De la forma más fiel que puedas, ve simplemente anotando sus comentarios. En vez de seguir sus instrucciones o creerte sus comentarios, regístralos. Como cuando ves una película, eres el observador, comprendes que los personajes se expresen con dramatismo o violencia, pero no se te ocurre creerte sus palabras ni reaccionar ante ellas.

Puedes jugar con ello como si fueses el narrador que observa momento a momento el tráfico mental:

- Ahora aparece uno con miedo que dice...
- Y ahora llega el que exige diciendo que...

Poco a poco, esta habilidad de contemplar desde la distancia los pensamientos se hará habitual y no necesitarás escribir para adoptar esta perspectiva.

Esta observación va llevándonos poco a poco, a un espacio de observación en el que empezamos a experimentar nuestra inocencia al dejar de creer ciegamente en lo que se dice en nuestro territorio mental.

Desde esa consciencia, podemos darnos cuenta de varias cosas fundamentales:

1. ***Esos pensamientos no son verdad, al menos no de un modo absoluto.*** Puedes comprobarlo cada vez que sufras por haber creído uno de ellos. Pregúntate seriamente: ¿Es cierto? Y permite con honestidad que la respuesta aparezca en tu interior. ¿Es una verdad absoluta? Aunque pudieran contener un atisbo de realidad, son expresiones exageradas y deformadas de la misma.

2. ***Esos pensamientos, si son creídos, generan sufrimiento, en formas muy variadas***. Obsérvalo: ¿Cómo me siento cuando me creo esto? ¿Me aporta paz?

3. Y, sobre todo, ***esos pensamientos no son tú.*** Tomarnos de modo personal la aparición de los pensamientos, creernos culpables por tenerlos o definirnos por lo que dicen es el gran generador del sufrimiento. ¡No! Ellos no dicen nada de ti. No tienen significado real. No son nada. Solo son pensamientos. Nubes que pasan por tu cielo. No pueden definirte ni limitarte, como las nubes no limitan ni definen el cielo, sino que nos permiten apreciarlo mejor.

Nos hemos identificado con un personaje superpuesto que piensa constantemente. Al creer en lo que dice y aceptarlo como algo independiente de nuestra voluntad, nos limitamos. Seguimos distraídos en nuestros pequeños callejones sin salida y privados del reconocimiento de nuestro poder. No porque ese *pequeño yo* en sí sea *malo* o un enemigo. No, no es algo separado de nosotros que nos amenace. Lo hemos fabricado desde la ilusión de que estábamos separados y necesitábamos protección. Reconocer esto es fundamental y desde esta responsabilidad, tenemos todo el poder para soltarlo.

Pero miremos en profundidad: ¿De dónde extrae su fuerza ese modo extraño de pensar que deforma la realidad mostrándonos un mundo irreal en el que nos hemos acostumbrado a creer?

Sobre todo, de esa *sensación de control* que parece producirnos el pronunciarnos y juzgar el mundo. Al definirlo todo con sus conceptos, separarlo todo en partes y elaborar maneras de manejar esas partes tenemos la impresión de posicionarnos ante la vida, de situarnos en un lugar de control desde el que emitir nuestro veredicto. Y esa sensación oculta el miedo que sentimos ante un universo que simplemente, no comprendemos con nuestro modo limitado de pensar. Es decir, esa forma de usar la mente nos ofrece una falsa sensación de seguridad que evita un temor profundo: abrirnos a la vida sin conceptos sobre ella.

Lo hemos usado tanto que se ha convertido en el sistema de defensa compartido por todos y eso también da seguridad. *Si todos piensan como yo, ¡así debe ser!*

Otra de las razones por las que esta forma de pensar se sostiene fuertemente es que su funcionamiento *genera emociones*, muchas veces intensas. De los pensamientos podríamos dudar, pero de esta congoja en el pecho, esta contracción en el estómago, este placer que sentimos, no dudamos: está aquí, se siente en nuestro cuerpo. Y estas emociones nos llevan a actuar, a hacer cosas para salir de ese sentir o para propiciarlo. Estos actos, que reflejan nuestro estado emocional, nos llevarán a una experiencia muy relacionada con esos pensamientos originales de los que partimos, confirmándolos.

Pongamos un ejemplo: supongamos que hay en mí un patrón recurrente de pensamiento que me habla de mi insuficiencia para relacionarme con los demás. Creerlo hace aflorar en mí emociones de tristeza, mezclado con soledad y limitación. Puede que sienta contracción en mi pecho, encogimiento o quizás dificultad para respirar con amplitud. Es posible que *haga* algo para *superarlo* como, por ejemplo, forzarme a salir, hablar o mostrar simpatía, venciendo eso que llaman timidez. Sin embargo, es posible que mi estado emocional no me permita relacionarme con naturalidad, pues sigo creyendo en una insuficiencia que he de superar. Sentiré estrés, me moveré y hablaré con esfuerzo y tensión. Entonces, la experiencia de desconexión que obtendré como resultado, confirmará mi pensamiento inicial: «*No soy capaz de relacionarme con fluidez*». Es decir, mi mente utilizará mi experiencia para intensificar esa percepción de mí, lo cual seguirá generando pensamientos, emociones, actos y experiencias cada vez más intensas.

Del mismo modo, si mi decisión fuera *no relacionarme* para evitar el malestar, experimentaría de nuevo un estado de soledad y limitación, lo cual volvería a confirmar mi premisa.

Lo que trato de explicar es que este sistema de pensamiento está siempre reafirmándose a sí mismo al crear efectos (emociones, actos, y experiencias) que confirman sus presupuestos, dándoles una sensación de consistencia de la que no nos atrevemos a dudar. Así se mantiene nuestra percepción limitada de lo real.

Salir de ese círculo cerrado en el que discurre la vida del *pequeño yo* solo es posible desde una perspectiva mayor: la consciencia. Como decía Einstein, «*Ningún problema puede ser resuelto en el mismo nivel de consciencia en el que se creó*». Es decir, no se trata de cambiar cada uno de los aspectos que generan la percepción, sino de contemplarlos a la luz de la consciencia y, sin necesidad de hacer nada, dejar que se muevan, sin nutrirlos con nuestra credibilidad ni nuestra identificación, que es lo que los refuerza.

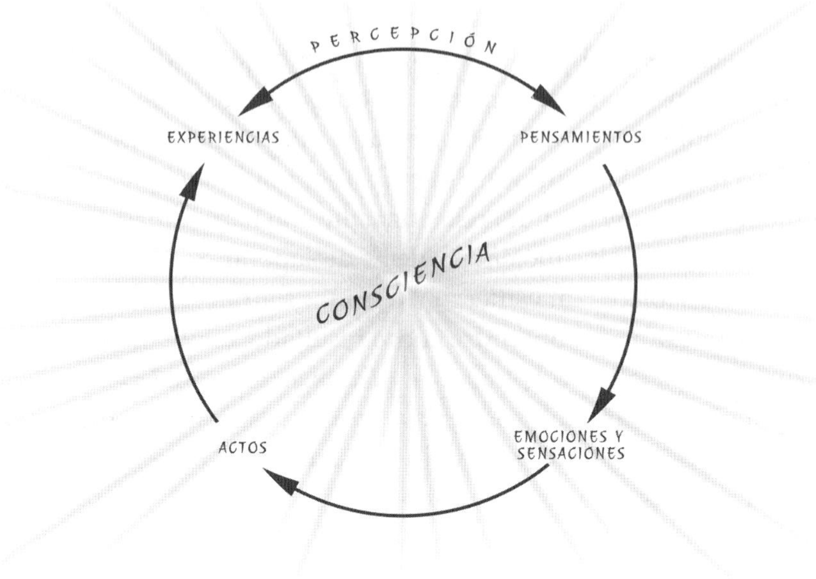

¿Qué estamos proponiendo? En lugar de luchar contra los pensamientos o rehuirlos, permitir que la luz de la consciencia los observe en profundidad. En vez de rechazar las emociones o evitarlas actuando compulsivamente, dejar que sean disueltas y procesadas en la calidez de la consciencia. Ella ilumina también nuestros *actos*, invitándonos a detenernos para mirar en profundidad de dónde surgen. De todos modos, dado nuestro condicionamiento, nos dejamos llevar por la inconsciencia muchas veces y llegamos a experiencias difíciles que son siempre contempladas desde la consciencia. Uniéndonos a ella, esas experiencias dejan de ser utilizadas de nuevo por el pensamiento para reforzarse, es decir, dejamos de darle significado a lo que sucede, con lo cual, este pierde el poder de nutrir nuestra percepción.

Cada vez que, uniéndonos a nuestro núcleo central, el espacio consciente que somos, observamos en profundidad cada uno de estos aspectos, se abren puertas en ese círculo en el que nos habíamos encerrado y nos unimos a la totalidad. Ella se ocupa del resto. Hemos pasado *del hacer al ser.* De la identificación con un personaje hacedor a la consciencia de lo que somos.

LA MAYOR ADICCIÓN

Resumamos lo dicho anteriormente.

El pequeño yo, el personaje con el que nos hemos identificado funciona desde un sistema de pensamiento cuya base es un error fundamental: enfocado en el mundo de las formas y objetos externos, que percibe separados entre sí, se considera a sí mismo uno de estos objetos y se cree aislado de todo.

Al perder el contacto con la totalidad, dejamos de lado el espacio vivo e inmenso que nos sostiene y que no encaja en los límites establecidos por los conceptos mentales a los que nos adherimos. Desde la consciencia superficial, no podemos ver la realidad profunda con claridad. De ahí, surge una sensación nebulosa, extraña, sombría en torno a ese espacio que no podemos definir con palabras. Percibimos ahí fuera un universo que se nos antoja amenazador del que hemos de protegernos.

Como resultado, nuestro *pequeño yo* se siente solo, carente, *tiene miedo* y decide buscar algo que le alivie, le llene, le ame o le apruebe; algo que calme su malestar y desazón, su profunda angustia al creerse separado. Por supuesto, eso debe estar también ahí fuera, ya que no reconoce en sí mismo esa capacidad de amarse y de ser pleno. Esto también lo proyecta en el exterior.

Tanto lo que teme como lo que desea queda ahora fuera de sí mismo. Esto es muy arriesgado, pues aunque ama y anhela cosas externas, las teme al mismo tiempo, al creer que se encuentran en un mundo que considera amenazador y en el que no puede confiar.

Su enfoque se sitúa, por tanto, fuera de su vida presente: en *aquello* (imagen, personas, situaciones, logros, posesiones, etc.) que empieza a buscar. Cree que *aquello* es más valioso que esto, pues le ofrece reconocimiento, poder, amor... de los que se siente privado. Y dedica su vida a conseguirlo.

Para ello, se identifica cada vez más con un personaje buscador con el que se siente más capaz de procurarse lo que cree que le falta. Juega papeles diversos que parecen facilitárselo. Cada uno escogemos los modos de sentirnos más reconocidos, aceptados o, simplemente, tenidos en cuenta. Podemos acostumbrarnos a ser serviciales, exitosos, controladores, animadores, víctimas, graciosos, perfectos, realizadores, etc. Y aprendemos a vivir desde esos papeles con esfuerzo y pensando mucho mientras corremos detrás de *aquello*.

Condenas, juicios, comparaciones, exigencias, miedos, culpas... forman parte del arsenal de pensamientos que rondan la cabeza de nuestro personaje mientras intenta superarse. Otros pensamientos lo gratifican de vez en cuando y otros, cuando ha descansado un poco, lo siguen maltratando comparándolo, juzgando lo conseguido o exigiéndole algo más allá (la voz en la cabeza que hemos contemplado antes).

Este personaje experimenta sufrimiento emocional y trata de evitarlo de mil maneras, muchas veces recurriendo a acciones, a sustancias o relaciones. Al comprobar su ineficacia se siente aún peor y llega a situaciones en las que termina concluyendo: «*No valgo, soy limitado, incapaz...*». Hallándose de nuevo en la misma posición mental de insuficiencia en la que empezó, alimentada ahora por sus experiencias fallidas. Sufre por ello y deduce, para no sufrir, que necesita cambiar o mejorar. Hacer más, en suma.

Y para ello, de nuevo aparece el enfoque en un nuevo cambio u objetivo: «aquello».

Así funciona ese viejo compañero al que nuestra mente se ha hecho adicta. Ciclos interminables de esperanza, nuevos propósitos de enmienda, intentos de mejora y ¡...frustración! Y otra vez la esperanza.

Esta es la relación más adictiva que existe. Parece imposible salir de aquí. Todas las demás adicciones no son sino una faceta de esta, la madre de todas. Nos hemos hecho adictos al mejoramiento de nuestra vida, de nosotros mismos: *«inténtalo pero no lo consigas nunca»,* es el lema de ese *pequeño yo* que ha tomado el mando de nuestra vida.

Siempre estamos intentándolo, y siempre estamos no consiguiéndolo o, al menos, no del todo.

Porque, en realidad, nunca nos hemos cuestionado en serio el propio mecanismo adictivo: creer en nuestra insuficiencia y poner fuera de nosotros, fuera de nuestra vida, fuera de este instante, nuestro foco de atención para superar el malestar derivado de esa falsa creencia.

Cada vez que sufrimos, nos proponemos una nueva solución: conseguir algo más o hacer algo más para no seguir sufriendo. Solemos relacionar nuestro sufrimiento con nuestra creencia en no ser adecuados, en no haber conseguido cambiarnos aún. Nuestras sensaciones físicas en esos momentos están profundamente relacionadas con la vergüenza, con la indignidad, con algo oscuro y sombrío que no aceptamos desde muy antiguo. Pueden ser sensaciones de pequeñez, de no merecer nada o de ser indignos de lo bueno; a veces, intensa soledad y abandono. Con tal de no sufrir somos capaces de cualquier cosa. Y la más accesible es, con frecuencia, seguir pensando para no abordar el sufrimiento que estamos sintiendo.

Al trasladar el foco de nuestra atención a la cabeza, nos alejamos de la experiencia dolorosa en nuestro cuerpo y, aunque nos parece que nos estamos ocupando del problema al buscar los porqués o los culpables, en realidad, nos estamos evadiendo. Pensar en estos momentos es el mecanismo adictivo más recurrente y engañoso. Y también el menos eficaz pues genera aún más malestar al centrarse en la crítica, el juicio y el castigo. Aparecen los propósitos de enmienda: «*Hay que hacer algo*».

¿Qué hacer?: ser buenos, exitosos, reconocidos, brillantes o incluso espirituales. Y para ello necesitamos regañarnos cada vez que creemos no conseguirlo.

Esa es *la adicción*: el mecanismo de la mente que dice que tenemos que *hacer* algo para conseguir ser alguien diferente o que tenemos que cambiar este momento para estar bien. Esa voz interna que, al juzgar esto como un problema, no está en paz, no puede amarlo y quiere estar en otro sitio, irse de este momento, de esta vida.

Las tentaciones que vivió Jesús en el desierto resumen simbólicamente las que experimentamos constantemente:

- *Haz que estas piedras se conviertan en pan*. Engáñate. Busca ante todo lo material. Llena tu espacio de cosas. Eres solo un cuerpo con necesidades biológicas y satisfacerlas te hará feliz.
- *Lánzate desde esta altura a otro sitio*, haz cosas fuera de lo común. Sé especial y atraerás la atención. Encontrarás seguidores.
- *Adora a alguien o algo que no es tu vida presente.* Adora una imagen de ti. Vive por ella y desde ella y tendrás poder y gloria.

Nuestro sistema de pensamiento nos ofrece distracciones, bienes materiales, poder e influencia para evitar nuestro encuentro con la realidad simple de este instante. Todas coinciden en proponernos *hacer* algo que nos separe de lo que está aquí, que nos evite el sentir de nuestra vulnerabilidad ahora. Desde la consciencia comprendemos que, solo abrazando esa vulnerabilidad, nos estamos abriendo al gran poder de la vida, a lo que somos de verdad.

No se trata de hacer nada, ni siquiera mentalmente, pues dedicarnos a pensar es otro gran recurso para escaparnos de lo que sentimos en el presente. Nos fugamos a la cabeza preguntándonos mil veces: ¿Por qué me pasa esto? Sin darnos cuenta de que los *«¿por qué?»,* que parecen ser inofensivos al expresar nuestro deseo de entender, nos suelen dejar en la misma situación que estábamos y nos agotamos.

Necesitamos salir de ese círculo vicioso, dar espacio a la consciencia. Solo desde ella afloran las verdaderas soluciones. Así que, simplemente nos decidimos a dejar ese discurso y nos retirarnos del campo de batalla. Dejamos esa relación de lucha y de esfuerzo tan cansina y nos enfocamos en nuestra verdadera esencia espaciosa que todo lo contiene y lo contempla. Para ello, nos detenemos.

Nada más que conseguir. Nada más que cambiar, arreglar o mejorar. Nada que juzgar o condenar. Nada más.

La única opción es dejar de hacer, dejar de asentir a esas propuestas de evasión y, simplemente, mirar con profundidad los sentimientos y pensamientos que aparecen. Y ser espacio acogedor para ellos, como lo es la misma vida. Dejando surgir, manifestarse y desaparecer todas las oleadas de experiencia que se desencadenan. Dándoles permiso para estar. Temerlas y resistirnos lo único que hace es intensificar el mecanismo, pues subraya su realidad.

Esta actitud de acogida surge de la profunda comprensión de que todo lo que parece ser amenazador, en realidad, no es sino una búsqueda de amor, de aceptación. Incluso dentro de nuestros más profundos temores solo late una petición de amor.

SUGERENCIA

¿Te has preguntado alguna vez quién serías tú sin esta necesidad de hacer algo para demostrar tu valía?

¿Quién serías tú sin ese murmullo de fondo que parece ser tú, sin esta historia de culpa e imperfección tan cargante y aburrida?

¿Quién serías tú sin temer constantemente equivocarte, sin miedo a caer de nuevo o ser castigado por esa voz que te critica, te juzga y te compara?

Te invito a mirarlo un poco. Aquiétate, acércate a sentir tu respiración, descansa siguiendo sus sensaciones.

Trata de encontrar en tu interior ese espacio de inocencia que, simplemente es.

¿Quién soy yo fuera de ese círculo vicioso?

¿Quién soy yo si elijo no creer esas historias que mi mente me cuenta sobre mi insuficiencia?

¿Quién soy yo más allá del pensamiento?

Quizás aún no sabes qué eres, pero lo que sea, seguro que es mil veces mejor que lo ya conocido, este ambiente de conflicto dentro de ti que te deja retenido en un estado de limitación donde no se puede apenas respirar: no es tu hogar.

Solo contemplar estas preguntas puede ser el inicio de la verdadera transformación que puede darse en un ser humano. El salto que supone *dejar de intentarlo*. La posibilidad de admitir que no hay nada malo en ti. La disponibilidad a aceptar tu liberación ahora mismo y saber que *no tienes que hacer nada* para ello. La comprensión de que, más allá de eso que se piensa en tu mente, eres la consciencia que lo observa, amplia, inmensa y esa es tu verdadera naturaleza.

¿Cómo vamos a seguir rechazando a este *pequeño yo* como si fuera nuestro enemigo? Si comprendemos que todo su sistema mental es un mecanismo de defensa contra esa sensación de insuficiencia y abandono, ¿cómo vamos a seguir abandonándolo, criticándolo, tratándolo de mejorar o de cambiar? Su fundamentalismo y su necesidad de controlar provienen de su inseguridad profunda. Necesita aferrarse a esas nociones que defiende para seguir creyéndose *alguien*. Necesita impactar de cualquier modo para mantener su puesto especial. Necesita seguidores, ya sea de su supuesta valía como de su aparente carencia y sufrimiento.

Puede que, incluso utilice la espiritualidad o los nuevos conceptos de desarrollo personal para engrandecerse e impactar. O su malestar para generar compasión, pero la búsqueda continúa, pues surge de esa consciencia disminuida de sí mismo que no logra mitigar. Está cansado, agotado. Necesita un hogar donde descansar por fin. Ha sido una aventura insensata y costosa. Un sueño de infelicidad generado por una mente confundida.

En realidad, si observamos profundamente a ese *pequeño yo* tan ruidoso, nos damos cuenta de que no es nada consistente: Un conjunto de pensamientos y sentimientos que, a través de un cuerpo, simulan una identidad imaginaria. No hay nada que hacer con esa ilusión autocreada con la que nos confundimos.

Nuestra resistencia o rechazo, nuestros afanes de superación y las técnicas para erradicarlo solo le añaden sensación de realidad. Solo necesitamos comprensión para entenderlo: el amor de una consciencia mucho más expandida que contempla su malestar y, simplemente, lo acoge sin necesidad de hacer nada para transformarlo.

Él no es un problema. Es nuestra identificación y nuestra credibilidad la que ha alimentado a este personaje imaginario que nos ha servido de protección. Es como un abrigo pesado que usábamos para protegernos de la intemperie cuando nos sentíamos solos y vulnerables. Sin embargo, cuando llega el sol de la consciencia, se hace innecesario, empieza a pesar mucho.

Entonces, empezamos a preguntarnos:

¿A quién estamos alimentando y sirviendo mientras damos vueltas y más vueltas en círculos mentales agotadores que nos absorben la energía vital y la verdadera visión de la realidad? Aunque en algún momento nos sirviera, ese *pequeño yo* que creímos ser se ha quedado obsoleto. No necesitamos rechazarlo, destruirlo ni negarlo: solo reconocerlo. Incluso, agradecer sus servicios y seguir utilizando sus capacidades. Son muchas, y si sabemos mirar bien, todos esos patrones son deformaciones de aspectos muy constructivos para manejarnos en nuestra vida.

Por ejemplo, los juicios que emite la *pequeña mente* son el modo disfuncional que toma el verdadero discernimiento; su exceso de control es el modo alterado de su capacidad para organizar lúcidamente su vivir; sus temores desmedidos son la deformación de una sana capacidad de protección, etc.

Al no ser permitidos y observados, esos patrones rechazados que pugnan por ser admitidos, toman tal calibre que no sabemos contemplar su lado benigno y útil para nuestra existencia.

Cuando lo hacemos, nos damos cuenta de que no necesitamos eliminar al ego de nuestra vida, sino comprenderlo e integrarlo desde una instancia mayor, la consciencia que somos. Nuestra vida humana precisa, para su sano desenvolvimiento, esas energías y aspectos que parecían amenazarnos. Al entenderlos, ocupan su sitio y nutren nuestra existencia de modo natural. Un acercamiento extraordinario a este tema es el enfoque de Gempo Roshi (*Big Mind, Big Hearth*), que está siendo tan útil para potenciar esta comprensión.

A veces me sorprendo acogiendo las voces cansinas de mis viejos pensamientos exigentes, temerosos y comparativos que, como coletazos de una antigua aventura, siguen visitándome de vez en cuando. Son mis hijos perdidos e inofensivos que, en realidad, solo buscaban protegerme en mi desnudez. Me ofrecieron lo que pudieron para ayudarme en medio de un supuesto universo amenazador. Y, en el fondo, ahora puedo decirlo, me amaban. A su manera y desde su reducida percepción, lo que me ofrecían era amor y seguridad. Desde mi perspectiva actual, solo quiero ver eso. De hecho, es lo único que puedo ver.

Ahora puedo reconocer, desde una consciencia más amplia, que las voces que me hacían sufrir, tuvieron también su función benéfica en mi vida. Por ejemplo, la antigua voz de la autoexigencia, me ayudó a su manera a estructurarme y favoreció en mí una disciplina y consistencia necesarias para canalizar mis energías y lograr buenos objetivos que hoy son útiles. No era tanto lo que esa voz decía lo que me perturbaba, sino desde dónde se decía. Expresada desde el ego, su tono puede ser duro e hiriente, pues así se expresa el miedo. Pero en esencia, trataba de ayudarme. Todo lo que en algún momento de mi vida creí que me atormentaba, en el fondo, me estaba amando. Así es la vida, detrás de todas sus temibles apariencias, solo hay amor disfrazado.

El abrigo que hoy me pesa, ayer me protegió. Hoy me inclino ante él y lo abrazo con ternura. Así, puedo abrazar también las gruesas coberturas con las que otros, como yo, se protegen. Y, en vez de enfocarme en ellas, prefiero mirar más profundo..., ahí donde solo hay vulnerabilidad incomprendida y rechazada, y aún más profundo, donde solo hay vida sin nombre, libertad ni realidad.

No tengo que hacer nada...
Dejo que todo sea como es,
mientras descanso confiada en la paz de mi ser.

LA RESPONSABILIDAD DE NUESTROS SENTIMIENTOS

La primera idea que suele surgir al contemplar el demencial funcionamiento de nuestra pequeña mente es: «*Hay que cambiar estos pensamientos por otros más positivos, ¿no? ¡Hagamos algo para neutralizar tanta carga mental agotadora!».*

A ello responden precisamente las corrientes de desarrollo personal que proponen sustituir los pensamientos que no nos gustan por otros más agradables y menos dañinos.

Por supuesto, pensamos que es la mejor solución si no queremos sufrir. Y tiene su fundamento, pero no suele funcionar con consistencia. Esta innovadora serie de pensamientos positivos que tratamos de implantar, apenas dura el tiempo necesario para que una nueva oleada de negatividad surja de nuestra inconsciencia y arrase con todo lo logrado.

Y es que la simple sustitución de *pensamientos negativos* por otros *positivos* no garantiza nada. Hay un paso necesario que no puede ser evitado para que tal cambio sea efectivo y auténtico: necesitamos experimentar conscientemente los efectos emocionales de haber asumido ese modo de pensar. Dicho de otro modo, es fundamental responsabilizarnos de las elecciones inconscientes que hemos hecho en nuestra mente y que están determinando nuestra vida.

Supongamos que me atraviesa un pensamiento de preocupación. Si, en vez de saltar directamente a buscar *pensamientos positivos* para evitar el malestar, me detengo a sentir abiertamente el efecto de creer lo que pienso, entro en un nivel de comprensión mucho más profundo. Desde ahí, se abre la puerta de una verdadera transformación.

Detrás de una preocupación cualquiera siempre hay un temor más profundo del que quizás no somos conscientes. Encontrarnos con él, abordarlo y ser la consciencia que lo abraza es mil veces más sanador que sustituir un tema de preocupación por un pensamiento tranquilizante que difícilmente nos creemos. Sin esta experiencia, simplemente estaremos evadiéndonos mediante una nueva estrategia mental: buscar sustitutos mentales positivos.

¿Recuerdas? *No tengo que hacer nada* para solucionar lo que siento. Ni siquiera mentalmente. Solo sentir lo que estoy sintiendo, y eso no es un *hacer,* pues ya está aquí y está siendo mi experiencia. Atenderla es entrar en sintonía con mi vida y alinearme con ella. Y desde la experiencia, la comprensión puede surgir.

Este es el principio de la responsabilidad. Ningún pensamiento queda sin efectos. Cada uno de ellos genera un movimiento emocional que ha de ser concienciado. Cuando nos permitimos vivir estas emociones conscientemente, ellas nos sirven como guías de una verdadera transformación. Simplemente, ya sabemos que «eso» duele; si nos escapamos cuando la emoción aparece, seguiremos rechazando y temiendo sin comprender bien, huyendo de nuestros propios pensamientos no contemplados.

Esta apertura al sentir es la que nos permite conectar con la vida en su realidad. Emociones, sensaciones, energía en movimiento en nuestro cuerpo, respiración, intensidad... Una vez abrazado todo eso, comprendemos profundamente, pues conectamos con el daño que produce el creer a ciegas en lo que nos dicen los pensamientos. Entramos en un estado de calma mucho más favorable para que la verdadera lucidez emerja.

Como decía Epicteto, «lo que nos perturba no es lo que sucede, sino lo que pensamos sobre lo que sucede».

Es entonces cuando podemos contemplar e identificar los pensamientos dañinos, los patrones que generan sufrimiento. Como se expresa en el budismo, empezamos a mirar profundamente. Desde nuestra consciencia abierta, ya vemos con claridad, todo va iluminándose, hay espacio para ello. Aprendemos a discernir qué pensamientos duelen, irritan, empobrecen, debilitan, generan pesadez o rabia, angustia o contracción. Sin esta contemplación lúcida, seguiremos culpando al mundo externo de nuestro malestar y sintiéndonos víctimas de las situaciones o de las personas, al creer que son ellas las causantes de cómo nos sentimos.

Igualmente, si los pensamientos que nos visitan son *positivos,* necesitamos observar con la misma atención. Precisamente en estos casos, tendemos a darles aún más credibilidad, pues dejan en nosotros estados que nos gratifican y nos parece que por ello, estamos apoyándonos en un terreno fiable. En absoluto: nos guste o no lo que pensamos, seguimos girando en torno a fenómenos cambiantes que no son nuestro hogar verdadero.

La cuestión no es qué pensamientos nos ocupan, sino el hábito de asociarnos con ellos dándoles nuestra credibilidad y, con ello, el poder de nuestra vida. Sean cuales sean sus contenidos, nuestra confianza no puede residir en las historias que nos cuentan o seguiremos apoyándonos en un terreno incierto.

Existe un espacio mucho más fiable, la consciencia que contempla esa actividad del pensar. Solo observando nuestros pensamientos serenamente, sin tener que hacer nada para modificarlos, ya estamos situados en su amplia perspectiva. Desde ahí, dejamos de darles la importancia de la que los revestíamos, pues comprendemos su inconsistencia.

A veces, estos patrones no se ven con mucha nitidez pues vivimos condicionados por hábitos inconscientes que nos cuesta identificar claramente. Sin embargo, hacernos responsables de todo es la llave que nos permite asumir nuestra vida y seguir adelante, abriéndonos a la transformación.

Aunque no sepamos identificar los pensamientos que se mueven en nosotros, a veces de manera inconsciente, desde el momento en que estamos sufriendo o nos sentimos separados, podemos saber que estamos asumiendo como verdadero algo que no lo es. La verdad nunca es sufriente ni nos separa.

Poco a poco, nos damos cuenta de que somos la consciencia de la vida: acogemos lo que pensamos y sentimos sin asociarnos con nada ni nutrirlo con nuestra creencia en sus contenidos. Dejamos que todo lo que no es real se disuelva naturalmente.

Despedir al mensajero

Cuando sentimos una emoción (ira, rabia, miedo, culpa), creemos que se debe a que nos han hecho o dicho tal cosa o a que ha sucedido algo. Tendemos a responsabilizar al mundo externo de lo que sentimos. Sin embargo, ese mundo externo (las personas, los acontecimientos o situaciones) actúa solo como un desencadenante, un estímulo que despierta nuestro dolor escondido. Se trata de un *mensajero* que nos muestra algo que busca ser contemplado y comprendido: la emoción que experimentamos. Ese es el *mensaje* que se nos ofrece para atender.

Nuestra emocionalidad no observada por la consciencia alberga mucho sufrimiento que no ha sido procesado. Los estímulos que provienen de los demás, del mundo, tocan esas heridas y con frecuencia, reaccionamos automáticamente, creyendo que son esas personas o circunstancias las causantes de nuestro malestar.

Creer que *«él me ha hecho...»* es lo que provoca en nosotros el sufrimiento. Mucho más que el suceso en sí, la creencia de que algo o alguien *me* ha hecho daño hace surgir nuestro dolor antiguo, al creernos víctimas de algo sobre lo que no tenemos ningún poder.

El mundo no me hace nada. Se hacen y suceden cosas y mi pequeña mente cree que *me* suceden a mí, que se *me* hacen cosas: se toma todo personalmente. Ese pronombre, *«me»,* así utilizado, es el que expresa la pérdida del poder en nuestras relaciones.

Igualmente ocurre cuando el sentimiento es agradable: *«Tú me haces feliz».* Así surge el apego a lo que creemos que nos salva y, con ello, la dificultad para ser libres.

La propuesta es: cada vez que creo que alguien o alguna situación me está provocando algo, me detengo. Me ofrezco una pausa de atención plena. Observo mi cuerpo, sus sensaciones, mi respiración... Acojo y permito el dolor, como ya hemos aprendido.

SUGERENCIA

Una vez en un estado de calma, me pregunto:
¿Es verdad que esa persona me está haciendo eso?
¿Qué está haciendo realmente? Lo que hace... ¿Es asunto suyo o mío?
¿Quién está permitiendo que esto suceda?
¿Cómo me siento cuando acepto creer que me están haciendo algo dañino?
¿Cómo sería si no aceptara la creencia de que alguien me puede hacer feliz o desgraciado?

Recomiendo vivamente el proceso de indagación de Byron Katie «*El Trabajo*», como herramienta poderosa de investigación de los pensamientos que nos duelen. Para mí ha sido una fuente de extraordinaria claridad en mi mundo interno.

En realidad, todo se reduce a reconocer que hemos abandonado nuestra verdadera fuente de felicidad natural: ser quien somos, sentirnos en paz con nosotros mismos. Al salir de nuestro inmenso hogar, hemos buscado eso en lugares donde no se encuentra.

En vez de abordar nuestro sufrimiento directamente, lo cual nos permitiría tomar contacto con nuestro ser real, tratamos de cambiar las situaciones, las personas o a nosotros mismos para que nos satisfagan. Nos sentimos víctimas de un mundo que no nos reconoce, pero del que buscamos reconocimiento y tantas otras cosas. Las expectativas que tenemos sobre ese mundo son las que nos hacen sentirnos constantemente frustrados y víctimas del mismo.

Veamos un ejemplo en el terreno de las relaciones: pareja, familia, amigos... ¿Qué buscamos en ellas? Compañía, aceptación, seguridad, reconocimiento o apoyo; todo aquello de lo que creemos carecer. Entonces se hacen muy importantes en nuestra vida. Hacemos todo para conseguirlas y después, para no perderlas, pues mantenerlas supone garantizarnos todo eso de lo que nos sentimos privados. Para ello, cedemos en aspectos que son importantes para nosotros, no nos atrevemos a decir *no* o nos esforzamos para que los demás estén contentos (cuando en realidad lo que buscamos es su aprobación).

Tenemos una imagen muy pobre de nosotros y buscamos a alguien que nos la mejore. No podemos permitirnos que, una vez conseguido esto, se vaya o no nos aporte eso que esperamos. Así, renunciamos a nuestra autenticidad y nos sacrificamos. Nos hacemos muy sensibles a las reacciones de los que nos rodean, pues estamos con frecuencia revisando si nos siguen dando lo que necesitamos. Sufrimos cuando no corresponden como esperábamos a nuestros esfuerzos y nos tomamos personalmente sus acciones. *«Me haces daño»* suele significar, en el fondo: *«no estás respondiendo a mis expectativas como yo esperaba»*.

«Me ignoras», «me rechazas», «me haces sentir...», «me has decepcionado»... son expresiones victimistas de quien ha dado a la relación el poder de dirigir su vida. Por supuesto, una vez que hemos proyectado en alguien la capacidad de hacernos felices, también le estamos dando el poder de hacernos desgraciados. Y ante cada situación en la que interpretemos que eso está sucediendo, culpabilizaremos a esa persona sintiéndonos víctimas de sus actuaciones. Casi sin darnos cuenta hemos generado un plan de cómo deberían ser las cosas, que ahora no se está cumpliendo, y concluimos que esa persona es la causa de nuestro malestar.

Cuando no recibo la atención que necesito, si he puesto mis expectativas en que los demás puedan dármela, queda al descubierto la herida: el abandono de mi propia vida, mi falta de atención a ella buscándola en otros. Y es eso lo que me duele, aunque yo me lo explique acusando al mundo de no atenderme.

Esto es eludir mi responsabilidad: creer que mi sufrimiento es causado por algo externo a mí. Desde esta perspectiva, pierdo todo mi poder, ya que nunca puedo controlar, por mucho que lo intente, lo que está fuera de mí.

Despedir al mensajero es dejar de lado a lo que mi pequeña mente considera la causa de mi malestar y darme espacio para sentir todas las emociones que experimento. Mi verdadero poder surge cuando asumo la responsabilidad de mi sentir, permitiéndolo aunque me resulte muy molesto. Ahí comienza un proceso que, después, desde la calma emocional, me permite observar mis patrones mentales y las expectativas que han dado lugar a esos sentimientos, y soltarlos. Solo así dejo de ser víctima y reconozco mi libertad.

¿Qué tal si asumimos que todo lo que sucede ahí fuera es una proyección de nuestra mente programada? Cuando experimentamos culpa, miedo o dolor, lo importante, en un primer momento, no es solucionar la situación externa. Lo que sucede está reflejando nuestra propia mente. ¿Cómo podemos saberlo? Por el simple hecho de que nos está alterando. ¿No sería mejor entonces dejar de reaccionar según nuestros patrones antiguos, que nos llevan a culparnos o sentirnos víctimas?

Es necesario volver a nuestro hogar interno, y mirar todo desde una nueva perspectiva: en vez de confundirnos con lo que está sucediendo, encontrar ese espacio en el que podemos contemplar lo que está sucediendo. Sentirlo abiertamente y comprender íntimamente ese sentir, observando en profundidad las creencias de las que deriva. Esta es la base, para mí, de la verdadera responsabilidad. Y de la auténtica libertad.

LA CUESTIÓN DE LA CULPA

Hoy dejo el banquillo de los acusados.
Abandono una vida sometida a juicios incesantes.
No hay condena. No me haré sufrir más.
Hoy me declaro inocente y dejo que mi propia luz me envuelva.
Descanso aliviada en los brazos de la paz.

Me atrevería a decir que la felicidad consiste en algo muy sencillo: saber que somos inocentes.

En nuestra manifestación física, estamos condicionados por nuestra genética, nuestra educación y, sobre todo, por un sistema de pensamiento disfuncional en el que nos apoyamos ciegamente para guiar nuestras actuaciones y que nos determina más de lo que podemos imaginar. Por ello, cometer errores y que se produzcan resultados inesperados o dolorosos es inevitable. Pasa por ahí nuestra experiencia y podemos, simplemente, admitirlo y tomar consciencia, aprendiendo de ello.

Pero sentirnos culpables es otra cosa y supone una carga añadida de sufrimiento al que nos hemos habituado. Vivimos tratando de evitarlo, nos alejamos de las personas y situaciones que creemos nos lo generan –*«me hace sentir culpable»*, decimos– y actuamos para no sentir culpabilidad. De hecho, este es uno de los desencadenantes fundamentales del *hacer* del que nos ocupamos en estas páginas.

¿Y si nos decidimos a mirar más profundamente la fuente de ese sentimiento tan angustioso que empaña nuestras vidas? Compuesta de un montón de pensamientos y sus emociones correspondientes, la culpa se encuentra instalada en nuestra inconsciencia dispuesta a activarse en cualquier situación. Mirémosla con más detenimiento.

Este sistema de pensamiento del que nos venimos ocupando, está basado en el juicio constante. Somete todo en nuestra vida a los designios de un tribunal interno que nos sitúa continuamente en el banquillo y al que le preguntamos inconscientemente: ¿culpable o inocente?

Con frecuencia, se nos halla culpables y oímos en nuestro interior una condena hacia nosotros mismos, que nos hace sentir hundidos en espera de un supuesto castigo. Otras veces, nuestra mente lo proyecta ahí fuera, y encontramos que los que nos rodean, las situaciones, el mundo, son culpables y han de ser castigados.

Sea como sea, cuando la culpa aparece en nuestra experiencia, viene acompañada de sensaciones de pesadez, encogimiento, tensión, dolor, ansiedad... Toda una familia de criaturas sufrientes que reaccionan a esos pensamientos de condena y desvalorización: *«Ha sido por mi culpa», «tendría que haber...», «no debería haber...», «por su culpa...».*

Nuestro primer impulso es evitarla. Hacer algo bueno para redimirnos, sacrificarnos para dejar de sentirnos así. Muchos de nuestros actos tienen como objetivo implícito dejar de sentirnos culpables, compensar el peso de creernos erróneos o de ser *malos* por naturaleza. Nos defendemos de la culpa tratando de *ser buenos*, de convencernos a través de nuestras buenas acciones de que somos aceptables a pesar de todo.

Por otra parte, creyendo que hay personas o situaciones que *nos hacen sentir culpables,* nos alejamos de ellas o eludimos su contacto.

Pensar también es un recurso para salir de esa mísera sensación de culpabilidad. Lo hacemos sin descanso, tratando de dilucidar si la culpa es mía o es más bien del otro. La pequeña mente busca un veredicto que nos aligere un poco, o intenta repartir la culpa a partes iguales. Tarea difícil que requiere una cantidad de energía mental tan grande que nos agotamos.

No. No hay que remediar la culpa. *No hay nada que hacer* con ella porque se trata de una ilusión. No tiene una base real. Nuestro *pequeño yo* no puede deshacerla, pues es uno de los pilares sobre los que se apoya. No le corresponde, no está capacitado. No sabe.

Para mí, se trata simplemente de contemplarla desde otra perspectiva, en el instante presente. Cuando me siento culpable, sé que necesito aquietarme y dejar de buscar soluciones. Suelto la perspectiva horizontal de los pensamientos secuenciales que me van llevando de un pasado ensombrecido a un temeroso futuro que parece esperarme.

SUGERENCIA

Cuando siento culpa, puedo detenerme y preguntarme: ¿Qué hay aquí realmente, en este instante?

Sin hacer nada más, sintonizo con mi respiración, abriéndome a sentir. Le doy la bienvenida a todo lo que va apareciendo. La cálida luz de la consciencia, como el sol, penetra todo íntimamente, le da espacio para ser.

Observo atentamente los pensamientos que van y vienen, siento sus sensaciones emocionales en mi cuerpo: esta es la experiencia de la culpa. Soy un espacio inmenso para ella.

Una vez que la serenidad se instala ya puedo contemplar con mayor profundidad:

Puedo comprender el error mental que supone el creerme culpable por algo que he hecho, dicho, pensado o sentido. Siempre estoy haciendo lo mejor que puedo, teniendo en cuenta, claro está, las circunstancias en las que me encuentro, mi condicionamiento del pasado, mi educación, mi genética... Si hubiera podido o sabido hacerlo mejor, lo hubiera hecho sin duda alguna. Creer que hubiera podido actuar de modo distinto es un pensamiento muy doloroso y, sobre todo, falso, que me aleja de mi paz. Mi experiencia pasaba por ahí, mi vida requería de ese paso que ahora juzgo como equivocado y por el que mi mente me culpa. Soy inocente. Así me reconozco como consciencia, mucho más allá de ese pequeño personaje culpabilizado con el que me identifiqué.

Si te interesa profundizar en este tema, Jorge Lomar lo desarrolla en profundidad en sus obras *«Ecología mental» y «Vivir el perdón».*

La culpa, como hemos visto, tiene sus raíces en la idea de separación en la que creemos y que dirige nuestras vidas. Es una idea totalmente artificial e imposible, pero al haber asumido que estamos separados de la totalidad nos sentimos íntimamente extraños, fuera de nuestro natural bienestar, vacíos. Nos da miedo, pues nos sentimos muy solos y todo se nos antoja amenazador ante esa aparente desprotección. Entonces tratamos de fabricarnos un personaje hacedor en el que sentirnos más seguros y capaces. Pero no lo conseguimos, pues subyaciendo a ese constructo late un profundo sentimiento de insuficiencia o sensación de ser erróneos.

Sin embargo, la vida es pura unidad, no sabe de separación y cuando creemos en ese aislamiento, vivimos de un modo artificioso que no concuerda con nuestra naturaleza profunda. Nos sentimos raros, empequeñecidos, fuera del hogar, erróneos sin saber por qué. Nuestro programa de pensamiento disfuncional nos juzga por ello: somos culpables, malos, erróneos, y eso se debe a que algo no hemos hecho bien.

Ese sentimiento congénito de indignidad utiliza cualquier cosa para confirmarse y perpetuarse, dándole significado. Es decir, se proyecta en lo que sucede, percibiéndolo de una manera sesgada que parece apoyar su creencia de culpabilidad profunda. Si alguien dice algo, mira de determinada manera o se muestra insatisfecho; si algo parece estropearse o los resultados que esperábamos no se producen, inmediatamente salta el automático: *«por mi culpa»* o *«por su culpa»*. Nos atacamos o atacamos sin ni siquiera cuestionar lo que estamos observando. Le damos inmediatamente nuestra interpretación dolorosa. Y, por supuesto, la creemos y sentimos un malestar intenso, al que quizás nos hemos acostumbrado y no sabemos identificar.

Vivimos acompañados de esta pesada carga que hace su aparición cuando menos nos lo esperamos. Mientras sigamos considerándonos pequeños personajes separados de la vida, es inevitable: forma parte del «set» de esa aventura curiosa de la separación. Si elegimos identificarnos con algo que no somos y que nos disminuye, la culpa está servida y nos acompaña. *«No soy suficientemente bueno»* suele ser la formulación inconsciente más recurrente con la que designamos esa sensación de ser erróneos o culpables.

Al darla por cierta y enfocarnos en ella para aliviarla, haciendo algo para dejar de sentirla, invertimos una enorme cantidad de energía que nos mantiene separados de la vida. De hecho, esa es una de las «funciones características» de la culpa: hacer que sigamos creyéndonos aislados, empequeñecidos y privados así de la perspectiva de nuestra verdadera amplitud.

Sabiéndolo, podemos usarla entonces como despertador: *si siento culpa, me estoy confundiendo, me he olvidado de quién soy*. Concienciarla nos devuelve a casa, a la inocencia esencial que somos.

Serenamente, podemos reconocer nuestros errores, inevitables, por cierto, en una experiencia humana que se deja guiar por interpretaciones y pensamientos extraños, de los que tampoco somos culpables. Nuestra responsabilidad es, simplemente, haber aceptado esos pensamientos como ciertos. Por eso, necesitan ser responsablemente cuestionados. Están activos en nuestra inconsciencia hasta que decidimos dejar de alimentarlos una y otra vez con nuestra credibilidad. Reconocer que no tienen significado, que no reflejan la realidad y que al prestarles atención nos confundimos, es un paso necesario.

La culpa ha sido una de las grandes cargas de mi vida. Solía sentirme culpable de cualquier malestar que los demás a mi alrededor experimentaban. Hasta que me di cuenta de que creer que el sufrimiento de otros dependía de mi era una forma de disminuirlos, de pasármelos por alto, al dudar de su capacidad de asumir su propia vida. Es una de las estrategias más del *pequeño yo* para sentirse alguien diferente, separado y especial. Una forma de alimentar sus deseos de controlar para sentirse seguro, en el centro de su mundo.

Tuve que aprender a diferenciar entre los asuntos de los demás y los míos y a asumir que cada uno tenemos solo una sagrada responsabilidad: iluminar nuestro mundo interior.

Estamos aprendiendo a vivir en un espacio de consciencia totalmente nuevo, más allá de todas las historias y creencias que nos hemos forjado. Un espacio de inocencia desde el cual todas esas películas son contempladas y liberadas. La culpa, como todo sentimiento limitante, es un detonante único en el que nos podemos apoyar para detenernos en un instante y, sin hacer nada más que pueda alimentarla, retomar la perspectiva real, la inocencia.

Puede ser muy útil recordarnos en esos momentos que «*nada de lo que vemos significa nada*». Es una frase de Un Curso de Milagros que contiene un poder enorme. Desde la perspectiva limitada del *pequeño yo* hemos aprendido a darle a lo que vemos interpretaciones muy extrañas y dolorosas, a contarnos historias que nos perturban y nos hacen sufrir. Estar dispuestos a dudar del significado que le damos a lo que vemos, sentimos o pensamos y pasar directamente a contemplarlo sin hacer nada es instalarnos en una nueva perspectiva, estable y siempre accesible. Es la visión de la consciencia, libre de toda culpa pero siempre abierta a contemplarla en toda su manifestación, sin seguir alimentándola. Solo así puede ser disuelta.

LIBRE

No me juzgaré por lo que veo o siento en mi cuerpo.
Tampoco me juzgaré por mi historia ni por mis actos.
Dejo ir el pasado y el futuro, lo que sé de mí,
el relato repetitivo con el que me he identificado.
Observo mi experiencia en este instante, sin relacionarla con nada más.
Como si fuera la primera vez que siento estas sensaciones,
no extraigo de mi pasado una historia para ellas.
Incluso si se trata de un gran dolor o de un placer extraordinario,
permanezco unida a este instante, sin pretensiones, sin esperanzas.
No puedo saber qué va a suceder
y renuncio, por tanto, a toda expectativa de futuro.
Entro en la experiencia directamente, viviéndola desde dentro.
Todo es nuevo. Es la primera vez.
El malestar que aparece en mí no surge
para que me sienta culpable o me critique.
Solo desea ser atendido, abrazado y comprendido.
No soy yo, no dice nada de mi ser auténtico.
No significa nada.
Es el fruto de mi condicionamiento mental
que hoy puedo ver desde la paz.
Ya no necesito definirme ni evaluarme.
Desde esta profunda comprensión,
puedo descansar y mirar tranquilamente
lo que va sucediendo en mi amplitud, sin sentirme amenazada por ello.
Yo soy mucho más que todo esto que estoy experimentando.
La compulsión por mejorarme desaparece
al agotarse la necesidad de ello.
Todo ese esfuerzo proviene

de una imagen empequeñecida de lo que soy
y me deja sumida en la limitación y la desesperanza.
Ahora puedo contemplarla y sostenerla en mi amplitud.

MEDITAR O APRENDER A AMARTE

Acabo de escribir una palabra que quizás tenga para ti connotaciones diversas o incluso conflictivas: *meditar*. Quiero aclararte lo que yo entiendo al usarla y cómo comprenderla en el contexto de este libro.

Pudiera parecer que meditar es una cosa y la vida es otra. No, en realidad, la meditación es nuestro estado natural. No es algo que hacemos para conseguir estar mejor o evitar lo que nos molesta. Es, más bien, dejar de escaparnos de la vida a través de la actividad mental o de otro tipo y aceptar ser atravesados por ella. Permitiendo que todo sea como es, nos fusionamos con ella. No requiere esfuerzo. Es nuestra naturaleza sentirnos vivos y notar cómo la vida se desenvuelve a través nuestro. Vivir conectados con la corriente de la existencia y prestar atención íntima a todo lo que va apareciendo momento a momento es lo que hacen los bebés desde que nacen. Para ellos es natural, pues aún no se han confundido con el contenido de su mente.

Para nosotros, en cambio, esa atención nos resulta difícil porque nos hemos fugado al mundo mental y nos hemos acostumbrado a separarnos de la realidad pensándola. Los juicios, comentarios, interpretaciones, recuerdos y anticipaciones se convierten en una cortina espesa que vela la realidad simple de la existencia. Meditando, simplemente, recuperamos esa contemplación inocente y limpia, sin historias añadidas, que va extendiéndose a nuestra cotidianeidad.

Por eso, nos aquietamos y nos decidimos a *no hacer nada*. A no buscar ningún resultado. En pura coherencia con la realidad, vivimos la vida que nos sostiene a cada instante. Dejamos que ella se revele, nos sentimos existir sin más. Nos experimentamos naturalmente como ese espacio de contemplación en el que todos los fenómenos van y vienen (pensamientos, sentimientos, sensaciones, percepciones de los sentidos...).

Gracias a este estado de atención podemos, por fin, darnos cuenta, de que no somos esa corriente de pensamientos con los que hemos vivido identificados tanto tiempo y con la que solemos confundirnos, y para ello, la atención es indispensable.

Thich Nhat Hanh lo explica diciendo que la consciencia plena es también una energía viva que cultivamos con nuestra atención a la respiración (el fluir de la vida en nosotros) de forma sostenida. Cuando nos falta esta conexión, lo habrás notado, es mucho más fácil perderse en nuestro mundo de pensamientos y sentirnos agotados. De ahí la importancia de estar presentes en la vitalidad que recorre nuestro cuerpo, sentirla, notando cómo se activa con nuestra atención. Necesitamos *volver a la vida,* pues habitualmente nos separamos de ella encerrándonos en un mundo mental mortecino que absorbe nuestra energía.

Sentir la respiración en contacto con las sensaciones, emociones y cualquier movimiento de energía que nos atraviesa es un maravilloso anclaje con la vitalidad que subyace a todo. La intensidad que cobra nuestra existencia cuando respiramos, comemos o nos movemos conscientemente es una energía viva que se acumula: el *prana*, del que hablan en Oriente. Y disponemos de ella para todo lo que necesitamos.

Para mí, no es posible separar la consciencia de la vida: están intrínsecamente unidas, son una. Activar una despierta la otra. En la tradición yóguica de la India se sabe muy bien. La importancia que se le da a la absorción de *prana* no tiene más objetivo que esta amplificación de la consciencia. Las prácticas con las posturas del cuerpo, la respiración, y todo tipo de limpiezas y ejercicios están orientadas a la intensificación de la energía vital. Así, de forma natural, se activa la consciencia y ello permite más fácilmente el desapego de los contenidos mentales, al poder ser contemplados abiertamente.

Nosotros no estamos proponiendo eso ni tampoco rechazándolo. Como dijimos, no buscamos *hacer* o *dejar de hacer* cosas para conseguir algo que siempre parece estar más allá de este momento. Sin embargo, es necesaria una comprensión más profunda de este tema.

Separarnos mentalmente de la existencia ha sido un *hacer* sostenido, aunque no hayamos sido muy conscientes de ello. Como humanidad, nos hemos refugiado en nuestro intelecto mediante un movimiento adictivo de evitación. Nos hemos dedicado a pensar la vida, en lugar de vivirla abiertamente. Ello ha generado el estado de alienación de nosotros mismos en el que nos encontramos.

Nos hemos alejado mentalmente de nuestra respiración natural, de nuestro sentir natural, de nuestro anclaje natural en la existencia. Con ello, nuestra consciencia se ha adormecido, mientras hemos estado funcionando automáticamente al ritmo de nuestros pensamientos. Dejar de *hacerlo* es, de entrada, la mejor manera de recuperar esa conexión con la vida. Dejar de ignorar nuestra respiración es *sentirla* naturalmente. Dejar de escaparnos de nuestras emociones es vivirlas, sin más. Dejar de reprimir o tapar las sensaciones de nuestro cuerpo es, simplemente, experimentarlas. Y esto no es una tarea pesada, sino todo lo contrario: soltar un esfuerzo (ignorar, escaparnos, reprimir, tapar...) en el que hemos estado tanto tiempo involucrados.

Esta vuelta a lo que era natural y no requería esfuerzo alguno, puede parecernos ahora algo artificial, esforzado o trabajoso. Pero esto es solo la forma de percibirlo que tiene nuestra mente condicionada, ya que no conoce otro modo de estar en la vida que a través del *hacer*. Lo que le es desconocido, lo rechaza como difícil o inalcanzable, sobre todo si requiere un aquietamiento.

Desde mi humilde experiencia creo que *sí* necesitamos una activación de la vida en nosotros. *Sí* necesitamos despertar al máximo *el sentir* del cuerpo, de la respiración, de las emociones a través de la atención. Sin embargo, sé también que esto no suele ser permitido en nosotros sin que la pequeña mente lo interprete y lo sufra como un esfuerzo más, un motivo añadido de sobrecarga o estrés, un nuevo *hacer* que se vive como imposición.

Es una cuestión recurrente que necesita ser abordada. Para mí, es penoso observar a cuántas personas les sucede que empiezan a vivir con entusiasmo sus primeros contactos con la meditación, con la consciencia en su cuerpo, con su respiración y, poco a poco, al darse cuenta de que esa conexión necesita ser mantenida consistentemente, interpretan que se trata de una disciplina que se suma a su lista de obligaciones y exigencias. ¡Estamos ya tan abrumados con nuestra mente exigente que nos juzga por no obedecerla, que no soportamos incluir más motivos para ello, por muy espirituales que sean!

Entonces abandonamos, sin darnos cuenta de que, al hacerlo, nos dejamos guiar por la mente hacedora, que convierte nuestro anhelo por vivir de forma auténtica en un nuevo motivo de exigencia hacia nosotros.

Hay quienes, para evitar este apropiarse que el ego hace de las prácticas de consciencia, proponen la *no práctica.* Y como concepto, puede ser útil para soltar la inercia del *hacer esforzado* y saber que estamos explorando algo muy nuevo, de una dimensión desconocida para el *pequeño yo*.

Sin embargo, si no comprendemos bien, a través de la *no práctica* no encontramos la vía del acercamiento consistente a nuestra vida, que necesita ser explorada. Al abandonar el contacto sostenido, por considerarlo una exigencia más, nos perdemos sus tesoros.

Para mí el camino ha sido particular y muy ligero, pues desde el principio sentí que cada espacio o tiempo que dedicaba a vivirme desde dentro era un verdadero regalo, una forma muy concreta de darme la atención y el amor que necesitaba, de liberarme de muchas pesadeces, de honrar mi propia vida como siempre había estado esperando que los demás hicieran. Y aunque hubo al principio períodos en que no me sentía tan motivada, en seguida comprendí que, gracias a ello, podía cultivar la consistencia y seguir adelante en mi anhelo de acercarme más y más a mí.

Mis experiencias de yoga, meditación, respiración, exploración emocional o indagación, han sido siempre citas de intimidad con mi ser profundo de las cuales surjo renovada. Y si no experimento resultados inmediatos, me acompaña siempre el sentir de esa conexión que experimento y que puede actualizarse en medio de cualquier tormenta interna o fase de bienestar: mi presencia.

Por eso me siento tan impulsada a transmitir la importancia de contemplar cualquier espacio de intimidad con nuestra vida desde otra perspectiva: la de la felicidad. O, dicho de otro modo, la del amor.

Para mí es urgente rescatar eso que llamamos prácticas de consciencia o meditación, de los viejos callejones del esfuerzo, la ascesis y la negación, del modo *hacer* que define al *pequeño yo*. Y descubrir así el gozo profundo que late en cada respiración sentida, en cada sensación con la que la vida nos acaricia. Viviéndolas, podemos experimentar la apasionante intensidad que anima cada emoción, cambiando constantemente de forma y de matiz en sus sensaciones y devolviéndonos siempre a nuestra paz. Nos abrimos entonces a la belleza de contemplar que, detrás de cada nube de pensamiento hay un espacio soleado de consciencia que lo sostiene: el espacio del corazón.

Podemos darnos cuenta de que ese espacio es nuestra más profunda identidad, en la que todo tiene permiso de existir. Comprobar que, según vamos descubriendo este espacio del ser, aumenta el amor que nos tenemos y el que sentimos por todo, es el mayor regalo. Es el tesoro silencioso que nos anima a seguir frecuentándonos, aceptándonos y amándonos. Al vivirlo desde esta perspectiva, meditar deja de ser un *hacer* y se convierte en una celebración, en una cita íntima con lo más preciado: nuestra esencia.

Meditar es, para mí, una invitación a acercarnos a nuestro mundo interno con amor. Ni más ni menos. Con amor y por amor. Como nos acercaríamos a cualquier ser humano que apreciáramos mucho y al que quisiéramos ofrecer nuestra presencia y compañía sin condiciones. Tanto en momentos de sufrimiento como de goce, o incluso cuando todo nos parece neutro, hay una vida en nuestra interioridad que espera ser atendida, honrada y plenamente experimentada.

Estas *citas con nuestra vida* pueden darse en espacios y tiempos expresamente dedicados a estos encuentros (lo que llamaríamos meditación formal), como en cualquier momento del día. De hecho, extender este contacto a cada área de nuestra cotidianeidad es, en realidad, el fin primordial de la meditación. Y es una oportunidad siempre disponible. Detenernos un instante y observar, experimentar, soltar...

Por cierto... ¿Has comprobado ya cómo cambia la calidad de cualquier acto realizado con atención, acompañado por el sentir de tu respiración o las sensaciones de vida en tu cuerpo? Este libro que tienes en tus manos, nos invita a una maravillosa aventura que puede llenar de intensidad tu vida, despertándola a una nueva calidad, al gusto exquisito de disfrutar cada instante, independientemente de la forma que adopte. Lo seguiré diciendo de muchas formas y en cada una pondré todo mi entusiasmo. No para convencerte, sino para compartir contigo algo que crece cuando se comparte.

SENTARME A MEDITAR

Sentarme a meditar es aquietarme y contemplar
el fluir de la corriente de la vida
que me atraviesa en este instante.

Nada que resistir, nada que juzgar,
ningún comentario es necesario cuando me abro por dentro
y me dejo simplemente habitar en el ahora,
cuyas formas van cambiando y sucediéndose.

Sonidos, sensaciones, el aliento en su vaivén,
emociones, pensamientos...
Todo está ahí apareciendo y desapareciendo
en el silencioso espacio de mi ser.

Y si surgen comentarios o reacciones,
ellos también forman parte de este todo que me inunda,
de la extraordinaria particularidad de este momento.

Nada que rechazar, nada que conseguir, ninguna meta que alcanzar.
Tan solo contemplar desde mi esencia, espaciosa como el cielo,
el flujo irrefrenable que contengo,
unas veces tormentoso; otras, suave murmullo imperceptible... Silencio...
Descanso unida a la vida.
Soy vida

LA LUZ DEL AHORA

Solo una pequeña pausa, ¿te atreves?
Ven a la realidad: ¿Qué hay aquí ahora mismo?
Mira, siente, oye... Sin pasado, sin futuro, sin historias ni juicios.
Dale a ESTO tu atención, déjale espacio, respira.
Es una criatura inocente.
Es un instante recién nacido.

UNA PAUSA: LA DECISIÓN DE VIVIR ESTE INSTANTE TAL Y COMO ES

Vivir una vida real supone decidirnos a mirarla tal y como es. Nuestra mente superficial (la mente del *pequeño yo*) no sabe contemplar así. No conoce el presente, pues su funcionamiento está basado en ir del pasado al futuro proyectando imágenes anteriores en lo que nos espera por vivir, haciendo que se repitan nuestras experiencias continuamente, aunque cambien sus formas.

Aunque no nos damos cuenta, las interpretaciones que hicimos de vivencias pasadas determinan la percepción que tenemos del presente y nos llevan a mirarlo como algo ya conocido o a tratar de asociarlo con lo anterior.

Para vivir un instante real, tal y como es, necesitaríamos soltar todo lo que hemos aprendido sobre la vida, lo que estamos condicionados a creer sobre lo que está pasando, nuestras interpretaciones y juicios, las memorias y temores almacenados. Y atrevernos a experimentar desnudamente esto, con la inocencia de un niño que ve todo por primera vez. Es decir, sin juzgar. Así es la experiencia directa del momento presente. Mientras sigamos proyectando en este instante todo lo que creemos saber, nada puede cambiar en nuestra vida. Repetimos una y otra vez la misma historia con leves variaciones. Por eso todo resulta tan aburrido a veces... ¡Por eso necesitamos novedad!

Vivir el momento presente es algo muy diferente. Supone nada menos que aceptar aquietarnos y considerar este instante como el único que tenemos. Es decir, abandonar deliberadamente nuestro pasado y nuestro futuro. Decidimos vaciarnos de todo lo que creemos saber, desnudarnos interiormente, por así decirlo.

Entonces podemos preguntarnos: ¿Qué hay aquí de verdad? Y permitirnos experimentar directamente lo que aparece, sin las interpretaciones habituales.

Esto, sin embargo, aunque es sencillo, no suele resultarnos fácil dado nuestro condicionamiento a movernos siempre hacia otro sitio que está más adelante. Necesitamos una verdadera intención de ver la realidad. Y ofrecernos una pausa es una buena herramienta.

Nuestra identificación con lo vivido hasta ahora tiñe nuestros momentos de juicios y emociones cambiantes, impidiéndonos ver con claridad: *«Esto no me gusta, esto es bueno, esto es malo, esto lo rechazo, esto me da miedo, esa persona me ignora»*. La consciencia amplia que somos queda encerrada en conceptos muy limitados. Estos se generan en base a cómo perciben nuestros sentidos lo que va sucediendo y a las asociaciones que la mente hace de esta percepción con sus recuerdos o expectativas. Así va forjándose historias sobre la realidad que poco tienen que ver con ella.

Si, por ejemplo, en ciertos momentos del pasado que tuve que esperar mucho rato a alguien sufrí impaciencia o desconsuelo, cuando ahora alguien se retrasa en una cita, me sitúo emocionalmente en la misma situación. O si me sucede con frecuencia que experimento soledad cuando estoy en determinados lugares, rehúyo permanecer en ellos mucho tiempo, y me es difícil, en caso de quedarme, sentirme bien aquí al estar temiendo lo que puedo experimentar. O si mi mente se ha formado ciertos juicios sobre las personas con las que me voy a encontrar por el recuerdo de alguna vivencia desagradable anterior, espero más de lo mismo cuando estoy con ellas. Ni siquiera me abro a la posibilidad de vivir una experiencia renovadora.

Necesitamos experimentarnos como espacio abierto de consciencia, más allá de los objetos que aparecen en ella y con los cuales nos identificamos normalmente. Y más allá también de las asociaciones habituales que la mente hace entre ellos, velando la realidad.

Intentemos acercarnos a esa amplitud de la consciencia. Ayudémonos con imágenes: representemos nuestra forma habitual de vivir desde la pequeña mente como desarrollándose en una línea horizontal por la que transitamos. Su modo de operar es huir mentalmente de este instante, deseando o temiendo el siguiente. En ese transitar, con frecuencia vamos muy deprisa, si no físicamente, sí mentalmente, de tal modo que raramente sentimos el ahora en toda su plenitud, lo que hay aquí de verdad.

SUGERENCIA

Decidimos detenernos y experimentar. Nos aquietamos. Se detiene todo movimiento físico y mental y aceptamos no tocar nada, no cambiar nada: dejar que todo sea exactamente como está siendo. Esa voluntad es una intención poderosa. La decisión de ver de verdad.

¿Qué hay aquí realmente?

La consciencia es como la luz que necesitamos para ver. La imagen del sol es un símbolo perfecto para comprenderla. Imaginemos que, por un momento, al detenernos, reparamos en un haz de luz que se proyecta sobre todo lo que contemplamos; y nuestra experiencia actual se ilumina, la escena presente de la película de nuestra vida toma relieve e intensidad al ser así observada.

Eso no significa que mejora o se transforma. Simplemente, es contemplada, aceptada y sostenida bajo nuestra atención tal y como está sucediendo. Ese espacio de claridad en el que todo es envuelto y permitido naturalmente siempre ha estado ahí, eso es el AHORA, pero nosotros no nos dábamos cuenta, distraídos en nuestra carrera hacia otro sitio.

Situarnos en ese espacio claro y permisivo no es tan fácil, pues nuestra atención suele estar acaparada por el pensar compulsivo. Sin embargo, la decisión de permanecer en esa quietud atenta nos sustenta.

Dejamos de lado toda referencia al pasado y cualquier anticipación de futuro. Nos abrimos a este instante.

Sintonizar con la respiración, tal como se está produciendo, es una gran ayuda siempre disponible. Inmediatamente nos trae aquí, restándole alimento al pensar desbocado e introduciendo más espaciosidad en la experiencia.

Detectamos sonidos en nuestro entorno, tanto cercanos como lejanos. Van y vienen, cambian de intensidad.

Si prestamos atención a la vida que palpita en nuestro cuerpo en forma de sensaciones, observamos cómo estas aparecen, desaparecen o van transformándose.

Los movimientos emocionales son también pasajeros, podemos sentir su alternancia, sus diversos matices cambiantes.

Hay probablemente un ir y venir de pensamientos que pueden ser observados como si fueran pájaros o nubes en el cielo.

Nada permanece. Solo ese espacio de contemplación en el que todo se mueve es inalterable. Si dejamos de lado la historia que tenemos sobre esto que estamos viviendo; si soltamos, en definitiva, la noción de tiempo, ¿qué queda realmente aquí y ahora?

Nos dejamos sentir. Sin juzgar, sin interpretar, sin referencias ni asociaciones, con la actitud de quien ve o siente por primera vez. Sin identificarnos tampoco con un personaje bueno, malo, dolorido, molesto, herido, halagado, reconocido o abandonado al que le ocurren cosas. Sin personaje. Sin hacer nada.

Contemplamos lo que vemos como si de un recién nacido se tratara. En realidad, el momento presente es eso: un recién nacido. ¿Cómo abordamos a un bebé que nace?

No sabemos nada de él: puede estar agitado, apacible, lloroso o asustado. No lo criticamos, solo lo sostenemos, queremos estar con él, conocerlo. No tenemos aún historia. Solo hay amor, atención, presencia, empatía, conexión. Respiramos con él y sentimos su cuerpo, atendemos su sentir. Esta contemplación es, en realidad, la de la vida.

Siguiendo con la imagen de la luz que se proyecta sobre el instante presente, observamos que no hay juicio en un rayo de sol, no hay pasado, no hay futuro. Todo es amablemente iluminado. Eso es la consciencia. Y esa mirada lo contiene todo. Al mirar así, dejamos de estar identificados con lo que está pasando y nos reconocemos como algo más grande, más envolvente, dentro de lo cual aparecen todos los elementos de la experiencia presente: percepciones de los sentidos, sensaciones, emociones, pensamientos.

Podemos intensificar esta nueva contemplación haciéndonos ciertas preguntas interiormente:

¿Qué soy? ¿Con qué me estoy identificando? ¿Con las cosas que están apareciendo o con el espacio en el que suceden?

¿Soy ese personaje al que le está pasando esto o la consciencia que contempla todo, incluido el personaje?

Observemos lo diferente que es situarnos en una u otra perspectiva. ¿Cuál nos da más libertad?

Seguimos respirando. Algo empieza a cambiar, ¿verdad? Las cosas siguen estando ahí, pero ya no estamos tan confundidos con ellas. Al poderlas observar, somos algo más que ellas.

Es posible que experimentemos dolor, si el momento es difícil o hay sensaciones molestas. Pero eso es visto desde una perspectiva mayor, envolvente, a la que ahora nos estamos acercando. Podemos notar esas sensaciones, podemos ver los pensamientos que las refuerzan o condenan, pero somos algo más.

Y al situarnos en ese espacio que contempla, al ser ese espacio, la energía que estábamos dándole a nuestras sensaciones y pensamientos deja de alimentarlos. Con ello, pueden aquietarse. Ya no tienen combustible. Ya no estamos perdidos en esas nubes: somos el cielo.

Esa es la mirada del sol de la consciencia: deja espacio, y al mismo tiempo es atenta, lo ilumina todo, es cálida y viva. Está siempre sucediendo. Cuando nos enfocamos solo en lo que pasa, podemos sentirnos inseguros, con necesidad de controlar, pues creemos que las cosas «nos suceden» a nosotros y nos sentimos víctimas de ellas. Cuando contemplamos lo que sucede identificándonos con el campo vivo en el que se desarrolla, nos sentimos conectados. Comprendemos, simplemente, que las cosas ocurren en el espacio abierto de la consciencia, en el que todo es abrazado. Ya no nos percibimos separados, sino participando de la unidad de la existencia.

Sin embargo, nuestra forma habitual de percibir nos sumerge en un sufrimiento sostenido. ¿Qué es, en realidad, eso que llamamos *infierno*?: En mi experiencia, tiene mucho que ver con esa limitación que nos imponemos al vivir solo en la línea horizontal de la existencia que nuestra mente ha trazado. Esa diáspora cotidiana en el tiempo lineal que nos lleva siempre hacia otro lugar, despreciando esto. Mientras corre de un sitio a otro, la pequeña mente se enfoca en las cosas y va pensando sobre ellas: recuerdos agradables o dolorosos del pasado, ilusiones, esperanzas, anticipaciones temerosas hacia el futuro y todo el arsenal de emociones que generan. En eso consiste, para mí, el infierno personal al que nos hemos habituado.

Podríamos explicarlo también diciendo que sufrimos al habernos olvidado de la perspectiva de la profundidad, la línea vertical de la existencia (por usar una imagen), esa que atraviesa constantemente nuestra experiencia inundándola de luz y calidez. Nos resistimos a ello, pues nos parece que lo que contemplaremos no es tan atractivo o brillante como lo que nos espera si seguimos corriendo. Aunque no sabemos cómo será, nuestra mente está tan hipnotizada en torno a las imágenes que se ha formado sobre lo que viene después, que no consideramos la posibilidad de que aquí, en la inmediatez de nuestra experiencia, pueda haber algo que merezca la pena. Y, por supuesto, no nos apetece nada encontrarnos con sensaciones que llamamos anodinas o vulgares.

Es curioso, pero la perspectiva de la profundidad (que podríamos llamar vertical) que atraviesa nuestra experiencia en la línea horizontal del tiempo lineal, dibuja una cruz cuya intersección puede simbolizar el espacio del instante presente.

Tomar la cruz, esa frase tan poco comprendida, adquiere así un sentido completamente diferente para mí. Me invita a aceptar esa perspectiva profunda del ahora y a abrazar todo lo que es mi vida, me agrade o no, como la vida lo hace constantemente. Eso es algo imposible para mi pequeña mente, programada para evadirse y buscar algo distinto. Así que necesito unirme a la perspectiva ilimitada de la existencia, que siempre ha estado ahí. En ella no existe el tiempo lineal, siempre es ahora. Es mi consciencia profunda.

El presente no es este pequeño segmento de tiempo lineal seguido de otro y de otro más después. Esa es la percepción que solemos tener desde nuestra limitada perspectiva.

La vida siempre es presente. La luz de la consciencia siempre es. Cuando, desde la línea horizontal de la existencia nos abrimos a ella, observando cómo lo inunda todo en este momento, nos unimos a ese gran espacio en el que nuestra existencia está ocurriendo. Si no nos quedamos prendidos de los objetos que nos acaparan la atención, permitiéndolos simplemente ser lo que son, nos situamos en esa amplia perspectiva del presente eterno. Somos la luz que lo envuelve todo. Aunque sigamos actuando o, incluso corriendo, esa consciencia sigue estando despierta a lo que siempre es y abraza nuestra experiencia.

La decisión de ver, realmente nos abre a un campo de infinitas posibilidades que no podíamos contemplar obnubilados por nuestros conceptos. Podemos empezar a sorprendernos del brotar espontáneo de nuevas comprensiones. Al soltar todo lo que habíamos proyectado, contemplamos un espacio inocente que puede ser vivido ahora libremente.

NO TENGO TIEMPO

Nos lo decimos tantas veces... «*No tengo tiempo*». Pero, ¿es verdad?

Nos hemos acostumbrado a funcionar con este patrón como telón de fondo de nuestros movimientos por la vida. Asumimos como verdaderos comentarios internos subyacentes como: *«No, ahora no, que no me da tiempo». «Cuando tenga tiempo». «Tengo que darme prisa». «Ojalá tuviera tiempo para dedicarme a esto un rato». «Ya nos veremos con tiempo»...*

Y van pasando los momentos, los días, quizás los años en una carrera imparable en la que nos sentimos encogidos, carentes de ese don precioso: ¡el tiempo! Parece que la vida nos ha privado del mismo y con ello, de la posibilidad de disfrutar de las pequeñas cosas a las que nos gustaría entregarnos como niños: un paseo, un rato de ejercicio al aire libre, una buena música, jugar con nuestros hijos, hablar con nuestros seres queridos... posibilidades que parecen quedarse en la lista de espera indefinidamente.

Sin embargo, la vida sigue haciéndonos continuamente su callado ofrecimiento: ¿Ahora? ¿Vienes? ¿Juegas un poco conmigo? ¿Te gustaría saborear este momento? Ven, aquiétate un poco, siéntate.

«¡No, no tengo tiempo! Otro día, mañana» –suele responder el *pequeño yo* atareado–.

La sensación de carencia (sobre la que se asienta todo nuestro sistema de pensamiento) es proyectada en el tiempo y continuamente encontramos pruebas de la veracidad de nuestra creencia: Si creo que me falta tiempo, me siento encogida, limitada, me apresuro. Y desde la sensación de estrés y encogimiento en mi cuerpo, veo un mundo que me sobrepasa y que no puedo abordar desde esa limitación. Mis actos son torpes, no veo con lucidez. Y el tiempo escasea más aún a causa del uso disfuncional que hago de él desde esta perspectiva. Finalmente, mi teoría se confirma una vez más: «*No me da tiempo, mira cómo estoy, ¡agotado!*». Es decir, mis pensamientos de escasez crean una experiencia de carencia de tiempo que confirma mi creencia en ellos. Y así se perpetúa la consciencia reducida de ese yo que se siente pobre, separado y privado de todo.

Sin embargo... ¿Es verdad que no tengo tiempo?

Es una pregunta necesaria. Sabemos que no es una verdad absoluta, pero nos hemos acostumbrado a creer en su realidad. El *pequeño yo* piensa en términos de escasez y cuando estamos identificados con su mentalidad, sufrimos contracción.

Cuando me detengo a percibir detenidamente el efecto de esta creencia en mí, descubro un profundo sufrimiento, un dolor y una resignación íntima ante lo aparentemente incuestionable. Pequeñez, tristeza, privación, abatimiento, dificultad para respirar y tensión. En realidad, estos son los sentimientos que se generan automáticamente desde ese tipo de mente. Al expresarse en sensaciones corporales de contracción y malestar, parecen dar más entidad al *pequeño yo* sufriente que cree en la escasez del tiempo. Felizmente, ese yo es solo un personaje, un disfraz superpuesto a nuestra verdadera naturaleza.

La consciencia plena que somos, una con la vida, no experimenta ninguna carencia. Si esta se expresara en palabras, seguramente diría algo como: «*Tengo todo el tiempo que necesito. Le doy toda mi atención a este instante, el único en el que puedo experimentar mi vida. Si no es ahora, ¿cuándo?*».

En la naturaleza no existe la urgencia. La ha creado el pequeño personaje con su forma de pensar y de vivir. Basta con que me detenga y me permita habitar este instante sin esos pensamientos de prisa y de escasez sabiendo que, desde la consciencia que soy, el tiempo es solo una herramienta a mi servicio.

Tengo tiempo. ¿Te imaginas recorrer tu existencia habitual con este pensamiento de fondo? Es un pensamiento absolutamente cierto, si nos enfocamos en este instante, el único que tenemos. *Tengo todo el tiempo que necesito para este paso, para este bocado, para escribir esta palabra, para dar este abrazo, para esta respiración. Hay mucho tiempo...* Y al reconocerlo, empezamos a movernos en una nueva perspectiva, la de la abundancia, la amplitud infinita que es la vida.

Te sugiero experimentarlo. Para mí, ha sido una maravillosa revelación observar lo diferente que es realizar una actividad desde la escasez de tiempo a vivirla consciente de su abundancia. Fregar la vajilla, por ejemplo, o enviar un correo electrónico. Prueba tú y compara.

¿PROBAMOS OTRO RITMO?

Uno de las posibilidades que la vida nos ofrece para reconectarnos con ella es, simplemente, cambiar el ritmo. En su eterna búsqueda, el *pequeño yo* vive con urgencia. El pensamiento va muy rápido y provoca una aceleración innecesaria en nuestra fisiología que, al hacerse crónica, genera todo tipo de disfunciones.

El contacto consciente con la respiración nos permite observar ese ritmo desmedido. Al sintonizar con ella, quizás empecemos a notar que nos cuesta dejar que la respiración se complete. La espiración es interrumpida y difícilmente la acompañamos hasta el final. Retenemos el aliento sin dejarlo liberarse naturalmente.

Nuestro ritmo al caminar, al hablar, al comer o al trabajar está desconectado del fluir natural de la vida. No existe este paso, sino el siguiente. Este bocado es la preparación para el que viene. Esta respiración no importa, ni siquiera puedo notarla, ya que voy corriendo hacia lo que me espera.

Dar un paso lenta y conscientemente, permitirnos el tiempo de hacer cualquier tarea habitual a un ritmo más pausado, es una verdadera revolución que puede socavar las bases inconscientes de nuestro sistema de pensamiento.

Si prestamos atención, el cansancio que con frecuencia nos aqueja no es debido a nuestras actividades físicas. Es más bien la velocidad de nuestra mente la que imprime un movimiento acelerado a nuestras células, que nos cuesta desprogramar.

Se hacen necesarias las pausas, sí. Pero también un cambio de ritmo desde dentro.

SUGERENCIAS

Un ritmo más lento

Te invito a explorar algo que puede ser radicalmente transformador en tu vida. En la mía, lo es.

Escoge una tarea que normalmente realices a un ritmo rápido, sin atención. Una de esas acciones cotidianas que no te gustan o que haces con el piloto automático, simplemente porque hay que hacerla.

Podría ser contestar un correo en tu ordenador, conducir, llevar la bolsa de la basura al contenedor, tomarte un tentempié, o hacer tu cama. Ofrécete unos minutos extra. Olvídate del objetivo inmediato de la tarea y de sus resultados y simplemente, decídete a realizarla por ella misma. Como ejemplo, digamos que en vez de hacer la cama para que la habitación quede ordenada, dejamos ese objetivo en segundo lugar y hacemos la cama simplemente «para hacer la cama», como propone Thich Nhat Hanh. Convertimos esa acción en un fin en sí misma.

Detente un instante en el lugar donde vas a experimentar eso.

Siente las plantas de tus pies. Espira soltando completamente el aire. Deja que el aliento venga por sí solo a llenarte. Afloja tu cuerpo completamente al espirar e inspira de nuevo. Haz esto varias veces.

Comienza a hacer esa tarea a un ritmo intencionadamente más lento.

Ve observando tus sensaciones físicas con detenimiento. Sensaciones en tu piel, en tus articulaciones al moverse. Sonidos que se generan mientras te desplazas, olores que percibes al respirar...

Mira con curiosidad los colores y las formas de todo lo que se presenta a tu vista como si fuera la primera vez.

Disfruta como un niño de este juego. Y deja que, naturalmente se incorpore a tu vivir cotidiano cuando te sientas inspirado a ello.

Respirar una acción

Puedes realizar una tarea con la consciencia de tu respirar acompañando todo el proceso.

Detente también unos momentos antes de empezar. Siente tu cuerpo y espira soltando todo el aire. Recibe la inspiración conscientemente y siéntela llenarte. Espira de nuevo aflojando todo el cuerpo con la salida del aire.

Ahora ya puedes empezar. Mientras inspiras, observa tus movimientos. Cuando espiras, sigue dándote cuenta de que espiras mientras te mueves lentamente.

Puedes acompañar tus gestos con la frase: al inspirar, levanto este objeto. Mientras espiro, muevo tal cosa; al inspirar estoy dando este paso, al espirar, me detengo y me inclino...

Se trata de ir acompañando todo lo que haces con tu sensación de respirar, como una corriente de fondo que va impregnando lo que tocas, envolviendo todo lo que se mueve en tu consciencia.

De vez en cuando, detente. Seguramente perderás el contacto con frecuencia al principio. Simplemente, te das cuenta y lo retomas naturalmente, sintonizando con tu respiración tal y como es en ese momento.

Es una forma de ir retornando al ritmo profundo de la vida. Este no es necesariamente tan lento. De hecho, la consciencia está presente en cualquier ritmo o situación. Pero para darnos cuenta de ello en nuestros movimientos, puede ser interesante ralentizarlo a veces. Así nos habituamos a dignificar y honrar el ahora, que parece escapársenos cuando simplemente corremos hacia el momento siguiente.

Como dice Thich Nhat Hanh, el momento presente es nuestro verdadero hogar, y podemos refugiarnos en él con total confianza cuando las nubes del pensamiento condicionado parecen querer alejarnos de la realidad.

Instalarnos en el momento presente requiere intimar con él, sentirlo, sintonizar con toda su riqueza de matices, experimentar su vida.

Y para ello, necesitamos aquietarnos. Mirar profundamente la realidad precisa una penetración serena que es imposible desde el ritmo trepidante que la mente superficial imprime a nuestro vivir cuando creemos en ella.

«YO NO DEBERÍA ESTAR AQUÍ»

Este pensamiento, *«Yo no debería estar aquí»,* si lo miramos profundamente, genera una enorme cantidad de sufrimiento. Nos lo formulamos también de otros modos: *«Esto no es lo mío», «Yo debería estar haciendo otra cosa»...*

La mayoría de las veces, no es un pensamiento consciente. Se trata de una corriente más profunda que nos recorre, subyaciendo a nuestra experiencia y separándonos de ella. Es tan doloroso creer que esto es incorrecto, que me estoy equivocando, que mi sitio está en otra parte, que he decidido mal... ¿Qué experimentamos cuando pensamos así?

Ahora mismo, por ejemplo, detente un momento:

- ¿Hay en ti algún atisbo de esta creencia?
- ¿Hay algo que parece indicarte que este sitio, esta situación, estas circunstancias, estas personas, no son las correctas para ti? ¿O quizás no totalmente?
- ¿Cómo se siente el pensar así? ¿Cómo te sientes?

Cuando empecé a identificar este patrón mental que había aceptado como cierto y me decidí a explorarlo, lo que encontraba era abandono, decaimiento, depresión, agobio, conflicto y malestar, acompañado de señales en mi cuerpo de tensión, contracción y respiración agitada. Y un impulso inmediato de desconectar del instante con la esperanza secreta de sentirme mejor, de no sentir al menos el infierno que mis pensamientos de resistencia me provocaban.

Surgía la decisión casi inconsciente de irme a otro lugar y, si no podía hacerlo físicamente, de fugarme de cualquier modo. Y casi sin darme cuenta, abandonaba el momento presente –mi hogar verdadero– haciendo algo, tomándome algo, recurriendo a cualquier cosa (incluso a alguna *práctica espiritual*) que me diera la sensación de evadirme de lo que parecía molestarme. O, simplemente dedicándome a pensar compulsivamente.

¿Reconoces algo así en ti? Lo que se nos pasa por alto es que quizás no es la situación, sino la creencia *«yo no debería estar aquí»* lo que nos genera el malestar. Empezamos a aborrecer los lugares y situaciones en los que hemos cultivado ese modo de pensar que nos hiere. Al relacionarlos con nuestra infelicidad los rehuimos, al menos mentalmente.

¿Alguna vez nos hemos cuestionado si lo que realmente nos provoca malestar es la situación? Porque, cuando la cambiamos por otra, tarde o temprano, el mismo patrón aparece: «*Yo no debería estar aquí*». Y el conflicto vuelve a empezar.

Si rechazamos mentalmente el lugar en el que estamos nos desconectamos de la vitalidad de este instante. ¿Encontraremos entonces la energía para cambiar algo si fuera necesario? Si nos separamos de la vida nos cerramos a su fluir, y ya no puede impulsarnos, nos quedamos estancados. Solo uniéndonos a ella podemos seguir moviéndonos con fluidez.

No queremos conectarnos con esto, claro, nos resulta desagradable, inhóspito... Así es como nuestra pequeña mente –cuya percepción es muy limitada– lo juzga. Sin embargo, esto (nuestra vivencia actual) esconde, más allá de su forma, la energía vital capaz de propulsarnos.

La consciencia aquí enfocada con aceptación nos permite, en primer lugar, la absorción de la energía viva del presente, incluida la de nuestras emociones resistentes. Y, además, la lucidez necesaria para comprender a qué responde nuestro estar aquí, qué creencias nos han traído a vivir esto. Ya que, como vamos contemplando, todo lo que experimentamos es el efecto de nuestro modo de pensar, aunque no sepamos a veces reconocerlo. Solo asumiendo esta responsabilidad, podemos movernos naturalmente hacia lo que deseamos.

Pero volvamos a la experiencia del momento presente, ese que supuestamente *no deberíamos estar viviendo*. ¿Qué tal si decidimos ensayar algo totalmente diferente? Miremos sencillamente: ¿cuál es la realidad ahora mismo?

«Estoy aquí», constatación indiscutible. Esta es mi experiencia. Y es todo lo que tengo para vivir ahora mismo.

«Estoy aquí» es una realidad y una ofrenda de la vida que nos invita desde dentro a experimentar. *«No debería estar aquí»* es un constructo irreal que nos separa del ahora, generando malestar. ¿Qué nos da más paz?

Quizás la vida diría algo así:

Ven aquí, hijo mío, ven a casa.
No te vayas de este instante.
Deja de cuestionarte esto.
Mientras estés aquí, vive todo lo que hay aquí.
No solo lo que externamente aparece,
lo cual parece defraudarte una y otra vez,
sino lo que eso despierta en ti:
la resistencia que tus pensamientos generan sobre esta situación.
la búsqueda de otras sensaciones más agradables,
el deseo de irte de aquí...

Sé un hogar abierto para todo esto.
No lo menosprecies.
Son tus criaturas perdidas en un mundo que no las acoge,
que no reconoce tu dolor, tu cansancio, tu confusión...
Dales tú ese reconocimiento.
Vive, por favor, la totalidad de la situación.
No la sufras, vívela.
Estate aquí, no te pierdas ni un matiz
de este increíble ofrecimiento de la existencia.

Todo lo que necesitas está en este instante.
Puedes reconocer tu presencia ahora mismo,
tu espaciosa capacidad en la que todo se mueve.
Puedes conocerte como amor para lo que te asusta.
¡No te vayas, no te separes, no me pienses, víveme!
Únete a mí y sé vida para todo.
¿Aceptas?

NO TE SEPARES

No te separes de este momento
pensando sobre él, o tratando de resolverlo.
Únete a este instante como a tu hijo más querido:
Dale tu aliento,
intima con su latido.
Sé el cálido espacio que lo envuelve.
Amar no requiere esfuerzo.

La separación no existe en el universo. La vida es como una gran corriente, siempre avanzando, de la que todos formamos parte. Mentalmente, sin embargo, nos desvinculamos de su flujo. Elucubramos sobre la existencia, queremos cambiarla, nos quejamos de las formas que va adoptando, de lo que va sucediendo. Y así nos desgastamos, vamos contracorriente y terminamos agotados. La separación es un esfuerzo artificial y costoso.

¿Cómo experimentar la unidad? Unirnos a la vida es conectarnos íntimamente con el momento presente. Sintonizar con la existencia espaciosa que siempre está ahí, tocándonos, sosteniéndonos, nutriéndonos y respirándonos. Esta conexión intima es el anclaje que necesitamos para descansar en lo que es real y contemplar todo lo que sucede desde esa amplitud.

La atención consciente nos permite volver a casa, al hogar del que nos alejamos, y sentir de nuevo, respirar de nuevo la vida que siempre ha estado ahí, nutriéndonos. Esto lo sabemos, nos lo repetimos con frecuencia. Sin embargo, saberlo no es suficiente.

Reconciliarnos y unirnos a su fluir natural requiere conectarnos vitalmente. Entrar en el Ahora no es algo que podamos hacer pensando: ¡Hay que mojarse! Nos mojamos a través de nuestros sentidos, de nuestra respiración, de nuestra experiencia directa en este instante. Estas son las puertas por las que entramos en contacto con la energía de la vida. Es verdad que son formas, que carecen de permanencia, pero pueden funcionar como entradas para conectar con la realidad profunda más allá de la forma, con lo que es.

Para ello, es necesario aquietarnos y sentir, aprender el arte de estar aquí, sin buscar nada, sin reaccionar a nada, sin expectativas, sin juicios, abiertos a las sensaciones, muchas veces intensas, que se mueven a través nuestro. Acompañando el vaivén de nuestro aliento, en completa intimidad, dejando que nos vaya devolviendo a la amplitud y la profundidad de nuestra consciencia mientras acaricia cada dolor, cada dificultad con la que se encuentra.

Aprendemos a observar las críticas, las historias que nuestra mente nos cuenta sobre todo, sin identificarnos con sus juicios. Estas historias también forman parte del paisaje del presente y podemos contemplarlas como fenómenos puntuales que lo recorren, sin adherirnos a ellos.

Así nos unimos, nos reintegramos a la vida, nos hacemos reales. Yendo más allá de sus aparentes formas físicas, emocionales y mentales vivimos de verdad. Entramos en el presente, el único lugar que puede acogernos.

En realidad, todo se reduce a esto:
NO TE SEPARES.
esto es lo único que te corresponde atender.
Nada más.
La única invitación.
Y no es un trabajo, ni un esfuerzo.
Es pura intimidad con tu vida de este instante.
No te vayas, no menosprecies esta oportunidad única.
La vida está aquí,
viviéndose en este paso, en este aliento, en esta sensación difícil...
Desde el momento en que nos quedamos prendidos
de lo que la pequeña mente juzga, opina o decide sobre esto,
ya no estamos presentes.
Nos separamos mentalmente.
Juzgar la vida es una ruptura dolorosa,
pues nos aleja inmediatamente de su experiencia directa.

No te separes, ni siquiera de tus pensamientos:
míralos con apertura y comprensión.
No son tus enemigos, han surgido en el cielo de tu consciencia
y en él hay cabida para todas las nubes. Nada puede amenazarlo.

Estás aquí para amar y sostener todo tu mundo,
para liberarlo de la separación y la soledad.
No te separes de tus criaturas.
Sé un sol para ellas.
Amanece, irradia continuamente sobre todo lo que aparece en tu vida.
No la pienses, no trates de solucionarla, pues no es un problema.
Eso que llamas «problemas»
son solo fenómenos, sensaciones, pensamientos
que surgen en tu campo de consciencia. Son tus criaturas.
Cuando te separas de ellas para pensarlas o solucionarlas,
bloqueas su fluir,

pues le retiras tu energía y se quedan desvitalizadas,
sin posibilidad de procesarse.

Ama todo lo que surge en ti
y déjalo desaparecer en tu consciencia naturalmente.
En realidad, a esto se reduce todo.
A ser amor para todo.
Presencia íntima e incondicional para todo,
hasta para la gran resistencia
a quedarte con las sensaciones más dolorosas.
La resistencia es tu criatura más necesitada. Inclúyela.
No la dejes fuera. Está tan cansada de luchar...
Con esta decisión, entras naturalmente en una perspectiva nueva,
la consciencia que envuelve y penetra de sí misma todo lo que aparece.
Eres el espacio que todo lo incluye y permite su evolución.
Recuerda que tu verdadera naturaleza es vida sin nombre.
Tú eres vida.

LA AMPLITUD Y LOS PROBLEMAS

No trates de resolver tantos problemas,
son solo efectos del único error:
creer en la separación.
Enfócate en la solución:
tu unidad con la vida inmensa
en este instante, siempre.

Por mucho que las nubes de tu experiencia insistan
en que te instales en su pequeñez,
Recuérdalo una y otra vez:
Eres el cielo en el que se mueven,
La clara consciencia del ser.

El movimiento de mi mente en torno a lo que me preocupa genera desazón. Querer arreglar lo que me perturba centrándome en ello produce ansiedad y malestar. Mi consciencia se estrecha, como si se quedara encerrada en un reducto sin horizontes. El simple hecho de llamar *problema* a lo que estoy experimentando genera ya una actitud de resistencia que impide su flujo natural. Algo me invita:

Contempla todo con amplitud...
Ahora mismo, en este momento,
¿cuál es la realidad de eso que llamas problema?
Míralo bien.

Quizás sensaciones repartidas por mi cuerpo: cierta contracción, respiración entrecortada, tensión en el plexo solar, casi dolor en él. En mi mente, tendencia a seguir pensando: *¿Qué puedo hacer?* Búsqueda de soluciones...

Desde este estado, aunque es lo que más deseo, no puedo sentir paz, pues me empeño en solucionar algo que mi mente cataloga como *problemático.* Mis pensamientos me están presionando a encontrar una salida, a ser de determinada manera, a cambiar. Mi indecisión también es un problema que quiere ser resuelto: *«¡Tienes que decidirte ya!».* Si creo todo lo que dice mi mente, e invierto en ello mi energía, mi presente queda abandonado.

Vuelvo a este instante. Me detengo. Decido soltar incluso la palabra *problema* que califica esta situación.

¿Cómo contempla la vida este momento? ¿Cómo ve esto el sol, por utilizar una imagen poderosa?

Vuelvo a mi respiración y me permito sentir el aire salir, soltando con él toda contracción. Dejo que venga a llenarme poco a poco con esta nueva inspiración. Durante unos momentos, solo existe esta conexión con el aliento que, naturalmente se serena y va instalándome en la amplitud. Ya hay más espacio en mí para seguir observando.

Es verdad que no me gustan las sensaciones que experimento, y este rechazo es también algo a contemplar, así como su movimiento mental asociado: «*Quiero arreglar el problema, necesito pensarlo* –insisten mis voces internas– *qué angustia quedarme aquí sin ver la solución, sin saber qué hacer*». Este es un miedo muy común, muy familiar para muchos de nosotros. Nuestra pequeña mente considera que no hacer inmediatamente algo por solucionar o cambiar las situaciones significa pasividad, egoísmo... «*¡Hay que actuar! ¿Qué pensarán...? ¿Qué hago aquí sin hacer nada?*».

Vale... ¿Qué tal empezar observando ese miedo a los juicios de mi mente sobre este momento de *no-hacer*? ¿Cómo se siente en mi cuerpo? ¿Cómo respira?

A veces necesitamos vacaciones o retiros porque no hemos sabido en nuestro día a día ofrecernos este descanso, es decir atender la necesidad de conectar con nuestra propia vida en lugar de intentar solucionarla.

Así que, celebro ofrecerme esta pausa. Quiero ser un hogar espacioso en el que aparecen las urgencias, los temores, la angustia de la indecisión... Voy a dejar que el sol de mi consciencia ilumine todo este paisaje interno. Una vez más, *no tengo que hacer nada.*

Y sigo aquí, abierta a lo que va surgiendo, conectada con cada detalle, por muy molesto que sea, dándole acogida en mi amplitud, fundiéndome con todo. Siendo espacio para todas mis nubes, todas mis olas, todas las imágenes, dolores, sacudidas de esta nueva película que se pasea por mi mente. Permitiendo que, en la calidez de mi consciencia, cada apariencia pueda moverse, transformarse y disolverse.

Siento mi respirar: a través de sus oleadas tan cambiantes de inspiración y espiración, cargadas de sensaciones diversas, voy dejándome retornar hacia el océano en el que descansan. El océano siempre está aquí, esperándonos. Solo tenemos que aprender a confiar en sus olas, a fundirnos con ellas, en vez de resistirnos a sus movimientos. Finalmente, nos devuelven siempre a nuestro hogar, del que surgieron. La consciencia, amplia, sigue contemplando y permitiendo.

¿Dónde queda ahora eso que mi mente consideraba un *problema*? Ahora puedo ver con más claridad y lucidez si algo ha de ser realmente abordado y cómo. ¿Dónde queda la necesidad imperiosa de solucionarlo? ¿Existe realmente tal urgencia o puedo dejar que todo repose un poco más en mi interior? Sin ese juicio hacia mí que me violenta, ¿hay algo que cambia?, ¿no es ahora todo más apacible? Hay más espacio, más tiempo...

En realidad, todo ello era solo una oportunidad preciosa de cambiar de perspectiva, de conectarme con mi espaciosa naturaleza, con la luz inmensa de mi consciencia, en la que no existe el juicio ni la urgencia.

Desde esta nueva visión, si hay algo que ha de realizarse, surgirá de modo espontáneo. Con toda naturalidad me sentiré inspirada a actuar, acogiendo las ideas necesarias para ello. O es posible que me dé cuenta de que no había tal necesidad de acción o que puede retrasarse la resolución. Todo es posible cuando nos atrevemos a mirar desde otro lugar.

MI MUNDO, MI AHORA

Muchos de nosotros anhelamos un cambio en el mundo y, de un modo u otro, deseamos participar en esa transformación global que vemos tan necesaria. Lo que yo voy comprendiendo, es que la pretensión de cumplir un propósito significativo en el mundo no puede estar desvinculada de nuestra vida en este instante, de la inmediatez de lo que hay aquí y de cómo nos situamos ante ello.

Sucede a veces que, buscando un mundo mejor o un papel que jugar en él, nos pasamos por alto que nuestro mundo empieza aquí, en nuestro ambiente interior, en la actitud con la que abordamos cada detalle de nuestro presente: estas sensaciones, estas personas, esta situación, este dolor, esta comida o esta emoción que nos embarga.

Mi mundo es lo que aparece aquí y ahora ante mí. ¿Cómo me sitúo ante él? ¿Lo estoy honrando o inconscientemente lo catalogo como algo de poca importancia que me impide acceder a lo que busco de verdad?

Estas personas que ahora mismo veo, ¿puedo considerarlas las personas adecuadas para mi vida? ¿O creo que no encajan en mi propósito y trato de eludirlas para acceder a otras más preparadas o capaces de entenderme? ¿Cómo me siento en su presencia? ¿Quiero irme lo antes posible? ¿Cómo respiro?

Estos pequeños detalles me informan directamente de cómo me estoy considerando: un pequeño personaje inquieto y buscador o una amplia consciencia que abraza la existencia en cada instante.

Las mejores lecciones que recibo en mi vida no se me revelan en lugares muy brillantes o en situaciones *interesantes* por su prestigio. Muy al contrario de lo que mi personaje podría esperar, aprendo de verdad al asumir conscientemente las relaciones de menor relevancia para el ego y los lugares que sus conceptos desacreditan y considera insignificantes. Ahí es donde mi corazón va comprendiendo las más profundas verdades de la existencia. En situaciones anónimas, junto a personas simples, la vida hace aflorar el poder del amor en mí y la serena comprensión del ser que nos une a todos.

En realidad, solo hay dos posibilidades: honrar este instante y estar con él o despreciarlo (casi siempre de forma inconsciente) por no servir a los fines de un personaje que se aferra a su historia.

Si me estoy yendo de este instante, si tengo prisa por salir de él y no le presto atención, puedo estar segura de que estoy en *«modo ego»*. Es decir, estoy abordando mi vida desde una perspectiva de pequeñez, buscando algo *más grande* que esto; buscando fuera de mí, lejos de mi hogar.

Si ahora mismo hay espacio en mí para lo que está apareciendo, sea de mi agrado o no, y acepto detenerme, si fuera necesario, para contemplar desde ahí lo que experimento, sé que me he situado en la amplitud de mi ser, que no necesita otra cosa más allá, porque ya se siente inmenso y lo incluye todo.

Jesús lo explicaba muy bien: *«Quien es fiel en lo poco, es fiel en lo mucho»*. En realidad, la vida y la enseñanza de Jesús son la perfecta expresión de nuestra función como seres humanos. Gran parte de su mensaje gira en torno a lo insignificante, a lo escondido. Nace en un lugar humilde, anónimo, junto a seres simples, donde nadie hubiera elegido nacer. Y vive rodeado de personas sencillas, en ambientes ignorados. Se pone al lado de los que sufren, de los que experimentan el desprecio, la enfermedad, la marginación. Está donde nadie quiere estar. En los lugares más temidos y evitados, en la cruz. Es todo lo contrario de lo que hace el ego, que busca ser visto, reconocido, brillar. Traspasando esto a nuestra vida interior:

- ¿Dónde no queremos estar?
- ¿Cuáles son las áreas perdidas de nuestra vida?
- ¿Dónde duele?
- ¿Dónde nos sentimos indignos, pequeños, olvidados? ¿Dónde preferimos no mirar?
- ¿Dónde hay pobreza, vacío, dolor, necesidad?
- ¿Dónde experimentamos miedo, culpa, ansiedad, ganas de salir corriendo?

Aquí es donde se nos ofrece la oportunidad, aquí es donde nuestra consciencia puede abrirse. Aquí, en lo escondido, es donde puede despertar nuestro ser más profundo. Ahí es donde nuestra verdadera naturaleza tiene la oportunidad de expresarse. Cuando aprendemos a permanecer, en lugar de evitar, nos estamos conociendo como luz, como liberadores de nuestro mundo. *«Vosotros sois la luz del mundo»,* decía.

En realidad, esto es lo único que necesitamos: iluminar y llenar de amor todo aquello que aflora en nuestra experiencia presente: sensaciones, emociones, pensamientos. Contemplar en la luz de la consciencia y permanecer, no asustarnos. Acoger, abrazar y así permitir que ese mundo amenazador que creamos y en el que creímos se disuelva.

Sí, que se disuelva lo ilusorio. Nuestro sufrimiento es el efecto de haber creído en algo que no es verdad. En haber dado crédito a la idea de separación y haberla cultivado hasta el punto de habernos identificado como seres aislados de la vida. Eso duele, eso genera tanto malestar que no lo soportamos. Pero si seguimos evitándolo, rehuyéndolo, resistiéndonos, lo que hacemos es darle entidad y seguir inmersos en la ilusión.

Nuestro hogar es el momento presente. Nuestro reino, nuestra función, todo nuestro mundo está aquí. Subyaciendo al discurrir normal de la superficie de nuestra vida, muchas criaturas exiliadas, doloridas, avergonzadas, reprimidas, hambrientas, solas, recluidas en las sórdidas y frías estancias de nuestra inconsciencia, esperan su liberación.

Nosotros somos su dios. Dios se expresa a través de cada ser humano que nace con la misión de rescatar del olvido a tantas criaturas rechazadas, de iluminar su propio mundo interno, el único al que tenemos acceso: nuestras emociones, pensamientos y percepciones moviéndose en el espacio interior y generando todo tipo de sensaciones en nuestro pueblo de células.

Para ello se nos ofrecen las imágenes perfectas que ilustran nuestra tarea: las personas y situaciones que, como en una película, desfilan ante nosotros representando a la perfección nuestro mundo interior. Escenas de temor, de amor, de alegría, de dolor, de rencor, de necesidad... van despertando en nosotros todas las emociones necesarias para permitirnos mirar profundamente. Si las atendemos, nos ponen en contacto con la fuente de esa representación proyectada: nuestra percepción de la realidad, nuestra comprensión sesgada de la vida.

Curiosamente, todas estas áreas son las más próximas a nosotros (el prójimo). Lo más íntimo y cercano es, con frecuencia, lo que tiene más poder para mostrarnos lo que necesitamos mirar. Sin embargo, es lo más despreciado por el ego, que busca siempre más lejos lo que cree que es mejor para sentirse especial.

Si aprovechamos cada instante para disolver el velo de la ilusión que nos oculta lo real, mirando profundamente, nos podemos reconocer como lo que realmente somos: Dios para nuestro mundo, libertadores de un pueblo adormecido en el olvido de su verdadera naturaleza.

Necesitamos perder el miedo a sentir. Permanecer abierta y amorosamente en medio del sufrimiento es la mejor manera de demostrarnos lo que somos. Eso fue lo que hizo Jesús. Desoyendo la necesidad de escapar de lo que parecía amenazarle, permaneció afirmando su verdadera identidad, inviolable. Abrazando el dolor más intenso, le privó de su imaginaria capacidad de destruir lo indestructible: lo que somos de verdad.

Para esto hemos nacido. Para acoger en nuestro hogar interior todo lo que hemos dejado de lado por creernos separados de ello, por interpretarlo como una amenaza para nuestra identidad. Necesitamos demostrarnos que somos amor para todo, incluyendo incluso lo que nuestra pequeña mente no comprende y evita. Permaneciendo en este instante, en esta respiración, en este paso, en este encuentro, en esta sensación que se nos presenta tan temible... Permaneciendo y amando. Sin separarnos de nada. Quedándonos y ofreciendo espacio a todo. Por pequeño, insignificante o doloroso que nos parezca.

Cuando la pequeña mente argumenta: ¿para qué prestar atención a lo pequeño, a las cosas insignificantes del presente? Simplemente está expresando el estado enajenado de su naturaleza centrada en los objetos, a los que clasifica y categoriza. Su enfoque está en los fenómenos, en lo que ocurre, ignorando el espacio abierto en el que todo sucede.

Sin embargo, en la realidad, no existen cosas nimias ni cosas grandes. Solo existe vida en constante transformación, manifestándose a través de apariencias muy diversas. Para la consciencia no hay separación ni categorías entre ellas. Lo que está aquí, en la inmediatez de este instante, sea cual sea su naturaleza, es el punto idóneo de apoyo para despertar a lo que somos.

Solo necesitamos entrar completamente en la experiencia de este momento, sea cual sea su contenido. Y contemplarlo desde la atención plena, el aprecio y la amplitud, sin necesidad de cambiarlo ni juzgarlo.

Cuanto más *pequeñas* son las experiencias, más espacio abierto queda en torno suyo, y más grande es la oportunidad de reconocernos en él. Ese es el regalo de lo pequeño, de lo cercano, de lo que el ego desprecia. No nos acapara la atención en su desenvolvimiento o en su forma, sino que deja mucha amplitud en la que descansar y reconocernos.

NO-HACER O CONFIAR EN LA VIDA

Detente en medio de eso que parece abrumarte.
No hagas nada.
Déjate tocar, respirar, sentir...
Sin necesidad de arreglar o remediar.
Encuentra la paz de permitir
que las olas de tu experiencia
se muevan libremente en ti
y retornen a ti.

Con el concepto de *no-hacer,* inspirado en las tradiciones orientales, suele pasar como con otras atractivas vías de oriente incorporadas a nuestro sistema de pensamiento: dejan de ser comprendidas y su sentido original resulta totalmente tergiversado.

Detener nuestra actividad física no es un indicativo de vivir la experiencia del *no-hacer:* a veces se confunde esta con un estado contemplativo de inacción, en el que no participamos de la vida.

No-hacer es una actitud mental que no lucha contra la realidad, ni pretende cambiarla. Confía en que, uniéndonos a ella, la vida sabe a dónde llevarnos. Y puede que nos impulse a una acción poderosa, pero no desde la perspectiva de un personaje hacedor que trata de controlarlo todo. Nos confiamos a una instancia que opera más allá de nuestras pequeñas mentes hiperactivas. Esta confianza es la clave. Y no es fácil de comprender y mucho menos de aceptar para nuestra mentalidad de *hacedores,* protagonistas y buscadores de logros personales inmediatos.

Este libro propone continuamente abrirnos a ese espacio de confianza profunda que somos en esencia. Paulatinamente, esa apertura se va haciendo parte de nuestro vivir cotidiano de forma natural. Sin embargo, no nos resulta fácil: identificados con el *pequeño yo* tenemos la sensación de que aceptando vivir este momento vamos a perder tiempo, reconocimiento, oportunidades; es un temor profundo, ancestral, de quedarnos sin nada, de no ser nadie. No tenemos confianza en la forma que está tomando el ahora. Y así abandonamos la paz, buscándola en otro sitio, tratando de conseguir algo mejor. El *hacer* es otro modo de designar esa búsqueda incansable. En realidad, *hacer* significa utilizar este momento para conseguir otro.

Este momento, vivido desde la consciencia, es precioso, si no lo despreciamos privilegiando un objetivo que, aunque está presente como idea, no es lo prioritario. Hacer algo considerándolo un fin en sí mismo, sin expectativas, es practicar el *no-hacer* al que se refieren las tradiciones filosóficas ancestrales. Tanto en la sabiduría del Tao, como en la filosofía hindú del karma yoga y tantas otras, se apunta a lo mismo: dejar de enfocarnos en los resultados de la acción. Solo entonces actuamos creativamente.

El propósito de *no hacer nada,* si en el fondo estamos buscando algo a través de esa no-acción, se convierte en un modo de *hacer* compulsivo, aunque aparentemente nos encontremos inactivos.

El *hacer* del que nos estamos ocupando es una pieza indispensable del sistema de pensamiento al que sirve y confirma. Por eso, suprimirlo deteniendo la actividad no soluciona nada si en esa detención no contemplamos desde la consciencia todos los elementos implicados que nos llevaban a actuar: formas mentales, emociones, sensaciones... que pueden ser los mismos que nos hagan decidir suspender la actividad. En ambos casos, estamos escapándonos de algo o buscando algo más allá: tanto actuando como dejando de hacerlo.

Este *hacer adictivo* es la forma más efectiva que tiene ese sistema de pensamiento de perpetuarse, ya que a través de la acción condicionada evitamos sentir el sufrimiento provocado por el mismo. Es decir, dejamos de asumir la responsabilidad de nuestros pensamientos saltándonos el eslabón que podría detenerlos: el sentir de sus efectos. Sin esta consciencia, tanto al actuar como al no hacerlo, buscamos escapar inconscientemente del daño emocional que nos hacemos pensando disfuncionalmente. En ninguna de las dos posiciones, si miramos profundamente, estamos experimentando paz.

Por eso, el título de este libro no es *«Del hacer al no-hacer»,* sino *«Del hacer al ser».* Es decir, del hacer compulsivo que sirve al personaje para perpetuarse, al ser, desde donde surgen la acción o no acción libres, fluyendo desde el corazón.

Se trata, como siempre, de un cambio de perspectiva. Del sistema de pensamiento del *pequeño yo* al espacio inmenso de nuestra consciencia. Desde aquí, todo es vida intensa que contempla y sostiene cualquier acción o no-acción, pero... ¡No hace nada!

Estar atentos a este instante supone, en realidad, un estado de intensidad fascinante, muy lejos de la aparente dejadez que pudiera suscitar el término *no-hacer* en nuestra pequeña mente. Desde ahí, nos podemos encontrar a veces ocupados e incluso inmersos física o intelectualmente en una intensa actividad que es contemplada desde la quietud de la consciencia.

Detenernos físicamente para esta observación, es útil y necesario cuando nos damos cuenta de que estamos siendo llevados por la vorágine del cuerpo-mente. Basta aquietarnos un instante y recordarnos:

No tengo que hacer nada. La palabra *tengo* es la clave, pues es la que expresa el condicionamiento que sentimos. Una vez que asumo que *«no tengo que hacer nada»* para evitar o conseguir algo, puedo hacer o no cualquier cosa, y ello fluirá espontáneamente de mi ser.

SUGERENCIA

Detente un momento. No hagas nada.

Vive esto tal y como está siendo, diga lo que diga tu mente, sea cual sea su opinión sobre esta situación, quizás tan familiar. Estate ahí.

Déjate respirar por este aire que justo ahora está entrando o saliendo de tu cuerpo... Siéntelo moverse en ti.

Déjate tocar por todo lo que tocas,
oír todo lo que estás oyendo,
Confía en este momento...
Observa lo que comenta tu mente, si dice algo. Incluye esto también.

Siente cómo reaccionas emocionalmente al creerlo. Quizás hay rechazo, cansancio, resistencia, prisa o urgencia por salir de aquí. Emociones que se mueven en ti... Siéntelas en las sensaciones de tu cuerpo. Deja estar a esas sensaciones sin tocarlas, sin tratar de cambiarlas.

Ve descubriendo poco a poco la paz que se esconde tras la resistencia a estar con todo eso. Esa paz inocente que no interviene ni se pronuncia sobre nada es tu gran tesoro, tu verdadera naturaleza ignorada. El amplio espacio que no puede ser amenazado. Silencioso y dulce, en él reside todo el poder del universo. No hace nada, descansa con todo, envuelve todo en su abrazo.

Eso es lo que eres.

DESCANSAR EN ESTE INSTANTE

El deseo de una vida más abundante, bella o cómoda es solo el reflejo de nuestra necesidad de vivir libres de esta programación que nos martiriza y nos mantiene a veces en un ambiente interno de temor y culpa, donde no hay reposo, donde todo es crítica y exigencia, donde siempre hay prisa. Nuestro cansancio no proviene con frecuencia de un exceso de actividad física, sino de ese ambiente mental enajenado y turbulento. Anhelamos descansar...

Y ese deseo se va realizando de forma coherente en nuestra vida externa cuando internamente vamos dejando de identificarnos con esa voz que nos presiona y nos exige, generando sufrimiento y desazón.

El espacio de nuestra consciencia es inmenso. Y su condición natural es el descanso. La paz de sostener y contemplar todo lo que aparece es infinita. No hace nada. Tan solo da la bienvenida y abraza, ofreciendo a sus hijos el hogar del que fueron exiliados con la desatención.

Esta paz es nuestra verdadera naturaleza y está siempre disponible, no tenemos que forzarla. En un instante, nos conectamos con ella, nos refugiamos en ella. Basta con no separarnos de nuestra vida, de nuestra respiración, de este paso, de este gesto. Basta con quedarnos en la simple inmediatez de esto que está apareciendo vivamente en nuestra experiencia y sentirlo, en lugar de pensar en ello o rechazarlo.

Permanecer íntimamente conectados con nuestra vida, tal como está siendo, es descansar en ella, encontrando en ella nuestro refugio de paz. Y ello no exige la inmovilidad. La vida se mueve, camina, respira, duele, siente, oye... Esto está sucediendo continuamente. ¿Por qué no volver a ella en lugar de seguir nutriendo las voces estridentes de un personaje tirano que no conoce la paz?

Descansar en nuestro propio hogar es nuestro anhelo más profundo, y no tenemos que esperar a que se cumplan más condiciones externas. Podemos hacerlo dentro. ¿Qué tal descubrir en nuestro interior un ambiente de lujo y bienestar tan benéfico que ya no queramos perturbar más?

Disfruto al pulsar el teclado de mi ordenador en este momento,
de las sensaciones de mis dedos al tocarlo.
Descanso en este instante, en este paso, en este gesto.
En el oír los sonidos que me envuelven,

en este movimiento.
Descanso en este espirar, siendo una con él,
acompañándolo desde dentro.

Descansar no significa inmovilidad, sino conexión con lo que es estable, real y nos acoge con seguridad absoluta: la vida. Al unirnos a ella, sea cual sea la forma que esté tomando, nos relajamos naturalmente, somos llevados por su movimiento sin necesidad de esfuerzo alguno. Vivimos en sus brazos, sostenidos continuamente.

Podemos descansar en cada momento, siendo simplemente lo que somos. La consciencia que contempla el movimiento de la vida siempre descansa.

AMOR, LA FUENTE OLVIDADA

¿Qué estamos buscando? ¿Qué mueve en realidad tantos esfuerzos, tanta actividad mental, emocional y física en la que vivimos involucrados? Hay un anhelo profundo que todos compartimos. De algún modo, recordamos algo que duerme en nuestra consciencia profunda y que identificamos como felicidad.

Al abandonar mentalmente nuestro hogar, la cálida fuente de vida que es nuestro origen, cada uno de nosotros trata de recuperar de mil maneras la conexión con él. Y en esta loca aventura, emprendemos innumerables acciones de todo tipo, tratando a toda costa de evitar o anestesiar el dolor de sentirnos desconectados de nuestra naturaleza esencial.

Curiosamente, cuando dejamos de temer, de intentar y de buscar lo que queda es nuestra naturaleza inocente y genuina, que se expresa naturalmente como *amor*. Justo lo que andábamos buscando con tanto esfuerzo y en lugares tan alejados.

UNA NUEVA COMPRENSIÓN DEL AMOR

El amor es el gran tema de nuestra vida. Se habla tanto de encontrar el amor, hacer el amor o de la falta de amor... Solemos creer que el amor es algo que puede medirse por la calidad o cantidad de nuestros actos de amabilidad, caridad o servicio a otros. O por la intensidad de los sentimientos que experimentamos, que nos sumergen en estados emocionales extraordinarios. Incluso por la energía mental que dedicamos a nuestras relaciones: *«Pienso en ella todo el día»*. Y, por supuesto, consideramos que el amor es algo que se vive en relaciones puntuales, cuya ausencia denota una carencia de amor en nuestra vida. Por eso las buscamos y nos centramos en ellas con tanto ahínco, esforzándonos en mantenerlas.

Y cuando ya hemos sufrido mucho en esa andadura, nos preguntamos si quizás nos falta amor por nosotros mismos. Y empezamos a considerar cómo amarnos un poco más. En seguida pensamos en gratificarnos con cosas, en regalarnos algo, en buscar placer de cualquier tipo o en aprender a pensar en positivo. Y está bien, pues es la forma en que nuestra pequeña personalidad se hace eco de una llamada mucho más profunda.

Sin embargo, el amor auténtico lo experimentamos cuando conectamos profundamente con lo que somos y nos sentimos sumergidos en el océano de la vida que nos sustenta y nos nutre. Fundidos en ese océano, dejamos de ser buscadores de cosas de la superficie. Desde él, somos el amor que queremos darnos y amamos fácilmente nuestras expresiones físicas, emocionales y mentales. Las contemplamos con ternura y queremos sostenerlas y expresar a través de ellas lo que somos en lo profundo: vida pura.

En este movimiento, nos extendemos naturalmente a todo lo que nos rodea. Nuestro entorno deja de ser algo que buscamos o rechazamos para afirmarnos como entes separados: ahora se nos abre como un espacio de expresión de nuestro amor.

Sin embargo, nuestra aventura humana hasta experimentar esta reconexión con lo que somos, pasa por muchos vericuetos curiosos a los que vamos a acercarnos un poco en las siguientes páginas.

¿CÓMO HEMOS DEJADO DE AMARNOS?

Cuando nacemos, somos seres abiertos a la vida, nos sentimos unidos a ella. Incapaces de distinguir en los primeros momentos dónde terminamos nosotros y empieza el mundo, experimentamos continuidad, fusión. Nos sentimos confiados y sostenidos, dignos de amor y abiertos para recibirlo. Expresamos sin miedo nuestras emociones. No hay crítica ni rechazo. Podríamos decir, si ese estado fuera expresable, que nos sabemos uno con la totalidad.

Sin embargo, entramos en contacto enseguida con un sistema de pensamiento que rige nuestra sociedad. Al asimilarlo, aprendemos a percibirnos separados del mundo y aparece la necesidad de protegernos de él.

Lo más impactante de ese mundo es que se expresa en términos de certeza y seguridad. Juzga y etiqueta constantemente. Parece que todo está delimitado y claro cuando se pronuncia. Separa la vida en conceptos: *«tú estás aquí y el mundo está ahí fuera de ti», «tú eres débil», «yo soy valiente», «no es bueno tener miedo», «llorar es signo de debilidad», «esto es bueno», «eso es malo»*... Todo lo que no puede ser conceptualizado es dejado de lado.

Es un mundo muy diferente de la experiencia íntima que tenemos de nuestra propia vida. Tal y como nos sentimos emocionalmente, todo es cambio. Aparecen y desaparecen sensaciones, sentimientos, oleadas de energía que van y vienen. Pero al ser contempladas desde un sistema de pensamiento en el que todo parece estar muy bien definido y delimitado, tenemos la sensación de *no encajar*, de estar experimentando algo inadecuado al compararlo con la aparente estabilidad y solidez con que percibimos un mundo que se expresa a través de conceptos cerrados.

Al niño le atraviesan sensaciones de vulnerabilidad, éxtasis, dolor, placer, miedo, excitación o necesidad, tan inconexas y cambiantes que no sabe delimitarlas. En un universo donde lo más estable parecen ser los conceptos que su mente infantil percibe en el ambiente mental que le rodea, empieza a crearse una imagen inconsistente de sí mismo extraída de esas sensaciones tan variables que experimenta y que no parecen expresables en algo definido. Reuniéndolas, es posible que empiece a identificarse con un ser frágil, en medio de un universo desatento. Quizás perciba un mundo racional en el que no parece haber cabida para su experiencia interna, imposible de categorizar. A veces, le puede parecer que se encuentra en medio de una intemperie helada que lo ignora, o que podría dejarlo de lado si no encaja en sus moldes. Puede que deduzca que carece de valor si nadie repara en él. O, quizás aprenda a compararse mentalmente con los que reciben más atención. O tema perder la aceptación que tiene, como les sucede a otros, si muestra su vulnerable experiencia interna.

Es así como, aceptando la mentalidad dominante que en seguida hace suya, se adhiere a este sueño colectivo que todos compartimos. Un sueño de separación, en el que nos vemos como seres incompletos, inconsistentes, necesitados. Esta percepción de sí mismo seguirá condicionando toda su experiencia.

Para cubrir su desnudez y su abandono opta entonces, por disfrazarse, ponerse un traje: el disfraz del que sabe, el que soluciona, el que asiste, el que ayuda. O el de víctima, que llama la atención, o el de insatisfecho, o el de sufridor, o el de triunfador, el que tiene el cuerpo ideal o el discurso perfecto, el que puede con todo, el que hace reír, el que dictamina, el que asusta...

«Si me oculto, si me revisto de algo diferente, seré más amado, o al menos, se darán cuenta de que existo» –puede que se diga internamente–. Y resulta que, por fin, parece que así lo ven. O lo empiezan a apreciar. E incluso lo buscan. Y va habituándose a vivir disfrazado, a protagonizar muchas comedias. Los trajes van cambiando, pero dentro sigue palpitando el niño desnudo, perdido, avergonzado y desatendido, que no sabía dónde estaba, ni quién era. Y sigue la búsqueda de esa atención de mil maneras, tratando de ser aceptado, amado o reconocido; en definitiva, ser alguien.

Esta búsqueda nos ocupa toda la vida. Nos vamos a buscar fuera y dejamos de atender lo que queda dentro, al juzgarlo indigno de atención. Cada uno encuentra las formas que mejor le permiten subsanar esa supuesta deficiencia de origen, por la que en realidad dejamos de amarnos. Identificados con esas formas, aferrados a ellas, olvidamos nuestra amplitud profunda y nuestra esencial unidad con todo y nos habituamos a vivir sintiéndonos separados de todo, pero protegidos por nuestros disfraces.

En el relato bíblico, esta historia que vivimos personalmente, queda expresada en el descubrimiento de nuestra desnudez. Cuando el hombre toma contacto con este sistema de pensamiento denso, con un mundo pesado regido por conceptos de separación, se siente desnudo, a la intemperie, pues su vulnerabilidad, antes integrada en un gran todo que lo abraza, ahora se topa con un ambiente frío que lo rechaza, que no entiende ni acepta lo indefinible, la ternura inexpresable de la emocionalidad, el vaivén de los sentimientos, el latido profundo del amor.

El personaje del que se reviste (lo que llamamos en este libro *pequeño yo* o ego) se mantiene a base de una revisión constante, una puesta en cuestión de su funcionamiento: ¿lo estaré haciendo bien? Subyace la inseguridad y la búsqueda de mejorar la representación de los papeles que vamos eligiendo: *¿me están aceptando?, ¿me están aprobando?, ¿y si no lo consigo?* Crítica, duda, juicios implacables que generan inseguridad, malestar, miedo a fallar.

Este *pequeño yo* es un buscador compulsivo. El drama es que su búsqueda es muy costosa, pues tiene que estar siempre manteniendo un artificio que requiere mucha energía. Y, al mismo tiempo, rechazando sus experiencias más vulnerables que no parecen aceptables: el estrés, la tensión, el dolor, el miedo... Lo más doloroso es que esa lucha está basada en un error de base: creernos separados del mundo y disminuidos en un cuerpo, ignorando nuestra grandeza y perfección innatas.

Esta búsqueda está destinada al fracaso y solemos comprobarlo, pues lo que conseguimos al vivir de este modo termina por no llenarnos, o nos damos cuenta de que siempre necesitamos más y ello requiere aún más esfuerzo. Las continuas exigencias de perfección, críticas juicios, culpas y temores generados por ese personaje nos agotan y nos dejan en un estado de temor y de inseguridad en el que nos sentimos desconectados de nosotros mismos, sin saber en qué apoyarnos y buscando medios artificiales de calmar nuestra ansiedad o malestar.

¿Cómo es posible amarnos en un estado de consciencia tan alterado? ¿Cómo podemos sentir seguridad interior si nos hemos alejado tanto de quien somos, de nuestra verdadera naturaleza?

Desde el personaje con el que nos identificamos, la autoestima significaría hacernos cada vez más fuertes, demostrar cada vez mejor nuestra valía para ser mejor considerados. Esforzarnos y premiar nuestro esfuerzo, mantenernos en la brecha. Nunca experimentar emociones como el miedo o la debilidad. Ser persuasivos, convincentes, *creer en nosotros mismos*. Pero, ¿en quién?, ¿en nuestro personaje?, ¿en nuestra voluntad para mantenerlo?, ¿en las técnicas para embellecerlo o reforzarlo?

Puede que aparentemente o por un tiempo estas cosas nos *funcionen*, nuestro ego se siga manteniendo y podamos seguir manejándonos con eficacia dentro de este sistema de pensamiento. Sin embargo, si no subsanamos el error inicial, habernos desconectado de nuestro ser, estos remedios serán solo paliativos en la superficie de la vida.

Tarde o temprano, a través quizás de ciertos acontecimientos que nos sacuden o por el simple cansancio de tanto luchar, nos vemos sumidos en la ansiedad o la depresión. Llega un momento en que se abre una brecha en el envoltorio del que nos hemos revestido y por esa grieta la luz de la consciencia comienza a filtrarse.

Son momentos muy duros, pero si no nos apresuramos a tapar en seguida esa apertura, puede que empecemos a comprender un poco la verdadera necesidad que subyace a nuestro malestar: descansar de tanto artificio. Entonces es posible que decidamos mirar un poco más adentro, en nuestra experiencia íntima. Quizás surja la consciencia del sufrimiento y un atisbo de compasión por tanto abandono. Es el comienzo del camino de retorno.

En el fondo, lo que estamos buscando es muy simple: experimentar el amor que somos. Sin esfuerzo y sin condiciones. Anhelamos recuperar la unidad con todo, nuestro natural sentido de conexión que quedó olvidado. Sin embargo, ese amor no pueden dárnoslo otros seres que, igualmente, están enfrascados con su propia búsqueda. No es que no quieran, es que no pueden.

Ese amor solo podemos encontrarlo en nuestro interior, recuperando la consciencia de la vida inocente que somos, una con la totalidad de la existencia. Quedó olvidada por considerarla inaceptable o inadecuada. Ahora queremos recordar. El amor que estamos esperando solo requiere mirar lo que dejamos de mirar, poner atención donde dejamos de hacerlo por miedo a sentirnos vulnerables. Y darnos cuenta de que ahí solo hay vida, inocencia desatendida.

AUTOESTIMA PROFUNDA

Ese amor que olvidamos no es algo por lo que tengamos que luchar, trabajar o esforzarnos. Es nuestra esencia y se revela de forma natural precisamente cuando dejamos de buscarlo. Es precisamente esa búsqueda lo que nos ha separado de él. Cuando dejamos ir todos los artificios que hemos superpuesto a nuestra naturaleza amorosa, esta se revela espontáneamente. Siempre ha estado ahí, subyaciendo a cada experiencia, sosteniendo cada intento de encontrar el amor en objetos externos, acompañando el curioso peregrinaje del esfuerzo que termina por agotarnos.

Cada vez se valora más eso que llamamos autoestima, y sin embargo, el amor verdadero por nosotros mismos sigue velado si no comprendemos y soltamos todo lo que nos separa de él. Dudar de nosotros mismos, juzgarnos, sentirnos inseguros o inferiores, pequeños o incompletos, experimentar insatisfacción, carencia, culpa, temer el fracaso, buscar constantemente aprobación, sentirnos víctimas del mundo, apegarnos a cosas, personas o situaciones que parecen prometernos fortaleza... son algunas de las formas dolorosas en las que la falta de amor hacia nuestra vida se hace evidente. No son, sin embargo, cuestiones a arreglar de forma independiente. Forman parte de nuestra mente, de la mente del *pequeño yo*, con el que vivimos identificados.

Desde esa mentalidad disminuida, buscamos tácticas para fomentar la autoestima y la seguridad, para aprender a valorarnos, recurriendo a libros o a cursos de *desarrollo personal.* Con el deseo de ayudarnos a través de estos métodos, luchamos por estirar ese concepto disminuido del yo para poder hacer frente a las circunstancias, a las personas, a los otros *yoes*, que por su parte, hacen lo mismo: tratar de acrecentarse, cada uno a su manera, a través del llamado pensamiento positivo.

Es necesaria una mirada más amplia. Eso que sufrimos como *baja autoestima* es solo el efecto de habernos identificado con una imagen errónea de nosotros mismos, con un sistema de pensamiento que nos aleja de nuestra realidad profunda, empequeñeciéndonos e impidiéndonos sentir nuestra inocencia. Hemos pasado nuestra vida alimentando a un yo falso, olvidando nuestra naturaleza espaciosa y encerrándonos en un personaje restringido.

Por mucho que lo estiremos o lo agrandemos, el *pequeño yo* será siempre *el pequeño yo*, no importa cuántos cursos de autoestima haya hecho o cuántas creencias espirituales haya introducido en su mente. Su consciencia de pequeñez le hace siempre defenderse del mundo, que considera su enemigo. Como consecuencia, su cuerpo se contrae y su plexo solar se bloquea. Ello nubla su visión natural y desde ese estado, solo percibe un mundo de sombras que le amenazan y que trata de controlar para sentirse seguro.

Este pequeño constructo no necesita ser arreglado ni reforzado. Basta con que lo comprendamos y acojamos en nuestro abrazo. Fue una reacción a una creencia insensata y ya cumplió su función de protegernos mientras nos pareció necesario.

Por eso, mi comprensión de la autoestima va más allá de lo que normalmente se entiende con este término. Amarnos requiere un profundo cambio en la orientación de la vida. En lugar de seguir haciendo cosas para cambiar nuestra experiencia y conseguir *ser alguien* reconocido, aceptamos quedarnos muy cerca de ella, sin necesidad de hacer nada y descubrir lo que somos de verdad, reconocernos en nuestra naturaleza esencial.

Amarnos de verdad solo es posible cuando tenemos una experiencia clara de que no somos esa persona limitada y carente que habíamos creído, sino una consciencia amplia, que todo lo abraza y sostiene, incluso a esa misma *persona* insatisfecha que siempre busca mejorarse.

El encuentro con lo que somos realmente es la única garantía de conectar con el amor del que creemos habernos alejado y que es nuestra esencia. Para recordarlo necesitamos aquietarnos, detener el ritmo vertiginoso que nos ciega y cultivar una maravillosa herramienta: la atención.

Pausas, muchas pausas, espacios en los que nos detenemos a honrar lo que está apareciendo en nuestra vida ahora mismo. Momentos en los que nos decidimos a recordar lo que somos de verdad, en lugar de confundirnos con lo que vemos, pensamos o sentimos. Darnos espacio y tiempo (sea cual sea su extensión) es la forma más básica de autoestima que conozco. Y la más desconocida para *el pequeño yo hacedor*, que en su búsqueda constante de otra cosa rechaza la quietud. Permitírnosla es una decisión radical que nos sitúa directamente en el camino del verdadero amor.

Al contemplar nuestras sensaciones, nuestro respirar, nuestros sentimientos, nuestras necesidades ignoradas, nos damos cuenta de que podemos abrazarlas, permitirlas y aceptarlas. Así, empezamos a descubrir que somos capacidad para todo, amor para todo. La autoestima verdadera, tal y como yo la comprendo, surge del contacto con esa naturaleza profundamente amorosa.

Aceptemos volver a casa,
volver a la vida que está aquí, tan cerca.
Atrevámonos a mirar y a reconocer
todos los aspectos despreciados de nuestra experiencia.
Decidámonos a abrazar lo que rechazamos,
a honrar lo que nos parecía inaceptable
y que solo nosotros podemos comprender.
Así, naturalmente empezamos a reconocernos
en nuestra esencia espaciosa y cálida,
capaz de contenerlo todo.

LA SEGURIDAD QUE ANHELAMOS

Cuando hablamos de autoestima, de amor por nosotros mismos, evocamos con frecuencia un sentimiento del que parecemos carecer: seguridad. Todos queremos sentirnos seguros y buscamos de mil maneras cómo generar esa sensación interna.

Desgraciadamente, como muchos hemos comprobado, no hay medios externos que nos garanticen esa experiencia. Existen, eso sí, paliativos, formas de ocultar la sensación de inseguridad, métodos para disimularla, maneras de superar el malestar que nos provoca.

El sentimiento de inseguridad surge precisamente de habernos separado mentalmente de la vida y pretender vivirla por nuestra cuenta, a través de un montón de conceptos que creemos reales, pero que nos alejan del contacto directo con ella. Entonces no sentimos su respaldo, y aunque ese apoyo siempre está, no podemos experimentarlo.

La inseguridad proviene también de estar separados de nuestra energía vital manifestada a través de nuestras emociones que solemos rechazar sin comprender. Al no confiar en ellas, nos sentimos desvinculados de la energía que las mueve. Pero esto es imposible: somos como peces sumergidos en el agua, constantemente nutridos por ella. La necesitamos para vivir. Ese océano de vida nos recorre y nos respira y no nos damos cuenta de nuestra intrínseca unidad y dependencia de él.

No estamos separados. Somos parte de una energía única, emanando de ella. Cada una de nuestras vidas es pura emanación de una fuente inagotable. Conectados con ella, la inseguridad es imposible. Pero nos hemos anquilosado en un concepto cerrado y artificioso de nosotros mismos que tratamos de defender a toda costa y desde el que intentamos vivir. Mantener este concepto es un gran esfuerzo, pues es antinatural. Nos separa y en esa separación mental, nos sentimos inseguros, luchando siempre por aniquilar todo lo que podría amenazar ese equilibrio tan inestable que nos hemos forjado.

Al sentirnos empequeñecidos, cada situación inesperada se percibe como una amenaza a esa precaria estabilidad que tratamos de mantener. Nos parece ver problemas por doquier y nos dedicamos a tratar de arreglarlos por separado sin darnos cuenta de su raíz común: no sentir la unidad con la vida al estar enfocados en la mente pensante. Es como si lleváramos una emisora de radio indicándonos lo que tenemos que pensar, arreglar o resolver para defendernos de un mundo aparentemente amenazador.

Esa unidad, sin embargo, está aquí, siempre accesible. La experimentamos fácilmente cuando en vez de seguir corriendo sin sentido, aprendemos a aquietarnos y a sentir cómo la vida nos respira, nos nutre y nos sostiene. También vivimos esa unidad cuando en lugar de rechazar a las personas, empezamos a comprender que lo que nos aleja de ellas son nuestros juicios y conceptos, y aceptamos aquietarnos y observar para descubrir cómo reflejan nuestras proyecciones.

Esa consciencia está viva, respira. Es nuestro verdadero ser. Cuando aprendemos a confiar en ella, nos sentimos guiados y protegidos. Conectados con la energía que nos recorre, experimentamos la unidad y nuestra sensación de conexión se va haciendo más y más intensa. La vida deja de disgustarnos tanto y empezamos a descansar en lo real con confianza. Notamos que somos sostenidos y experimentamos una seguridad real, muy diferente a la de esos episodios en los que creíamos sentirnos seguros por nuestros logros o condiciones externas, siempre pasajeros.

Pero, ¿cómo sentir esa seguridad si no nos aquietamos?

Lo que más necesitamos es experimentar que, en medio de esa vorágine que nunca se detiene en nuestra mente, en medio de todos los cambios de sensaciones, emociones y experiencias, hay algo estable en lo que podemos apoyarnos. Algo que siempre nos recibe, nos sustenta y no nos abandona. Un hogar disponible en el que descansar, que siempre es accesible.

En la tradición budista hay una expresión inspiradora: *tomar refugio*. Refugiarnos es volver a ese hogar de intimidad y de verdad donde sabemos que siempre estamos a salvo. ¿Dónde está ese hogar? Es nuestra vida presente, la que abandonamos para vivir la aventura de *ir por nuestra cuenta*, sin su respaldo.

Sin embargo, este instante adopta formas extrañas que parecen impedirnos vivir esa seguridad que anhelamos. Como estamos tan hipnotizados por la apariencia que toman las cosas, en vez de unirnos a la vida que subyace a ellas, nos sentimos amenazados y no podemos acoger el tesoro escondido que contienen.

Sin embargo, rechazar lo que hay aquí es rechazar nuestra vida. La juzgamos, creemos que debería ser diferente de lo que es. Y así no podemos vivirla, no podemos implicarnos en lo que hay aquí. Este alejamiento de nuestra energía nos deprime y merma nuestra vitalidad. Yo lo he observado muchas veces en mi experiencia: basta que mi mente juzgue o rechace una situación mentalmente para que, inmediatamente, empiece a sentirme desvitalizada, desconectada de la vida que se me ofrece a través de ella.

¿Quién soy yo para decidir que este momento no debería ser como está siendo? Esa es la arrogancia de la pequeña mente. La puerta se abre cuando aprendemos a confiar en el momento presente sabiendo que es vida bajo una apariencia cambiante. Uniéndonos a esa vida, sintiéndola, respirándola, más allá de las formas que va tomando, permanecemos seguros en medio de los cambios.

Nos sentimos inseguros cuando nuestra consciencia se reduce y se queda recluida en el mundo de los objetos y fenómenos que se mueven continuamente. Cuando los asociamos e inventamos historias mentales sobre un mundo que no nos acoge. Entonces perdemos el contacto con lo real y nos sentimos desarraigados.

Solo la conexión con la vida presente es convincente. Es bueno que lo sepamos, pero sobre todo necesitamos vivir en este contacto íntimo y seguro. Solo así se va integrando como una realidad consistente en nosotros. Para mí, no hay nada que nos aporte mayor seguridad que sentirnos capaces de permitir y abrazar nuestras experiencias, en lugar de evadirnos de ellas.

SUGERENCIA

La próxima vez que te encuentres viviendo un momento de inseguridad, sintiéndote vulnerable y con necesidad de algo estable que te apoye, puedes simplemente detenerte.

No tienes que hacer nada.

Permítete simplemente sentir tu paisaje interno. Observa tu respiración, tal como sucede momento a momento. Acompaña tu espirar soltando el impulso de actuar o de salir de la quietud.

Observa amablemente las sensaciones que normalmente rehúyes. Esas que quizás relacionas con la inseguridad y la debilidad. Permítete sentirlas sin pensar sobre ellas. Son solo olas de energía que se mueven en tu cuerpo: tal vez en tu plexo solar, o en tu pecho... Déjalas moverse en el océano de tu consciencia mientras descansas acompañando tu respiración.

Observa que, si no les añades una interpretación, si no las relacionas con nada de tu pasado, no adquieren fuerza. Permanece en esa contemplación todo el tiempo que necesites. Acoge con amplitud a esas criaturas inseguras que viven en ti y que solo buscan un lugar en el que expresarse y ser sostenidas.

Sé el espacio para ellas: amplitud amorosa que no las juzga y que permite su paso.

Sé sin hacer nada. Descúbrete.

AMAR

Del mismo modo que el *pequeño yo*, como hemos visto, no puede experimentar el verdadero amor por sí mismo, tampoco tiene la capacidad de amar a otros de forma auténtica.

Desde su perspectiva, el amor es vivido como una búsqueda de compleción. Creyéndonos incompletos o insuficientes sufrimos aislamiento, soledad y limitación. Ya sea en una experiencia sentimental o en nuestras relaciones familiares o de amistad, buscamos el amor bajo diferentes formas como el modo de salir de esa consciencia empequeñecida que nos abruma.

Entonces se pone en marcha nuestra mente, generando todo tipo de expectativas, esperanzas y estrategias de cara a conseguir o mantener relaciones que nos hagan sentir reconocidos, especiales, aceptados o acompañados.

Pensamos mucho en esas personas, ya sea buscándolas, tratando de mantenerlas a nuestro lado o intentando cambiarlas en función de nuestras necesidades. A veces, a esto le llamamos *pensamientos de amor: «No me lo puedo quitar de la cabeza»*.

Este tipo de *amor* pone en marcha toda una serie de supuestos *actos de amor,* estrategias de cara a atraer o mantener a la persona *amada*. Nos esforzamos por ser atentos, serviciales, encantadores, desatendiendo con frecuencia nuestra vida que sigue sintiéndose necesitada de esa atención que esperamos conseguir de otros.

Nuestra cotidianeidad está plagada de este tipo de actuaciones amables y serviciales que, si provienen de la mente de este pequeño personaje buscador, nos pueden sumir en el agotamiento y la frustración, ya que no vemos recompensado nuestro esfuerzo y nuestras expectativas suelen verse defraudadas con frecuencia.

El personaje que *ama* raramente reconoce sus expectativas ocultas: «*Yo no espero nada*» –suele declarar–. Pero se lamenta al final de la aventura: «*Se lo di todo y mira cómo me lo devuelve*».

Ciertos aspectos de mi historia personal tienen mucho que ver con esta búsqueda del amor a través de acciones dedicadas a *otros*.

Hasta los doce años siempre había asociado el amor con las relaciones sentimentales. Un día descubrí que en mí existía una capacidad de extender la energía del amor, que brotaba desde dentro y me hacía sentir extremadamente creativa. Durante ese período de mi vida, que duró varios años, viví inspirada por una sola idea: expresar mi amor en cada situación, en contacto con cualquier persona o acontecimiento y también en mis gestos cotidianos que veía transformarse al calor de esa inspiración.

Todo cobraba sentido al ser vivido así, descubriendo que cada detalle de mi cotidianeidad me ofrecía la oportunidad de amar. Me despertaba cada día con esa intención secreta y consideraba que todo lo que se ponía en mi camino estaba ahí para ser amado. Ni más ni menos. Lo fabuloso era descubrir en mí como un manantial de energía amorosa que pedía derramarse. Cuanto más la extendía, más brotaba y más ideas se me ocurrían para darle salida. Era bello darme cuenta de que existía en mí esa capacidad, hasta entonces ignorada, que me aportaba una gran seguridad.

Recuerdo que, a veces, cuando caminaba por la calle me decía: «*Hay dos modos de ir por esta acera: con amor o sin amor*». O, cuando me encontraba con alguien, solía recordarme: «*Este es tu momento de amar, el único que tienes*».

Ahora que me detengo a evocar ese período de mi preadolescencia me doy cuenta de lo valioso que fue. En realidad, tenía la convicción de haber encontrado un tesoro en mi interior del que no podría separarme nunca.

Pero sucedió que, en mi inconsciencia, empecé a creer que lo que estaba viviendo era algo personal. Poco a poco, esa inspiración empezó a ser usada por mi *pequeño yo* para sentirse especial, adjudicándose la capacidad de amar. Al encontrar admiración y adhesión del mundo, dejó de brotar como una expresión natural de mi ser esencial para convertirse en el modo de funcionar de un personaje amoroso con el que me identificaba.

El amor que se extendía naturalmente a todo sin distinción, fue destinándose solo a las personas y dejando de lado mi propia vida, mi ambiente interior. Esforzándome por amar y sacrificarme por el mundo, dejé de lado un paisaje interno privado de calor y de presencia. Queriendo superar un supuesto egoísmo congénito, mi pequeña mente me mantenía en estrecha vigilancia para asegurarse de que me preocupaba más de los demás que de mí misma. En otras palabras, dejó de expresarse el amor para que un sucedáneo del mismo, fabricado por el ego, utilizara sus formas tratando de garantizarse un reconocimiento del que creía carecer. Esto generaba cansancio, tensión y temor, con los que me acostumbré a vivir.

No me daba cuenta aún de la hiriente incoherencia que se producía entre los forzados *actos de amor* y mi ser naturalmente amoroso. Estaba intentando experimentar el amor desde el *pequeño yo*, buscador de aceptación. Y esto es imposible: esa búsqueda ignora el rechazo y sufrimiento al que nuestra naturaleza íntima se ve condenada, fortaleciendo al personaje supuestamente amoroso.

Y así, vivimos en nuestra intimidad justo lo que más contradice el amor que anhelamos: maltrato, represión, abandono... desamor, en suma. Queriendo *amar a otros,* el personaje amoroso se olvida de amar su vida. Se aleja del sufrimiento que le impide ser feliz en sus adentros ocupándose del mundo. Se esfuerza por ser amable hacia fuera y es tirano con sus propios hijos internos.

¡Imposible amar desde el personaje, imposible amar desde la búsqueda de amor! ¡Cuánto esfuerzo por contentar, por acertar, por hacer que los demás se sientan amados! Y, sin embargo, para muchos de nosotros es un trecho necesario del camino; hasta que un día, agotados, nos detenemos y nos abrimos a una nueva comprensión que nos libera profundamente, la que nos ofrece la serena contemplación de la vida.

Entonces nos damos cuenta de que:

El amor no tiene nada que ver con el hacer o no hacer.
No se refiere a actos, aunque pueda expresarse cuando actuamos.
No tiene que ver con gestos,
aunque pueda manifestarse a través de ellos.
No exige grandes muestras de abnegación o altruismo,
aunque pueda también acompañarlas.
No necesita de la presencia de otros,
como destinatarios de un amor bien trabajado y depurado.
Ni demanda planes o propósitos de enmienda estudiados
de cara a convertirnos en personas amorosas.
El amor no tiene que ver con el mundo de la forma,
el mundo que vemos.
No espera resultados ni se centra en lo visible.
El amor no puede surgir del nivel de consciencia habitual
en que se mueve el pequeño yo.
Este no puede amar.
El verdadero amor proviene de una dimensión
más profunda de nuestro ser.
Es el estado de consciencia natural
que todo lo permite, abraza y sostiene.

Entonces... ¿Amar no requiere esfuerzo ni sacrificio? ¿No se dice que para amar hay que *olvidarse de uno mismo*? Sí, exactamente. Pero ese *uno mismo* es, precisamente, el pequeño personaje con el que nos hemos confundido, el buscador de reconocimiento que utiliza muchas veces las actitudes amorosas para conseguirlo. Ese es el que necesitamos olvidar, es decir, dejar de considerarlo nuestra identidad.

Es muy importante comprender esto: eso que llamamos egoísmo y que tratamos de evitar es, en realidad, lo que cultiva este *pequeño yo* cuando busca reforzar su imagen de *buena persona* dedicándose esforzadamente a actuar para ello. Su naturaleza es profundamente egocéntrica, ya que, en realidad, detrás de sus movimientos está buscando algo que se oculta a sí mismo: reconocimiento, aceptación, compañía...

Esto no significa que los actos de amor en sí estén separados del amor. Nunca lo están. No hay nada separado del amor. Solo hay que saber que, cuando surgen del personaje que busca reconocimiento a través de ellos, parece que estamos dando amor, pero en realidad, lo estamos pidiendo.

Olvidarse de uno mismo significa, en realidad, olvidarse de este yo artificioso; dejar atrás lo que uno ha creído que es, el *pequeño yo* buscador con el que nos hemos confundido.

Y permitir simplemente que nuestra verdadera naturaleza se manifieste. Esta no se esfuerza. No hace nada para amar. Está abierta sin condiciones (sin expectativas, sin juicios, sin temores) a todo lo que se va presentando en nuestra experiencia. Da un SÍ de todo corazón a cada detalle que este instante le ofrece, doloroso o placentero. Enamorada de sí misma, solo sabe extenderse, darse, por el puro gozo de vivirse en su amplitud.

En realidad, la dificultad estriba en nuestra comprensión del amor. Del mismo modo que no podemos experimentarlo cuando lo confundimos con un despliegue de actos amorosos en busca de aceptación, también nos alejamos de él si lo seguimos identificando con el mundo de los sentimientos, de las sensaciones agradables que nos gratifican.

El *pequeño yo* con el que nos hemos habituado a confundirnos, es un buscador de sentimientos especiales que oculten su sufrimiento no procesado. Sentirnos a gusto, sabernos valorados, experimentar aceptación por parte de los demás, nos abre y genera una gran relajación. También a veces, euforia, calidez y energía positiva.

Sin embargo, cuando estos sentimientos se tornan en sus opuestos (como normalmente sucede) y aparece el desencanto, la soledad y la decepción, ¿qué ha pasado con el amor?, ¿se ha ido de nuestra vida?, ¿es que ya no amamos cuando no nos sentimos bien, cuando hay dolor? Esta es la gran confusión. Proviene de la percepción de nuestra mente superficial que trata de privilegiar unos aspectos de la realidad sobre otros, apegándose solo a un polo de la existencia y rechazando lo que no congenia con ella.

Identificar el amor con una cadena de sentimientos *positivos* lleva consigo inevitablemente rechazar los que consideramos *negativos*. No nos damos cuenta de que el amor verdadero abraza ambos. Proviene de un lugar más profundo que sabe que el sufrimiento que experimentamos, así como las alegrías y estados de goce, son solo momentáneas modulaciones de nuestro océano interno, olas de experiencia a acoger, a incluir en nuestra amplitud, de la que surgen.

Cuando nos situamos en esta perspectiva profunda de nuestro ser, y nos abrimos a todo lo que aparece en nuestro fuero interno, nos guste o no, termina la lucha, acaba la búsqueda y descubrimos nuestra paz.

Amar solo es posible desde una consciencia que contempla y permite. Es tan simple como dar lugar, abrir espacio en torno a lo que se ama. En vez de encerrar a alguien mentalmente en un cuerpo o en los estrechos límites de nuestros conceptos, expectativas, aversiones y temores, lo contemplamos espaciosamente, sin historia, sin coordenadas, ahora mismo, tal y como se presenta, desnudo de todo condicionamiento, como si fuera la primera vez.

Solo así, observando y descartando los comentarios de la mente condicionada, podemos sentir un interés verdadero por lo que aparece: puede ser tanto un ser maravilloso o un paisaje soleado, como un dolor de estómago o una reacción de rabia. Porque en el espacio abierto de la consciencia, no hay diferencia entre unos acontecimientos y otros: todos son formas, esporádicas manifestaciones del flujo de la vida, cuya contemplación nos permite reconocer nuestra naturaleza ilimitada y profunda.

Necesitamos apertura, silencio, soltar el incesante parloteo mental y entrar en el presente, el único lugar en el que el amor es posible. Y ahí darnos cuenta de que, si prestamos atención, la vida nos ofrece continuamente la experiencia del amor incondicional.

SUGERENCIA

Detente un instante y siente el fluir del aliento moviéndose en tu pecho al respirar. Déjate mecer por su movimiento. Estás entrando en conexión con la energía que sostiene tu vida. Sin tu intervención, está sucediendo.

Siente, si estás al aire libre, los tibios rayos del sol penetrar tu piel, al aire acariciar tu rostro o el roce de la ropa que llevas puesta.

Estás simplemente sentado y el suelo sostiene tu asiento y la tierra te atrae manteniéndote unido a ella. Los sonidos de la calle te acompañan. Tus ojos se mueven mientras lees... Dales espacio a estas sensaciones normalmente ignoradas. Siente la vida en tu cuerpo. Existes, estás vivo y además, puedes apreciarlo.

Descansa ahí, sintiéndolo todo y permitiendo que todo vaya cambiando libremente.

Estás siendo amado.

Hace unos momentos, mientras enjuagaba unos vasos en la cocina, pude experimentarlo. Estaba sola: no había destinatarios humanos de mi amor. Una corriente mental me impulsaba a terminar rápido para pasar a otra cosa más importante. Y, en ese instante, llegó la invitación: *«Detente, el amor está justo aquí. No necesitas ni siquiera la condición de que haya otras personas ni implica un acto de donación o amabilidad. En tu conexión con este instante puedes comprenderlo. Siente las sensaciones de tus dedos en contacto con el vidrio. Dedícale tu atención al sonido del agua. Respira, siente, mira desde el corazón la transparencia, los aromas de la cocina, la luz que la inunda»*.

Sintonizando con mi respirar, mi ritmo se fue relajando hasta conectarme con un aprecio íntimo y familiar por cada detalle.

De pronto, escuché voces en la calle: una mujer gritaba regañando a su hijo. Sentí una contracción en el pecho y apareció un juicio en mi mente hacia esa madre. ¿Se acabó el amor? No, solo habían aparecido más objetos en mi espacio buscando atención: las voces, mi pensamiento de condena, mi dolor. Eso también surgía para ser incluido. El amor incluye todo lo que aparece en su espacio.

Así que me detuve para abrirme a la experiencia permitiendo que todo se moviera como lo estaba haciendo. Simplemente, dejé de identificarme con lo que sucedía y se activó en mí la amplitud para contemplarlo. Descansé sintiéndome espaciosa. Al permitirme sentir mi dolor, este se calmó. Observé mi juicio hacia la mujer y comprendí: tocaba una herida en mí, quizás la que mi mente exigente genera al regañarme con brusquedad. Ese dolor que, cuando no es observado, se proyecta para juzgar o regañar a otros, aunque sea mentalmente. Eso estaba haciendo hacía un momento: irritarme contra una voz de mujer que revestí, sin darme cuenta, de mi propia historia. Pude comprender a esa madre y también a ese hijo.

Unidad, conexión con todo lo que me ofrecía este momento fue el resultado de un sí a algo que parecía no tener nada que ver con el amor: un momento apresurado en la cocina.

Cuando desprecio este momento y lo utilizo como un medio para conseguir algo mejor no estoy amando. Cuando me abro a este instante sin expectativas, sin pasado, sin juicios, sin temores, simplemente experimento totalmente lo que estoy viviendo. Uniéndome a ello, estoy participando de la corriente de amor del universo. Es una invitación a decir a todo: *Sí, aquí estoy contigo. Te veo, te siento.*

El amor es la cualidad esencial de la vida: se fusiona con todo, dejándose atravesar por cualquier fenómeno sin resistencia. Un estado de comunión incondicional con la realidad, sea cual sea la forma que tome esa realidad. Una entrega total a la experiencia que sucede justo ahora.

Esta experiencia empieza a ser posible cuando nos damos cuenta del sufrimiento continuo al que la búsqueda de amor nos condena. Qué poco natural es vivir lejos de casa, forzados a luchar por algo que ya tenemos naturalmente: un hogar de abundancia en el que somos totalmente amados, en el que podemos descansar sin tener que esforzarnos. De ese descanso reconciliado con nuestra esencia brota naturalmente nuestro amor al mundo.

EMPIEZA AQUÍ

Mi amor por los seres humanos
comienza por la atención a la humanidad desatendida,
ignorada y necesitada que se alberga en mí.
Honrar los rincones más olvidados de mi vida,
iluminarlos con la luz de la consciencia y sostenerlos con comprensión,
me conecta con la fuente de donde surge y se extiende
mi amor hacia el mundo.

¿Por qué privilegiar a los seres que me rodean
sobre los que me habitan?

Lo que aparentemente está fuera y despierta mi sufrimiento,
no es más que un reflejo
de todas las áreas no reconocidas de mi interioridad.

Todos son Uno, hijos de la misma vida,
y en mi intimidad, el acceso a ellos es directo.
Es ahora.

LA DECISIÓN DE AMAR

Hemos pasado gran parte de nuestra vida preguntándonos: ¿qué tengo que hacer para salir de esta situación? Sin embargo, antes de pretender salir de las experiencias, es necesario comprenderlas y extraer su profundo mensaje. Eludir o modificar lo que nos ocurre es una estrategia del yo separado, intentando evitar así el sufrimiento que cree que le provocan esas experiencias y buscando el bienestar en otras diferentes.

Sin embargo, hay otra posibilidad, una nueva forma de ver, una perspectiva completamente distinta: comprender que todo lo que aparece en nuestra vida está ahí para recordarnos qué somos de verdad: consciencia abierta, capacidad para todo, amplitud sin límites, amor.

El mundo no está aquí para que yo lo cambie. Está ante mí solo para que lo ame y así experimente mi verdadera naturaleza. Al permitir que el mundo sea simplemente lo que es, reconozco mi esencia abierta, atenta y amorosa.

Mi atención en este instante, envolviendo mi experiencia, me sumerge directamente en el reino del amor. Poner atención en la vida despierta inmediatamente el aprecio por ella y el descubrimiento de mi naturaleza cálida y amable.

Me reconozco como amor cuando estoy atenta y me conecto íntimamente con todos los detalles de mi experiencia, sin necesidad de cambiarlos para que me satisfagan.

Estos detalles pueden ser o no, deseables o interesantes. No es su contenido lo que hace de mi presente algo precioso. Es la consciencia que los envuelve, la que me lleva a descubrirme como algo mucho más amplio y más real que los cambiantes objetos que aparecen y desaparecen en ella.

La experiencia del momento presente siempre es perfecta, aunque las formas que adopte no concuerden con los conceptos que la pequeña mente se hace sobre ella. La perfección buscada en los contenidos de la consciencia es una tarea destinada al fracaso. No radica ahí. No se refiere a las formas momentáneas que adopta la experiencia. La perfección, para mí, es la capacidad de abrazarlo todo perfectamente, tal y como es, como hace la vida.

¿Qué es amar sino contemplar, iluminar, permitir, sostener, nutrir, estar íntimamente presente ante todo lo que va y viene?

La vida me ha dado todo
para que yo sea vida para todo.
Para que yo sea lo que soy:
presencia, espacio, atención, amor.
Y la buena noticia, la gran noticia es que:
¡No tengo que hacer nada para amar!

Lo único que necesito es recordármelo. Saber que mi verdadera decisión no consiste en saber si hago esto o lo otro. Antes de esa, hay otra que se me ofrece: amar, es decir, abrirme a mi experiencia tal y como está siendo, dándole espacio en mí.

¿No emprenderé entonces ningún cambio? Claro que sí, muchas cosas cambiarán, pero no porque de ello dependa mi felicidad, sino por el impulso incontenible de crear y de expresar mi naturaleza auténtica.

DAR Y RECIBIR

Revisar el concepto restringido de DAR ha sido una gran liberación en mi vida. Lo había asociado, como solemos hacer, con sacrificio, esfuerzo, privación de algo en beneficio de otros. Y esto genera sufrimiento, ya que, al entenderlo así, nos culpamos por no dar, nos imponemos hacerlo o bien cuando damos esperamos una compensación y experimentamos conflicto y malestar. Comprendido desde los estrechos límites de nuestra pequeña mente, dar es renunciar a algo y provoca en nosotros un vacío de eso que hemos dado. Pero esta es solo una perspectiva, y muy limitada.

Hay otra más profunda, la de la consciencia. Al contemplar el dar desde ahí, la visión es totalmente diferente. Darlo todo es ser, expresarnos totalmente en este instante sin guardar nada, sin aferrarnos a nada, sin enjuiciar nada, ya que todo juicio nos mantiene retenidos en conceptos del pasado.

Cuando vivimos desde la mente condicionada del *pequeño yo*, no podemos darnos a la vida: ella establece categorías entre las experiencias, privilegiando unas sobre otras, convirtiendo a unas en medios para conseguir otras, despreciando una parte de nuestra vida y resaltando otra; valorando unas personas sobre otras, unos momentos sobre otros, unas actividades sobre otras... Ello nos impide entregarnos totalmente a lo que estamos viviendo, ya que nuestros juicios dirigen y administran la calidad y la cantidad de atención que hemos de concederle a las diferentes situaciones.

La vida compartimentada que se deriva de esta actitud mental no nos hace felices, pues no nos estamos expresando, no estamos dándonos completamente, lo cual es un freno a nuestra naturaleza esencial, que es totalmente expansiva.

Mantenernos así retenidos, sin implicarnos salvo en lo que nuestra pequeña mente considera *importante* o digno de amor, crea desequilibrios enormes y bloqueos energéticos que nos restan vitalidad y calidad en nuestro día a día. Vivimos buscando, esperando o preparándonos para esos momentos que sí parecen ser relevantes. O reservando nuestra presencia para ciertas personas que son significativas o importantes para nosotros, y dejando de lado las que nuestra mente juzga de irrelevantes o insuficientes.

Los bebés son los maestros del DAR. No son caritativos ni se sacrifican para conseguir otra cosa. No delimitan la realidad en categorías destacables o despreciables: todo merece su atención y su presencia curiosa y abierta.

Esto es dar: estar presentes descartando los límites de la mente. Ser totales, íntegros.

Juzgar (a mi o a otros) es *no-dar*, retener, quedarme encerrada en mi pequeño círculo de conceptos condicionados. Al hacer esto, me limito, me separo, se estrecha mi consciencia. Cuando acepto mirar desde una perspectiva más amplia, sin quedarme agarrada a la historia o al juicio que me retiene en ese nivel de percepción, mi consciencia se ensancha. Entonces es cuando me doy verdaderamente.

Mi consciencia plena, que permite y contempla todo sin privilegiar nada, es también el mejor regalo que puedo ofrecerme. Me sitúa en mi verdadero espacio, me hace recordar y recuperar mi verdadera naturaleza, me permite *reconocerme*. Y esto es lo que he buscado toda mi vida: reconocimiento. De pronto, aquí está: me reconozco cuando me doy, cuando me extiendo, cuando soy.

Cuando nos ofrecemos en cada instante totalmente, lo hacemos para nosotros mismos. Nos estamos dando esa atención total al permitirnos experimentar todo y a todos. En realidad, nos estamos diciendo que estamos dispuestos a sentir nuestras partes amadas y nuestras zonas olvidadas. Damos nuestra presencia al momento presente, sea cual sea la forma que tome, estemos solos o en compañía. La presencia es silenciosa, profunda; no busca nada más que ser total, extenderse a todo, sin dejar nada de lado.

Curiosamente, la experiencia de DAR tiene mucho que ver con vaciarnos completamente de cualquier contenido, de toda referencia al pasado o al futuro que nos limitaría. En ese vacío abierto, libre de prejuicios, lo recibimos todo.

Respirar conscientemente nos ayuda a implicarnos en la existencia pasando por alto los juicios sobre ella. Podemos soltarlos al espirar y descansar en ese espacio sereno que nos devuelve a nuestra quietud profunda.

Este es, muchas veces, el mejor regalo que podemos ofrecer a los que nos rodean, a nuestro mundo. Este descanso silencioso es la fuente de la verdadera sanación. La respiración intensifica la consciencia de la realidad en nosotros, restando credibilidad a los comentarios que la mente va haciendo sobre lo que nos sucede. Nos inserta en la amplitud de la vida tal y como es.

He tenido repetidamente la experiencia de que, sin necesidad de decir o hacer nada, solo manteniéndome en contacto íntimo con mi quietud interior, las personas que me rodeaban se han sentido mejor o han experimentado cambios notables en determinados estados. ¿Cómo es posible esto? Aparentemente, no les he *dado* nada. La conexión con el descanso profundo de nuestra consciencia genera un campo de quietud a nuestro alrededor del que todos nos beneficiamos. El mejor regalo que podemos ofrecer y ofrecernos es esa presencia interior que se percibe como una frecuencia muy apacible y envolvente, en la que todo puede reposar y renovarse.

La única manera de dar y recibir constantemente es viviendo desde nuestro ser. Desde esa conexión, dar y recibir son una sola cosa. Al dar, experimentamos nuestra propia radiación, nuestra inmensa amplitud y ese es el gran regalo que recibimos. Damos espacio a todo y vivimos nuestra espaciosidad. Damos vida a todo y descubrimos que somos vida. Damos atención a todo y descubrimos la intimidad de toda experiencia. Esto es lo que somos y esto es lo único que podemos dar.

Dar desde el ser no es un acto. Es la simple expresión de nuestra naturaleza profunda que se extiende hacia todo reconociéndose en todo.

Amar es no separarnos de la vida,
mantener nuestra intimidad con todo lo que aparece en ella,
sea como sea la experiencia.
Así descubrimos esa inmensa capacidad que somos,
nuestro ser verdadero que todo lo abraza.
Eso es amar:
vivir nuestra presencia.

MOVIÉNDONOS CON AMOR

Cuando la orientación hacia el ser empieza a prevalecer en nuestra vida, todo se va aquietando y el ritmo frenético del hacer va reduciéndose.

Sin embargo, curiosamente, todo se hace más intenso. Nuestras pequeñas experiencias cobran relevancia y nos invitan a ser saboreadas, vividas en su riqueza. Nos sorprendemos moviéndonos con atención y amor por lo más nimio. Nos damos cuenta de que el más simple gesto está brotando de una fuente muy pura y se realiza con deleite y con un sentimiento de conexión que nos resulta conocido. Se trata de una espontánea expresión de lo que somos: energía amorosa que no busca nada a través de lo que hace.

El amor es nuestra esencia y su profundo anhelo es expresarse. Al aquietarnos, la posibilidad se abre, pues empezamos a vibrar en su frecuencia amplia, serena y expansiva.

Una puerta directa a la que todos tenemos acceso inmediato es envolver en amor las pequeñas cosas de nuestra vida. ¿Qué son esas cosas? Objetos, gestos, estancias, personas, emociones, actividades, pensamientos... El mundo de nuestros fenómenos cotidianos. Esos que a veces nos abruman y con los que tratamos de modo inconsciente, movidos por la prisa y la inquietud. La propuesta, ante cualquiera de ellos, es: ámalo. ¿Cómo? No hay recetas ni métodos, pues tú ya sabes.

AMA esto.
Haz este pequeño gesto de tus manos con amor.
Mira los ojos de la primera persona que encuentres con amor.
Toca con amor el asiento que te sostiene.
Lee con amor esta frase.
Si surge un pensamiento juzgador, contémplalo con amor.
Si aparece un sentimiento reactivo o resistente, envuélvelo en amor.

Sin necesidad de más explicaciones, tu sabiduría interna lo identifica. Tú sabes en lo profundo de ti de qué se trata. Conoces esa *sustancia*, que es tu esencia.

Cuando tocas algo con amor hay atención, presencia y delicadeza. Cuando miras algo con amor, dejas que eso sea lo que es, no tratas de cambiar nada. La contemplación del amor es muy espaciosa. Cuando sientes con amor algo que te duele, le das permiso a la experiencia para producirse, no te empeñas en forzarla a cambiar. Cuando observas tus pensamientos con amor, no los juzgas, sabes que son solo pensamientos y los dejas pasar. Cuando transportas un objeto con amor estás ahí completamente, hasta que la próxima experiencia se presenta pidiendo tu atención.

SUGERENCIA

Elige cualquier actividad muy sencilla de las que realizas normalmente: Mover una silla de sitio, llevar unos platos a la mesa, ponerte un calcetín, teclear algunas palabras en tu ordenador...

Puedes introducir esta simple consigna: «con amor».

Deja que tus dedos, tu mirada, tus oídos se hagan sensibles y atentos a la experiencia. Sin buscar un resultado, entra en el sentir de cada detalle que normalmente te pasa desapercibido.

Olvídate del tiempo y vive esto. Naturalmente, notarás que tu ritmo se suaviza y que vas un poco más lento, como para saborear la experiencia. Sientes aprecio.

Se te invita a expresarte totalmente, a ponerlo todo en ese gesto, a sentir intensamente, a concebirte como una fuerza radiante que toca, penetra, envuelve, contempla y permite.

San Juan de la Cruz decía: «*Donde no hay amor, pon amor y encontrarás amor*».

En realidad, el amor es lo único que hay y siempre está presente. Nos pasa inadvertido porque vibramos en una frecuencia muy distinta cuando vivimos enfocados en nuestros pensamientos e identificados con ellos.

Al *poner amor* estamos inmediatamente abandonando el territorio de la mente. Poner amor requiere hacer surgir de nuestro interior atención y espaciosidad hacia eso que amamos. Y ello nos sitúa automáticamente en una dimensión profunda y poderosa. Cambiamos de frecuencia en un instante. Entonces, naturalmente, encontramos el amor que no percibíamos.

LO QUE AMAMOS DE VERDAD

Más allá del envoltorio de las formas
se encuentra el regalo de la vida abundante.
¡Estamos aquí para recibirlo!
El problema es que nos aferramos o nos resistimos al envoltorio,
confundiéndolo con el tesoro que encierra.
Cada momento, cada situación,
es una oportunidad de descubrir la verdad
tras la aparente solidez que la encierra.
Cada persona, cada objeto, cada sensación, cada sonido...
es un vestido que nos invita a ir más allá de su apariencia.
¿Qué hay aquí ahora?
¿Qué me ofrece la vida en este instante para ser desvelado?

Nuestra mente superficial, con la que funciona el yo separado que creemos ser, experimenta el amor como un apego por aquello que atrae su atención. Lo busca, lo quiere tener cerca, unirse a ello, poseerlo. Cree que el amor está en los objetos, ya sean personas, situaciones o cosas.

Y claro, desde esta perspectiva hay objetos más dignos de amor que otros, personas y situaciones mucho más especiales que otras a las que es normal querer acercarse y adherirse. Este nivel de consciencia tiene su propia lógica. Funciona así, pero engendra sufrimiento, ya que los objetos, las personas y situaciones, son siempre provisionales e inestables. Nada nos puede garantizar su permanencia. Podemos conseguir el objeto de nuestro deseo, pero nunca podremos asegurarnos su continuidad ni su compañía constante. Si ponemos en ello nuestra esperanza, la ansiedad será nuestra compañera ineludible.

El amor no pertenece a este nivel de consciencia. Como venimos contemplando, el *pequeño yo* no puede amar, pues por definición está aislado. Busca otros objetos aislados que lo completen y se apega a ellos, pero no puede experimentar el amor de forma consistente. Puede tener ráfagas del mismo, intuiciones, sentir de vez en cuando un anhelo, una evocación o sentimiento a través de esos objetos, situaciones y personas a las que busca.

¿Qué tal abrirnos a la idea de que lo que amamos en los objetos, las personas, las situaciones, es la esencia de la que surgen, la melodía, el sabor, la energía poderosa de la vida de la que son expresión? ¿Y comprender que las amamos precisamente porque nosotros somos también esa vida, ese espacio de calidez, de belleza, de energía en el que aparece todo lo que nos atrae?

Amo eso porque expresa de un modo único y extraordinario cualidades que me resultan íntimas y profundamente mías.

Yo soy la transparencia que me emociona en esta mirada,
la dulzura que tanto aprecio en este rostro;
yo soy la suavidad que me atrae de esta textura.
Yo soy la intensidad de este sabor que me conmueve.
Mi ser verdadero, mi espacio profundo es el océano
en el que surgen estas olas de mi experiencia,
recordándome mi magnificencia, mi fuerza, mi ternura…

Sin embargo, acceder a esta comprensión no es posible mientras sigamos identificados con un *pequeño yo* buscador, de mente ávida, corazón ávido, sentidos ávidos de objetos a los que apegarse.

Cuando nos permitimos descansar en medio de la vorágine de estímulos que nos invitan por doquier a enfocarnos en lo externo, podemos empezar a experimentarnos como el espacio abierto en el que los objetos aparecen sin la compulsión por apegarnos a ellos.

Solo desde ahí podemos acercarnos poco a poco a la experiencia del amor. Amor como intimidad profunda con cualquier persona o cosa que aparece en mi consciencia, sin necesidad de poseerla ni de abandonar mi paz para buscarla. Simplemente porque ya está aquí, en mi espacio, recibe mi atención.

Este amor no es un esfuerzo, ni hay que hacer algo para conseguir amar así. ¿Recuerdas?: *«no tengo que hacer nada»*. Así ama nuestra consciencia profunda, que abraza todo en su seno, permitiéndole ser como es.

TUS RELACIONES, LA VÍA DIRECTA HACIA TI

Aunque desde muy pequeña anhelaba vivir relaciones felices y auténticas, siempre las he percibido como algo trabajoso y complicado, algo que requiere esfuerzo, hacer muchas cosas, invertir mucha energía para conseguir que vaya bien, sufrir, sacrificarse... En esta área, lo de *simplemente ser,* no parecía nada factible.

Aunque lo que abordemos sea aplicable a todo tipo de asociaciones humanas, en este capítulo nos enfocaremos con frecuencia en las relaciones de pareja.

Si observamos con atención, cuando vivimos identificados con el *personaje* que hemos creído ser, veremos que nuestro modo de relacionarnos tiene mucho que ver con el *hacer* del que venimos ocupándonos, expresándose de múltiples maneras. Mirémoslo detenidamente.

- Todo comienza con la búsqueda. El *pequeño yo*, esa identidad disminuida con la que solemos confundirnos, se percibe insatisfecho e incompleto y trata de sentirse alguien especial, más fuerte, más amado a través de una relación. Sus energías se movilizan con la esperanza de encontrar a la persona que llenará sus huecos, calmará su soledad y le hará sentirse completo. Y *hace* muchas cosas para ello. Mental, emocional y físicamente invierte mucho esfuerzo en encontrar lo que busca, todos lo sabemos.

- El *hacer* se manifiesta también en nuestro modo de percibir: no vemos realmente a la otra persona, sino que *elaboramos* una historia sobre ella. La percibimos a través del recuerdo, las expectativas o las imágenes que proyectamos sobre ella. Esto lo hace automáticamente la mente, y parece natural, pero no lo es. Es un esfuerzo al que nos hemos acostumbrado. Involucrados en esta actividad pensante, nos sentimos a veces confusos y no estamos en paz.

- El *hacer* dirige el día a día de nuestras relaciones, planeando y emprendiendo acciones por y para otras personas, tratando de satisfacerlas. Hacemos favores, asumimos tareas y cargas que no son nuestras, acordamos encuentros, llamamos por teléfono para interesarnos... sin tener una motivación real. También nos sentimos a veces obligados a mantener relaciones que estuvieron vivas hace mucho tiempo, pero que ya no tienen sentido o a mantener encuentros forzados por razones de parentesco... Nos sacrificamos de muchas maneras porque, aunque no seamos conscientes, esperamos conseguir algo y tendemos a ocultar nuestra autenticidad forzando nuestra naturaleza para ello. Eso que esperamos puede ser tan simple como mantener nuestra imagen de buenas personas ante nosotros o ante los demás, sentirnos aceptados o disfrutar de esa falsa seguridad que aporta lo conocido.

- Con frecuencia, tratamos de *hacer* algo muy costoso: cambiar a la otra persona en el anhelo de que se ajuste a la imagen que nos habíamos forjado de ella. Tal empresa requiere una enorme cantidad de energía y un abandono de la propia vida.

- *Hacemos* también muchos esfuerzos para evitar el sufrimiento en nuestros intercambios, ocultando lo que sentimos y manteniendo un rígido control de nuestras emociones para no experimentar el dolor que imaginamos podría surgir si esa relación terminara. Perdemos así la conexión con nuestra vida y con la de los demás: dejamos de comunicarnos.

- Cuando terminan nuestras relaciones por cualquier causa, también experimentamos sufrimiento y *hacemos* muchas cosas para no vivir esa experiencia: reprimir los sentimientos, evadirnos de ellos con actividades, evitar situaciones, luchar mentalmente con los pensamientos relacionados, agotarnos buscando explicaciones o proyectando culpabilidades.

Podríamos citar más ejemplos de este esforzado modo de relacionarnos con otros seres humanos, pero creo que no es necesario. En las próximas páginas, vamos a observar más de cerca cómo estos aspectos de nuestra identificación con el personaje que creemos ser se expresan al relacionarnos con otros: la búsqueda de algo que nos complete, el temor a la soledad, la creencia en la necesidad de sacrificarnos, nuestro modo limitado de percibir, la evitación del dolor y el bloqueo de la comunicación al que este nos lleva.

Y nos acercaremos a la otra gran posibilidad: ¿cómo son las relaciones desde el ser? Por lo pronto, indefinibles. No hay modelos ni metas que alcanzar. En esencia, podríamos decir que lo que somos no necesita relacionarse, pues es pura unidad. Relacionarnos tiene sentido solo en el mundo dual de la superficie, mientras nos creemos separados. Sin embargo, curiosamente, al vivir en profundidad nuestro encuentro con otro ser humano, este se convierte en una puerta abierta hacia nuestra realidad esencial.

Las relaciones que mantenemos externamente son la escenificación de nuestro mundo interno. Observándolas, encontramos las claves esenciales para comprendernos a nosotros mismos e ir más allá de lo que nos limita. Ese es su gran valor para mí, la posibilidad que nos ofrecen de descubrir lo que somos. Son nuestra proyección, no un fin en sí mismas. Son un espejo, no un objetivo. Son el modo extraordinario que tiene la vida de enseñarnos, a través de la dualidad aparente, a reconocer nuestra unidad profunda.

Veamos primero con más detenimiento cómo funcionan las relaciones desde el *hacer*, antes de desarrollar la posibilidad de relacionarnos desde el *ser*.

LA BÚSQUEDA

Nuestro transitar alocado por este mundo en busca de algo que nos llene o nos calme proviene de haber olvidado algo fundamental: somos seres completos. En nuestro estado natural, conectados con la vida que nos sostiene, no existe la sensación de carencia ni de necesidad. Nos sentimos unidos a un gran todo del que formamos parte.

Sin embargo, este despiste ancestral de nuestra conexión ineludible, ha generado una consciencia reducida de lo que somos. Identificados con un yo separado, vagamos por un universo hostil que no parece sostenernos. Con frecuencia, experimentamos vacío, soledad, una sensación indefinible de no ser nadie, de no encontrarnos acogidos, comprendidos. Vagamos como extraños por un mundo que no parece darse cuenta de nuestra íntima necesidad de conexión. En nuestro interior pervive el recuerdo de esa plenitud que es nuestra esencia, ese estado de unión profunda con la vida del que nos apartamos mentalmente. Y es ese recuerdo el que nos mueve a una búsqueda incesante de algo o alguien, que pueda llenar el hueco insondable que sentimos al haber abandonado nuestro hogar.

Desde pequeños, cuando ya empezamos a experimentar la soledad o el vacío que nuestros familiares o amigos no pueden llenar, empezamos a soñar con el ser que nos está destinado y que nos colmará por completo. Imaginamos, creamos una idea de ese alguien que encarnará todos esos valores que parecen faltarnos. Si nos sentimos carentes y poco valiosos, esperamos encontrar un ser humano que nos dignifique, nos salve de la indiferencia o el abandono. Y proyectamos en ese esperado ser humano la solución de muchas dificultades.

Nos empezamos a percibir como mitades de algo más íntegro. *«Yo no soy gran cosa, pero cuando encuentre a una persona realmente especial, me sentiré alguien, seré mucho más. Mi vida será por fin completa».*

Si pudiéramos darle voz a ese anhelo escondido del *pequeño yo,* quizás escucharíamos algo así:

> «Cuando encuentre a la persona soñada, mi soledad será acompañada; mi necesidad de comunicarme en profundidad será plenamente satisfecha; se me escuchará y podré hablar abiertamente: alguien podrá por fin comprender mi dolor interno y me consolará siempre; me dará el cariño que nunca tuve; será mi cómplice de aventuras y vibrará con mis anhelos; me colmará de atenciones y cuidados cuando aparezca la vulnerabilidad y el desconsuelo; me dará la seguridad que siempre he necesitado; reforzará mis dones; me ayudará a realizar mis sueños; me hará sentir especial; adivinará mis deseos sin que yo tenga que expresarlos; alegrará mi vida cuando esté triste; estará siempre presente cuando lo necesite; me escuchará en todo momento y estará siempre disponible para mí. Seré su fuente de felicidad y me amará eternamente, poniéndome en el primer lugar de su vida...».

Sí, en nosotros pervive la ilusión proyectada en un *«alguien»* con el que nuestras necesidades profundas puedan ser colmadas. Alguien muy especial que llegará antes o después. Viviremos un estado de arrobamiento por el que espontáneamente lo reconoceremos. Sentiremos llenarse todos nuestros huecos, a través de una experiencia sentimental extraordinaria. Nuestra relación será estable y juntos haremos muchas cosas. A cambio, nos sacrificaremos gustosamente por él o ella, tratando de hacerle feliz a toda costa, llenando todas sus necesidades. Y así se mantendrá el vínculo.

Todas estas creencias, raramente son cuestionadas. Las damos por ciertas y determinan nuestro modo de estar en el mundo en calidad de buscadores de experiencias amorosas.

Este sueño es, además, nutrido constantemente por el medio social en el que vivimos y en el que crecemos. Las canciones de amor, las películas y la publicidad se encargan de repetir y dejar grabado en nuestra mente la idea de ese ser maravilloso que un día aparecerá en nuestra vida y nos dará la plenitud: la media naranja, el alma gemela, el príncipe azul o la princesa soñada. «*No puedo vivir sin ti; si te vas, no soy nada; sin ti, mi vida está vacía; tú eres todo para mí; contigo puedo todo; me haces tan feliz...*». Son estribillos que, repetidamente, hemos escuchado en canciones, poesías... pasando a formar parte de nuestro registro sentimental.

Se nos pasa por alto, sin embargo, que ese estado de carencia, en realidad, proviene de un error de percepción que todos hemos asumido: la separación del todo que es la vida. Y nada que no sea la vida podrá llenarlo. Buscamos la totalidad, ser de nuevo todo lo que podemos ser, fundirnos con la existencia y recuperar nuestra grandeza olvidada. Y eso no puede aportárnoslo otro ser humano. Como tal, solo puede reflejar atisbos de esa naturaleza profunda, nuestra esencia compartida. Eso que vemos en él es, sobre todo, la proyección de nuestros anhelos.

Nadie nos enseñó a mirar dentro y a darnos atención, comprensión y afecto, ni a acompañar y apoyar lo que anhelamos. Tampoco aprendimos a apreciar la seguridad y el sostén que nos son naturalmente ofrecidos por la vida. Sin valorar la grandeza que somos en esencia, crecimos con la total convicción de que todo eso se encuentra fuera y de que hay que buscarlo a toda costa. Es más, hay que buscarlo con ahínco, pues no se trata de una empresa fácil.

Así que, la idea que hemos forjado de cómo será nuestra otra mitad comienza a exponerse y compararse con todo lo que vemos: *«¿Será este? ¿Será esta mi media naranja, mi alma gemela?».*

Para ayudarnos en la búsqueda de la otra mitad soñada, el mundo se encarga de proponernos los mejores medios de seducción. Y según el tipo de compañero que queremos encontrar, tratamos de cultivar los aspectos que puedan asegurarnos la compañía de alguien a la medida de nuestras necesidades.

La empresa es trabajosa, pero animados por la misma búsqueda de los que nos rodean e incentivados por el aparente éxito de muchos que parecen haberlo conseguido ya, seguimos esperanzados en ello.

EL ENAMORAMIENTO

Y llega, finalmente un día llega. Alguien *muy especial* aparece en nuestra vida y, de pronto, empezamos a percibir en esa persona muchos de los rasgos que sosteníamos en nuestra imaginación anhelante. Esa persona parece encarnar la idea que nos habíamos formado. Empezamos a fijarnos en aspectos suyos que nos hablan de nuestro ideal soñado. Y, desde ahí, empezamos a proyectar en él características que nuestra esperanza había alimentado. Muchas de ellas corresponden a esas necesidades insatisfechas de amor, cuidado, atención, aprecio y valoración que nadie nos enseñó a darnos. Otras, a cualidades nuestras ignoradas que nunca fuimos capaces de ver. Y, de un plumazo, nos quedamos prendados y «prendidos» de una imagen proyectada de nosotros mismos de la que esperamos conseguir lo que no hemos sabido darnos interiormente.

La euforia que experimentamos, ese «subidón» que nos embarga, tiene también mucho que ver con el enorme descanso que supone creer que, por fin, nuestra búsqueda ha terminado. El esfuerzo que, sin darnos cuenta manteníamos, la ansiedad o el temor de no ser lo suficientemente aptos, ahora se relaja. Podemos descansar y el espacio que antes ocupaba el ruido mental de la búsqueda deja paso a una relajación que nos acerca a nuestra verdadera naturaleza sin contaminar por una mente buscadora.

Todo ello, a nivel fisiológico genera cambios importantes, entre ellos un gran movimiento hormonal que nos sume en una vorágine de sensaciones extraordinarias. Parece que no podemos sino interpretar que algo fundamental ha ocurrido en nuestra vida: el encuentro con «la otra mitad», el alma gemela o como se nos ocurra llamarlo.

¿Cuánto dura este estado?

Es variable, pero tiene fecha de caducidad ya que, para empezar, fisiológicamente es insostenible.

Poco a poco, todo va volviendo a la normalidad y ello coincide generalmente con el establecimiento de una relación más cotidiana, la convivencia, el compromiso, el compartir los detalles simples de la vida y no solo encuentros esporádicos. Entonces, van apareciendo también las oportunidades para experimentar los aspectos que habíamos ignorado o eludido del otro y de nosotros mismos.

De pronto, un día nos damos cuenta de que la otra persona ha dejado de responder a algunas de nuestras expectativas de forma constante, como al principio. Y nos sentimos inquietos: se ha generado un vacío que parecía haberse llenado en los primeros tiempos de la relación en los que cada uno exhibía sus mejores aspectos para cautivar al otro. El período rosa ha terminado, y empezamos a experimentar inseguridad, decepción y frustración.

Nos sentimos confusos: ¿dónde está esa persona de la que me enamoré? Sus comportamientos imprevistos están dejando al descubierto las mismas carencias y temores que tenía antes de encontrarla. Es más, ahora son más intensos, pues están unidos a la sensación de que son provocados por esa persona en la que tantas expectativas habíamos puesto.

Se ha iniciado todo un período de desencanto en el que solemos decirnos que ya no estamos enamorados, que el amor ha desaparecido y que probablemente nos hemos equivocado. Habíamos confundido el amor con un sentimiento, un montón de sensaciones y proyecciones que nos crearon una ilusión a la que llamamos *enamoramiento* comúnmente, pero que nada tienen que ver con el amor.

Este período, si nos abrimos a vivirlo profundamente, puede ponernos en contacto con ese vacío profundo necesitado de nuestra propia presencia. Ya sea que la relación se rompa o no, algo ha desaparecido y se ha creado un espacio que nos da la oportunidad de aprender a llenarlo de consciencia y de amor recomponiendo nuestra integridad y nuestra paz.

Sin embargo, la mayoría de nosotros experimentamos, consciente o inconscientemente, un gran obstáculo: el miedo a la soledad. Veámoslo más de cerca.

EL MIEDO A LA SOLEDAD

Cuando nos separamos de la vida mentalmente, pensando sobre ella en vez de vivirla, experimentamos desconexión y soledad. Sentimos un vacío, un espacio que nos atemoriza y que tratamos de llenar con cosas, experiencias, objetos, ocupaciones, sustancias, personas, sonidos, sensaciones...

¿Qué es ese vacío? El vacío de nosotros mismos, el vacío de nuestra presencia. Nos estamos yendo de aquí al juzgar este momento inaceptable. Nos vamos mentalmente de la experiencia de este instante: elucubramos sobre él, lo analizamos, queremos cambiarlo, queremos encontrar otra cosa más atractiva, creemos que no debería ser así y nos contamos historias sobre este momento relacionadas con el pasado o el futuro. Al escaparnos al reino del pensamiento, dejamos nuestra vida abandonada, sola.

Por esto nos resulta tan insoportable la soledad física. No porque no haya nadie a nuestro lado, sino porque cuando esto sucede y dejamos de estar entretenidos con las idas y venidas de otros seres humanos, tendemos a separarnos de nuestra propia vida a través de nuestros pensamientos que la juzgan. Y experimentamos dolor, tristeza, ansiedad..., no causados por la ausencia de personas a nuestro lado, sino por la separación y el rechazo mental de nuestra propia existencia que, al no haber distracciones, se hace más evidente.

Al vivir la mayor parte del tiempo enfocados en las actividades que nos absorben o en las personas que nos rodean, las voces que suenan en nuestra mente quedan atenuadas o refrenadas. Cuando estamos solos o desocupados se dejan oír más fácilmente, pues hay más espacio mental. Entonces reaccionamos con temor y rechazamos ese fantasma que llamamos soledad, considerándolo la causa de nuestro malestar, cuando en realidad es el espejo que nos permite observar la locura de nuestra mente y los sentimientos que genera.

Si, cuando nos sentimos solos, aceptamos quedarnos con la experiencia real del momento presente, viviéndola sencillamente, sin contarnos historias sobre ella, respirándola, sintiéndola... puede que descubramos que, en verdad, no es insoportable. No hay nada que temer aquí y ahora. Consiste simplemente en este instante, totalmente inocente. Nada más, solo espacio en el que se mueven sensaciones, sonidos, emociones o pensamientos que van y vienen. Si no nos aferramos a ninguno de ellos, no hay nada que temer.

Pero esto nos asusta si no hemos aprendido a observar nuestros movimientos mentales o emocionales y seguimos creyéndonos todas las historias que se pasean por nuestra mente. Preferimos, identificados con ella, declarar que esto no es lo que debería ser y tener así la justificación para evadirnos, contándonos una película indeseable sobre lo que está pasando aquí o sobre nosotros mismos.

En la totalidad de la vida, sin embargo, todo es incluido, todo es abrazado. Por eso, cuando mentalmente rechazamos algo (situaciones, personas o nuestras propias emociones) entramos en disonancia con esa totalidad y nos separamos de ella, recluyéndonos en un reducto artificioso donde nos sentimos solos.

Al hacerlo, nos alejamos de la fuente de nuestra energía, de la vitalidad que nos sustenta. En realidad, este alejamiento es solo mental, pues la vida siempre está aquí envolviéndonos, pero enfocados en nuestra cabeza, no podemos sentirla.

Y, al sentirnos tan aislados, empieza nuestra búsqueda de otra cosa, esa cansina búsqueda de algo más allá: ¿una pareja quizás?, ¿hijos?, ¿más amigos?

Pues sí, desafortunadamente, la mayor parte de nuestras relaciones tienen como base esta búsqueda de alguien que llene el hueco que nuestra propia ausencia ha dejado. Nos hemos ausentado de nuestra vida y se ha creado un espacio doloroso que nos está llamando para que lo atendamos. No nos gusta sentir eso, no confiamos en lo que estamos experimentando, y nos vamos a buscar a alguien que pueda colmar ese vacío.

Y claro, ese alguien no sabe hacerlo. Puede que nos hagamos esa ilusión e incluso, que parezca funcionar. Pero, ¿la presencia de esa persona será consistente? ¿Puedo garantizar su perpetuidad y su solidez? Pretenderlo puede conllevar un gran coste, un esfuerzo y un sacrificio quizás desmedido que no tardará en mostrar su inutilidad.

El otro no pude llenar mi propia vida, pues se debe a la suya. Y esa es su responsabilidad. Cada uno tiene como tarea penetrar de consciencia y de calidez su propio mundo. Cada uno es responsable de sus propias sensaciones, emociones, pensamientos y experiencias. Ocuparse de los espacios que corresponden a otro es una carga innecesaria que nos genera confusión y malestar, pues olvidamos lo que realmente nos corresponde: nuestro propio universo.

Con la aparente buena intención de hacer felices a otros, evitarles el sufrimiento y ayudarles, nos olvidamos de la fuente de la felicidad, que brota de nuestra conexión interna. Y sin esa íntima sintonía con nuestro ser, es imposible poder ofrecer una ayuda auténtica. Trataremos de mejorar torpemente fuera lo que no hemos contemplado dentro.

Sin embargo, viviendo desde nuestra consciencia profunda, es posible que nos veamos a veces acompañando o conversando con alguien que está triste, atendiendo situaciones en que nuestra presencia puede ser útil, pero no desde un empeño por ayudar que mantenga una identidad servicial. Habrá sucedido de forma natural, sin pretensiones, como brotan las flores o surgen las olas en el océano, como podríamos estar ocupándonos de nuestras plantas o leyendo algo que nos inspira.

Instalados en nuestro hogar interno, estemos o no acompañados por otros seres humanos, no nos sentimos solos, sino conectados con la totalidad. Haya o no personas conmigo, siempre está la vida, un espacio infinito y real colmado de vitalidad: el ambiente que me envuelve, la luz que me ilumina, los objetos que observo, el suelo en que me apoyo, el aire que me respira, mis emociones y pensamientos, las sensaciones que me atraviesan, mis pensamientos de aprecio... y el silencio que lo envuelve todo. Todo está ahí para ser incluido en esta amable espaciosidad que es la vida. En realidad, ¿qué es amar sino incluir lo que está aquí en lugar de temerlo o evitarlo?

Mi hogar es el momento presente, sea cual sea su apariencia. Puedo quedarme en mi hogar, no temer sus sensaciones, no darles significado ni crearme películas sobre ellas. Solo sentirlas, vivirlas momento a momento dejándolas suceder, me reconcilia con la vida y me permite descansar en ella.

¿Dónde queda la soledad si me siento unida a todo?

Desde mi experiencia, solo cuando nos enamoramos de nuestra soledad estamos capacitados para vivir una relación real con otro ser humano. Entonces, ya no la utilizamos como un medio para sentirnos acompañados: se convierte en un espacio libre en el que nos compartimos sin buscar nada, sin temer nada, por el simple gozo de ser y de experimentar juntos lo que somos.

EXPECTATIVAS Y RESPONSABILIDAD EN LAS RELACIONES

Nuestras relaciones, cuando surgen del *pequeño yo*, ineludiblemente están cargadas de expectativas. Por naturaleza, el personaje disminuido con el que nos hemos identificado, se siente carente y necesita llenar su sensación de no estar completo con una relación que parece prometerle la plenitud. Buscamos que el otro nos dé lo que no hemos aprendido a darnos: *«yo no me doy atención, pero por favor, dámela tú. Yo no me valoro, pero tú sabes ver lo mejor de mí. ¡Valórame! Yo no tengo tiempo para mí, pero espero que tú me dediques el tuyo...* Y podríamos seguir con una larga retahíla de esperanzas que proyectamos en los demás. Visto así, ¿no te parece una falta de respeto y una violencia disimulada esperar que alguien te ofrezca lo que tú no te das?

Sin embargo, hemos sido educados así, en la irresponsabilidad absoluta. Hemos aprendido a dejar en manos de otros nuestra vida. Y, lo que es peor, cuando ellos no pueden o no saben llenar nuestros huecos, nos sentimos dañados y concluimos en seguida: *«me has decepcionado», «me has defraudado», «me has engañado»...*

¿No sería bueno darnos cuenta de que, en realidad, son nuestras expectativas ilusorias sobre el mundo las que han generado esos estados de frustración y desencanto? Asumir la responsabilidad de nuestros sentimientos, como ya vimos en el capítulo cuatro, es la clave fundamental que nos devuelve a la realidad. Comienza así la vuelta de un penoso viaje de búsqueda que nos alejó de nuestro hogar. Ese viaje que se inició al generar esperanzas de compleción en otros es costoso. Se trata de un desvío mental y emocional enorme, cargado de estrategias, anticipaciones y temores que nos agota, al darles todo el poder a las personas que, como nosotros, están buscando su propia plenitud.

Y sucede que, por mucho que alguien intente darnos lo que esperamos, no sabremos recibirlo si antes no hemos aprendido a dárnoslo a nosotros mismos. Podemos descubrir, simplemente, que ya es nuestro, que la vida nos está dando de forma natural eso que creemos que otro ser humano nos podría aportar: seguridad, sustento, conexión, inspiración, tiempo, espacio, dones...

En mi experiencia, solo cuando nuestra vida está anclada en un profundo amor por lo que somos, tenemos la capacidad de valorar y apreciar lo que otros nos ofrecen.

Aprender a llenarnos de nuestra propia presencia es lo más sencillo y en ello reside el verdadero poder. *No requiere hacer nada.* Quedarnos y contemplar nuestra vida abrazando todo lo que aparece en ella es simple y nos descubre la plenitud que somos, la que nunca hemos perdido.

«¡HE HECHO TANTO POR TI!» O LA CUESTIÓN DEL SACRIFICIO

«Te lo he dado todo y mira cómo me lo agradeces...», «He hecho tanto por ti...». ¿Te resultan familiares estas frases?

Así suele el *pequeño yo* comprender lo que llama *amor:* hacer cosas por los demás. Cosas que les satisfagan, que les hagan sentir bien, que cubran sus necesidades y, en última instancia, cosas que les harán sentirse agradecidos o en deuda con nosotros. Esta última parte no nos la confesamos, evidentemente: *«A mí me gusta dar, lo hago porque me sale así, soy muy servicial...».* Y puede que, en muchos casos y sobre todo al principio de nuestras relaciones, o en momentos de bienestar, sea así.

Sin embargo, este gusto por dar, que es muy natural, suele tornarse en la *obligación* de seguir haciéndolo para mantener así una imagen de buena persona ante los demás o, secretamente ante nosotros mismos.

Hemos crecido en la tradición judeocristiana y asimilado una comprensión errónea del término *sacrificio*. Vivimos con la creencia de que, para que una relación funcione, tenemos que sacrificarnos por la otra persona, entendiendo por ello renunciar a lo que es importante para nosotros, en favor de lo que es importante para la otra persona.

Hemos entendido muy mal aquello de *«Olvídate de ti»* con el que se suele definir en términos cristianos el amor. O el... *«Niégate a ti mismo»,* con el que hemos justificado ese abandono de nuestra propia vida. A pocos se nos ocurre cuestionarnos el significado real de esa frase que, sin quererlo, nos ha condicionado tanto. Si prestas atención a tu monólogo mental, quizás encuentres una voz interna que te dice: *«Eres un egoísta».* O su reflejo externo, a través de alguien de tu entorno que tiende a juzgarte así.

¿Qué significa *«Olvidarse de sí»?* ¿Cuál es el verdadero sentido de *«Negarse a sí mismo»?*

Para mí, ni más ni menos que olvidarse de ese *pequeño yo* que nos hemos construido, ese personaje hacedor que trata de validarse a sí mismo haciendo cosas. Ese pseudo-yo que se esfuerza por los demás preguntándose qué debe hacer o no hacer para seguir siendo amado, que juzga o trata de adivinar las opiniones del otro para quedar bien ante él, es el que necesita ser *«olvidado»* en nuestra vida, y en especial en nuestras relaciones, si queremos recuperar la autenticidad en ellas.

Olvidarlo es dejar de identificarnos con él y recordar nuestra verdadera naturaleza, nuestro ser, que no necesita hacer nada para conseguir nada. Como está en paz, se experimenta muy abierto y puede ofrecer todo su espacio a quien tiene delante, ya que no tiene nada que defender. Así *«se olvida de sí mismo»,* pues no necesita mantener una imagen aprendida ante el otro ser humano. Su consciencia, libre y abierta, puede estar fascinada ante el rostro y la vida que tiene ante sí, ante la riqueza del momento.

Un poco diferente de la noción de olvidarse de uno mismo sacrificándose para que el otro esté bien.

Si lo miramos bien, es un concepto totalmente antinatural y, sobre todo, imposible por la incoherencia vital que supone. ¿Cómo puedo darte felicidad privándome yo de ella?

Pero miremos todavía un poco más esta cuestión del sacrificio:

¿Quién se sacrifica? ¿Qué sacrifica? ¿Para qué?

Es muy importante la comprensión de este asunto, porque en mi experiencia, es la raíz de mucho sufrimiento en nuestras relaciones.

La creencia en el sacrificio es una base fundamental del sistema de pensamiento del *pequeño yo*. Viviendo desde esta frágil identidad, para muchos de nosotros, después de muchos años de esfuerzo, la tendencia a *sacrificarnos* está tan firmemente instalada que nos cuesta concebir la libertad de soltar ese peso. Sobre todo porque creemos que sufriríamos al asumir como ciertas, todas esas connotaciones de *egoísmo* que hemos atribuido al hecho de no sacrificarnos.

Tememos sentirnos muy culpables si dejamos de sacrificarnos por los demás. Así que, dejamos de lado nuestra conexión interna, nos privamos del tiempo y el espacio necesarios para cultivar nuestra paz y pretendemos darles a otros ese sustento. Esto es lo que sacrificamos: presencia en nuestra vida y coherencia con ella.

Sin esta autotraición, nos creemos *egoístas*. Pero lo verdaderamente *egoísta* o *egocéntrico* es vivir desde el temor del *pequeño yo* a no ser amado. El objetivo latente del sacrificio suele quedar muy oculto. Tras el esfuerzo y la renuncia, hay una intensa búsqueda de amor o necesidad de nutrir una identidad *de buena persona* que nos dé seguridad. Si no buscáramos algo, no seríamos capaces de sostener tal violencia hacia nuestra propia vida.

Y lo más cruento del asunto es que, una vez que nos hemos esforzado por satisfacer al otro, suele suceder que ese otro no nos lo agradece. No se da cuenta. No nos ofrece lo que esperábamos secretamente. Es más, puede que hasta se llegue a sentir incomodado por tanta atención desenfocada.

Y ahí surge el consabido: *«Con lo que yo me he sacrificado...»*. Y la culpabilización de la otra persona que, si no está anclada en su consciencia, será presa fácil de un sentimiento pesado de malestar por no saber corresponder a tantos favores que quizás, en realidad, no había pedido. O, si lo había hecho, no era necesario satisfacer forzosamente.

En fin, todo un mundo en confusión al que nos lleva la falta de conexión y de confianza en nuestro verdadero ser que, intuitivamente, puede guiarnos en cada instante de nuestra vida sin tener que hacer ningún sacrificio para contentar a nadie.

Cuando abandonamos nuestra vida para ocuparnos de la de los demás,
siempre encontramos lo que más necesitamos:
el reflejo del desamor con el que nos hemos tratado.
Y este es el gran regalo disfrazado.
El malestar que experimentamos
nos dirige de nuevo hacia nosotros mismos.
¿Cómo si no, íbamos a darnos cuenta alguna vez
del sufrimiento que nos estábamos causando?

La palabra *sacrificio* significa etimológicamente, *hacer sagrado*. Todo lo contrario de lo que entendemos desde la mente superficial. Para mí, el hacer sagrado, es precisamente, dejar de hacer, soltar la identificación con el personaje con el que nos limitamos, y sacrificar sus pensamientos y sus impulsos automáticos con los que nuestras preciosas energías son despilfarradas nutriendo una identidad fraudulenta. Dejamos de alimentarlos al no darles nuestra credibilidad, simplemente observándolos. No requiere esfuerzo, es un estado de contemplación lleno de lucidez en el que son sacrificadas o transformadas todas esas energías de la inconsciencia. Al liberarse, vuelven a su fuente, pudiendo expresar todo su poder creativo.

ENCONTRARNOS

Mi encuentro contigo es una invitación
a ir más allá de lo que mis ojos ven,
entretenidos en tu forma aparentemente separada de la mía...
Me invitas a nutrirme de tu esencia,
experimentando así mi unidad contigo.

Cuando me enfoco en tus errores para corregirlos
me alejo de mi paz.
Cuando miro más allá de ellos, te descubro y
experimento la paz verdadera, junto contigo.

Tal como te veo, me veo a mí.
Aquello en lo que me enfoco lo refuerzo en mí.
¿Qué deseo ver?
Puedo elegir.

Reducir mi percepción a lo que aparece ante mis ojos es disminuirme y disminuir a todo ser humano que se presenta en mi vida. Esta es la verdadera transformación. Una nueva forma de ver. Y darme cuenta de que no es algo solo posible con personas que considero especiales, elegidas. Cada ser humano me está ofreciendo esa posibilidad de ver más allá de la aparente separación.

No hay separación en el universo. La física nos lo ha dejado claro hace ya años... Sentirnos separados es el efecto de haber absorbido un sistema de pensamiento erróneo que ha condicionado nuestra percepción de la realidad.

Subyaciendo a los cuerpos separados que nuestros ojos perciben, lo único que hay es la vida, la consciencia espaciosa en la que existen. Más allá de las formas cambiantes en las que nuestros ojos se detienen, existe un inmenso océano del que surgen y al que vuelven.

Podríamos usar la imagen de la electricidad para comprenderlo mejor. Aunque se trata de una misma energía, se manifiesta en los distintos dispositivos o aparatos de formas diversas: en una lámpara, ilumina; en una lavadora, mueve su motor; en una estufa, calienta... Cada uno de nosotros expresamos esa única energía que nos mueve de formas diversas, pero lo que perdemos de vista es lo esencial: esa energía que es nuestra fuente. Cuando nos encontramos con otro ser humano, estamos delante de la misma consciencia que nos vive a nosotros, más allá de la forma provisional en la que se está expresando. Pero esta realidad queda casi siempre ignorada. Nuestra mente está condicionada para juzgar constantemente todo lo que aparece en base a la historia que tenemos acumulada, las expectativas que nos hacemos, los temores que abrigamos... No vemos la realidad, sino el velo con el que nuestra mente la reviste constantemente. Y esto es particularmente doloroso en el terreno de las relaciones.

Cada vez que un ser humano aparece ante mi, tengo la oportunidad de observar todo este cúmulo de pensamientos y emociones que se despiertan en mi fuero interno. Ellos me informan de mi propio condicionamiento, no del ser que tengo delante.

De hecho, no lo veo, pues por el momento, solo tengo acceso a lo que mi mente proyecta sobre él. Al creerme esos juicios me separo mentalmente de ese ser humano. Es un distanciamiento sutil, pero muy real, y si no lo notamos en toda su crudeza es, simplemente, porque estamos acostumbrados a contemplarnos así, desde las historias que nuestra mente fabrica.

La comunicación queda bloqueada simplemente por esto. Y por mucho que hablemos, o vivamos cerca unos de otros, mientras no seamos conscientes de este parloteo interior que nos distancia, nos seguiremos sintiendo separados, solos y buscando incansablemente esa conexión que tanto anhelamos.

¿Y por qué la anhelamos? Porque en nosotros pervive la certeza de que, en lo profundo, estamos unidos y que el estado en el que ahora nos encontramos como humanidad es artificial. Necesitamos experimentar la conexión que es nuestra naturaleza real y no soportamos este estado de alienación que nos hace sentir aislados.

Es necesario saber que lo único que nos separa está en nuestra mente: un modo fraudulento de pensar la vida con el que nos hemos identificado y que nos hace experimentarla erróneamente. Nos sentimos solos porque nuestros pensamientos son solitarios: juzgan, evalúan, condenan a los demás y a nosotros mismos, y generan aislamiento y soledad si nos los creemos.

¡Si supiéramos que con solo soltar los juicios con los que nos calificamos recuperaríamos la sensación natural de conexión! ¡Qué descanso! Porque mantener todo ese cúmulo de información dentro es una inversión de energía formidable: nuestro cerebro *hace* eso de forma automática, pero es un trabajo cansino del que no somos conscientes al estar tan habituados a experimentarnos así. Por eso, con frecuencia nos sentimos cansados cuando nos relacionamos con los demás. Nos decimos: *«¡Cómo me cansa esta persona!»*, pero en realidad, lo que nos cansa es la actividad juzgadora o resistente de nuestra mente en torno a ella, que nos impide vivirnos de modo natural en su presencia.

Por eso es tan importante la atención mental: ese estado de presencia en nuestra propia vida que observa los pensamientos sin identificarse con ellos.

Si nos decidimos a explorarlo, el terreno de las relaciones se convierte en una fuente de consciencia extraordinaria, ya que es en presencia de otros seres humanos cuando nuestra mente juzgadora se dispara automáticamente por el mecanismo de la proyección. Vemos ahí fuera proyectado nuestro mundo mental y emocional no observado ni asumido.

Miramos al otro a través del tiempo: recordamos lo vivido, la historia que tenemos sobre él, las conclusiones que extrajimos en un momento determinado y que siguen en nuestra mente definiendo a ese ser humano. Tenemos expectativas, temores, esperanzas o anticipaciones que nos impiden apreciarlo en este momento, sentir su existencia ante nosotros ahora mismo. Nos hemos formado imágenes del pasado o del futuro sobre él que nos separan de la experiencia presente: la vida que nos une en este instante.

También ocurre que nuestra mente juzga la apariencia o el comportamiento de la persona: lo que hace, lo que dice... e intenta etiquetarla. Supone, interpreta sus palabras, elabora rápidamente una historia que trata de encajar en un concepto fijo, una imagen que nos da cierta sensación de seguridad o control a situarla en los límites de lo predecible.

Una vez establecida así la separación, busca cómo reaccionar ante ella, defendiéndose, argumentando o buscando cómo responder. Perdemos la atención al momento, a la vida que está aquí.

En realidad, nos estamos viendo a nosotros mismos. El otro nos sirve de pantalla en la que nos proyectamos y nos está ofreciendo la oportunidad de observar directamente todo lo que, en soledad, sería mucho más difícil. ¿Qué mejor oportunidad, entonces? Dispongámonos a observar atentamente, en lugar de creernos el juego de nuestra mente.

Al asumir esta responsabilidad, no solo nos ayudamos, sino que descargamos al otro ser humano de nuestro bagaje proyectado de juicios, expectativas, creencias y sufrimientos asociados. En realidad, lo liberamos y nos liberamos.

Soltado ese peso innecesario, la comunicación queda naturalmente restablecida, al haber dejado de lado los obstáculos que la impedían. Así de sencillo, y al mismo tiempo... ¡qué intensidad adquiere todo!

Donde antes daba por ciertas mis opiniones y me percibía con una especie de control ilusorio de la situación por creer que ya sabía todo sobre esa persona, ahora se abre una puerta de «no saber» que nos invita a un estado de atención lleno de respeto, apertura y curiosidad. Ahí comienza la verdadera comunicación, o más bien, se reconoce como algo que siempre ha estado.

La invitación entonces es a vivirla, a ser espacio de consciencia en el que todo lo que aparece sea observado. Ese espacio es el que nos comunica. Es la vida misma.

Dejamos con toda naturalidad que todo ese material del pasado en forma de juicios y emociones asociadas aparezca y desaparezca, sin necesidad de tocar nada, con la confianza de que, al no alimentarlo, simplemente, es disuelto. Pasamos del, *«Ya sé todo de ti, ya te conozco» a «No sé nada de ti, me abro a descubrirte»*.

No es necesario luchar contra el hábito de juzgar, ni pelearnos con nuestra tendencia a hacerlo: ello nos sigue separando de la persona que tenemos delante. Los juicios aparecen, es normal. La actividad de la mente condicionada no se detiene porque yo decida no juzgar. Lo hace y lo seguirá haciendo. Y mi deseo de ser alguien que no juzga se verá frustrado una y otra vez.

Los juicios no son mi verdadera naturaleza, no son «yo», así que no me tomo personalmente la cansina actividad juzgadora de mi mente. Mi única elección es dejarlos pasar, permitirles con toda naturalidad su aparición y desaparición en mi consciencia, sin tener que hacer nada para evitarlos.

El mejor regalo que podemos hacer a alguien, y a nosotros mismos, es contemplarlo en el momento presente, despojado de tiempo, de todas las historias que solemos superponer a la realidad.

Es posible que tengamos que recordárnoslo al principio, que hasta nos parezca difícil, pero después, veremos que el darnos cuenta sucede automáticamente en presencia del otro, y podemos descansar en nuestro ser en medio de nuestras interacciones.

En realidad, no hay nada que *hacer* cuando estamos ante otra persona. Se trata simplemente de ser, de seguir experimentando nuestra vida junto a ella. Lo hacemos con toda atención. Inspiramos y nos hacemos presentes, volvemos al ahora. Espiramos y soltamos toda interferencia. La respiración crea espaciosidad y apertura entre nosotros. Y, sobre todo, nos mantiene conectados con nuestra vida mientras permitimos expresarse al otro.

Con frecuencia, nuestra atención se focaliza tanto en la persona que tenemos delante, en sus palabras, en nuestros pensamientos sobre ella o en la misma conversación, que dejamos de estar presentes en nuestra experiencia real. Mantener esta sintonía con la vida que se mueve en nosotros a través del respirar, nos ancla naturalmente en el momento. Nos va acercando a nuestro núcleo esencial de quietud, al corazón. Al mismo tiempo, le ofrece espacio al otro para expresarse y comprenderse.

Desde este estado de presencia, surge naturalmente un interés genuino, una curiosidad natural que quiere conectar profundamente con el ser que tenemos delante. Por otra parte, no hay nada más liberador para alguien que se está expresando que una compañía consciente y abierta.

Poco apoco, la vida me va llevando a descubrir que el ser que contemplo no es algo diferente o separado de mí. Su presencia en mi vida en este instante me está mostrando todo lo que necesito para comprenderme. Me está mostrando todas las áreas de mí que, sin ella, no podría ver. Es mi espejo. ¡Qué gran oportunidad!

Este ser humano va a revelarme a mí misma. La cuestión es si estoy dispuesta a aceptar el reto y dejarme vivir la experiencia desde la apertura de mi consciencia.

En realidad, esta es la elección que se me ofrece: ¿desde dónde quiero vivir este encuentro? ¿Desde la percepción limitada de mi pequeña mente que cree saber quién es este ser humano o desde el espacio abierto que soy en realidad?

Acepto el reto de ser quien soy, presencia consciente que, como la luz del sol, ilumina la situación permitiendo que todo sea como es. Me dejo sentir, observando el paso de los juicios, las tendencias a aferrarme o a alejarme, los miedos que surgen... todo.

Esta actitud no es algo que nuestro condicionamiento parezca favorecer. Las distracciones son continuas cuando nos relacionamos con los demás: comemos, bebemos, atendemos otras cosas al mismo tiempo, tenemos prisa... Por eso, necesitamos recordarnos con constancia desde dónde queremos vivir. Si es desde la consciencia que somos, sintonizar con nuestro aliento, sentir la energía en el cuerpo, nos ayuda de forma natural a estar presentes. A establecernos en la amplitud de nuestro corazón, ese espacio inmenso que somos. Y desde ahí, contemplamos al otro ser humano como lo hace la vida. ¿Cómo lo contempla la vida?

Es una pregunta curiosa. La vida, simplemente, lo vive, lo sostiene, lo respira, lo mueve, lo ilumina, igual que a mí. Siente por él el mismo amor que por mí.

¿Y si me decido a imitar a la vida? A mirar con esa misma espaciosidad respetuosa, sostenedora y penetrante... A ser vida junto a ella. Este estado de contemplación me sitúa en una perspectiva de exploración muy inocente, pues así de inocente es la vida.

¡Qué extraordinaria oportunidad me ofrece cada encuentro, cada ser humano, para ir más allá de lo aparente y entrar en el espacio del corazón!

SUGERENCIA

Cuando te encuentres hoy con una persona conocida acércate como si fuera la primera vez que la ves.

Olvídate de la historia, de lo que crees saber sobre ella.
Abandona cualquier expectativa o anticipación.
Solo mira sus ojos y respira...
Es la primera vez.

Decido contemplarte en tu inocencia, en tu realidad.
Confío en lo que mis ojos no ven, en tu amplitud sin nombre.
Dentro de ti está toda la sabiduría dispuesta a ser desvelada.
Te reconozco en tu ser real, y al hacerlo, me reconozco a mí como tal.
La parte de mí que se enfoca en tus lagunas,
apariencia, comportamiento... no sabe amar.

Es un pequeño personaje disminuido que solo ve limitación.
El ser solo puede ser reconocido por el ser.
Y ese reconocimiento es amor, pura intimidad, unidad.

ESPEJITO MÁGICO

Profundicemos un poco más en el tema de las relaciones como espejo.

Cada ser humano con el que me encuentro, cada situación en la que me muevo, me ofrece una oportunidad extraordinaria: verme, ver ahí fuera lo que no puedo ver aquí dentro. Todo lo que vivo en ese aparente mundo externo es la escenificación de mi vida interior.

¿Cómo? ¿Quiere esto decir que los demás no son algo objetivo, dado, que está ahí independientemente de nuestro parecer sobre ellos? ¿Que lo que vemos en ellos no es independiente de nuestros pensamientos, sentimientos y emociones? Esta idea es difícil de asumir, sin duda. Hasta que nos decidimos a explorarla.

Para mí ha sido así. Una buena parte de mi vida se desarrolló a espaldas del mundo, de las demás personas. Puesto que sufría desde pequeña en mis relaciones, fui generando una actitud introvertida en la que me refugiaba para descansar del esfuerzo que para mí suponía el contacto con la gente. Tenía miedo de no ser aceptada y era trabajoso para mí intentar salir airosa en mis encuentros. Así que me consagraba a mi propio crecimiento, a mi trabajo interior, creyendo que el autoconocimiento solo era posible en ese estado de introspección.

Sin embargo, en ese círculo cerrado seguía sufriendo, hasta que, ahogada en mi supuesta insuficiencia y esfuerzos por superarla, me encontré en un estado de desolación y estancamiento que buscaban comprensión. Mi vida se había limitado a un mundo personal de pensamientos, emociones y actitudes privados que me sofocaban, por muy espirituales que parecieran ser.

En esos momentos, necesitaba una salida y por ello, la puerta indispensable pudo abrirse: las relaciones. Se me ofrecieron como el modo perfecto de comprenderme y conocer áreas perdidas de mí misma a las que tantos años de interiorización no me habían permitido acceder.

Ahora llegaba el gran descubrimiento insospechado: los demás como espejo de mi propia inconsciencia, como imágenes vívidas de todo lo que no había querido aceptar en mi vida. El esfuerzo por eludir las relaciones dejaba paso a una visión nueva, aunque impactante al principio.

Empecé por detenerme a contemplar las emociones que surgían en contacto con las personas más cercanas en mi vida cotidiana, esas que me pasaban por alto al considerarlas *normales*: dolor, soledad, resentimiento, separación... Entonces, me di cuenta de que surgían al alimentar ciertos pensamientos de fondo que raramente me detenía a observar: *«me busca mis defectos», «me juzga», «no me tienen en cuenta»...*

Fui haciéndome consciente de que esos pensamientos modelaban completamente la relación que tenía con las personas que me rodeaban, al haberlos admitido en mi interior como ciertos. Empecé a dudar de su veracidad cuestionándolos radicalmente y observando el malestar que me generaba asumirlos como verdaderos. Así me di cuenta de que, sin creerme esos pensamientos, la experiencia que yo tenía de mis seres cercanos, al tocarlos o abrazarlos, no era en absoluto la misma: sentía una profunda conexión.

También comprendí que estaba proyectando en ellos mis propios temas de sufrimiento. En mí existía lo que me molestaba de ellos: la constante búsqueda de mis propios defectos, el juicio implacable, el no tenerme en cuenta... Esas actitudes habían generado en mí heridas que se abrían dolorosamente al percibir en los demás atisbos de lo mismo. Y me enfocaba en ellos, queriendo eludir mi propio dolor.

Resumiendo un poco, ahora puedo ver que, ante un ser humano, pueden aparecer en mi todo tipo de emociones, desde el rechazo más profundo hasta la más vehemente atracción o admiración. Los diferentes grados y matices del rechazo me muestran todo lo que no acepto de mí y que quizás nunca he osado contemplar al considerarlo *negativo.* Los diferentes aspectos de la atracción que siento hacia alguien me conectan con todo ese mundo de posibilidades inexploradas que no me he atrevido a integrar, quizás por considerarlo inalcanzable o demasiado comprometido para mí.

En ambos casos, proyectar esos aspectos en otros me distancia de mí y me impide asumirlos, privándome de toda su incalculable riqueza. Pero si me decido a verme con claridad, los demás se convierten en la expresión viva de todo lo que necesito saber para comprenderme.

¿Cómo lo reconozco? ¿Cómo puedo estar tan segura de esto? Por un criterio muy simple: ambas facetas generan emoción en mi interior cuando las observo en los demás. Rechazo, miedo, rabia... por un lado, o atracción, admiración y acercamiento por otro. Fácil, ¿verdad?

Este es el mayor regalo que la vida nos ofrece cuando estamos realmente decididos a conocernos y liberarnos de esos falsos conceptos que ahogan la expresión de nuestro ser:

¿Crees que alguien no te atiende o no se ocupa suficientemente de ti?

Observa: ¿te atiendes tú en tus necesidades, emociones, anhelos?

¿Piensas que alguien es severo contigo o que te juzga implacablemente?

Mira bien: ¿cómo te juzgas tú? Y... ¿Cómo juzgas a otros, por ejemplo a este personaje que te juzga? ¿Cómo es tu monólogo interior referido a ti? ¿Es amable y tolerante o se parece un poco a cómo crees que te juzgan los demás?

¿Piensas de alguien que es un perezoso y que nunca hace nada?

Mira más profundo si en seguida has respondido algo como: ¡Pero yo soy muy activo, siempre estoy trabajando! ¿Podría ser que te juzgaras de perezoso si dejas de trabajar tanto o temieras ese juicio de otros?

¿Te parece que alguien es víctima de una adicción que lo domina y eso te inquieta mucho?

Obsérvate: ¿a qué eres adicto? ¿Quizás a ocuparte de las adicciones y la vida de los demás?

¿Piensas que tales personas viven una vida limitada, centrada en lo inmediato y eso te produce rechazo?

Observa: ¿de qué va tu monólogo mental en lo cotidiano, cuáles son tus temas «privados» más recurrentes? ¿No percibes una sensación de estrechez parecida a la que te perturba de ellos?

Como ves, el campo de posibilidades es amplio. Aquí queda la invitación, como una puerta de honestidad hacia la comprensión de tu propia vida.

Las personas que tienes a tu lado te están mostrando
los obstáculos internos que te separan de tu felicidad,
tu oportunidad de verte realmente.
Acepta su regalo en vez de creer los juicios que tu mente hace sobre ellas,
pues al hacerlo, te separas de ti.

CONECTAR CONMIGO

Saber conectar íntimamente conmigo
me permite unirme a ti desde el corazón.
Volver al momento presente,
ser uno con la vida que está fluyendo en este instante,
expresarnos y escuchar desde aquí,
nos abre la puerta de una comunicación real.

La habilidad de comunicarnos de forma auténtica con otros surge de forma natural del arte de empatizar con nosotros mismos. Unirnos a nuestro sentir y responsabilizarnos de él, nos capacita para compartirlo con las demás personas conectando así con ellas desde el corazón.

Ello requiere, como siempre, concedernos un tiempo y un espacio de aquietamiento en el que, silenciando el ruido mental, nos permitimos contemplar lo que sentimos y observar los pensamientos, expectativas o necesidades que lo desencadenan.

Esta responsabilidad es la base de una comunicación real. Sin ella, lo único que hacemos es proyectar y descargar en el otro nuestra vida interior no asumida ni integrada.

En el mundo actual, donde todo sucede de modo apresurado, no estamos acostumbrados a permitirnos espacios de silencio para practicar esta intimidad con nosotros mismos antes de abordarla con otros y, mucho menos, en el contexto de una relación. Los momentos en que dejamos de hablar no son fácilmente aceptados ni comprendidos. No se contemplan como algo natural y se suelen considerar negativamente, convirtiéndose en ocasiones para que la mente superficial se dispare, tratando de llenar con sus interpretaciones precipitadas esa ausencia de palabras.

No nos permitimos casi ni detenernos a respirar. ¡Hay que decir algo! Si te callas, quedas mal y el silencio se convierte en una especie de amenaza que suele ser interpretada como incapacidad, vulnerabilidad o falta de recursos. Nuestra mente, involucrada en un constante desfile de pensamientos, tiene dificultad en soportar los espacios entre ellos y eso se traduce en una intolerancia a los silencios en las conversaciones.

Sin embargo, solo cuando se detiene esa avalancha mental podemos conectar con nuestros sentimientos reales y observar de dónde surgen.

Propiciar el silencio y aceptarlo se convierte en una práctica imprescindible si deseo comunicarme desde lo real. Y la respiración consciente se convierte de nuevo en nuestra aliada.

Es verdad que, a causa de nuestro condicionamiento, quedarnos sin decir nada o no responder inmediatamente nos puede resultar embarazoso. ¿Por qué no empezar comunicando esto, por ejemplo?:

«Me gustaría responderte a eso ahora mismo, pero prefiero esperar un momento». O: *«No sé si lo que digo expresa realmente mi sentir. Prefiero mirarlo mejor»*. O, simplemente: *«Necesito respirar un poco antes de seguir hablando»*.

Ya sea en presencia de esa persona o quedándonos un rato a solas, nuestra respiración nos trae de vuelta a casa inmediatamente, al corazón. Podemos permitirnos no pensar durante el tiempo en el que nos conectamos con el aliento. Soltamos todo al espirar: ideas, expectativas, juicios, temores y esperamos. La inspiración que llega nos trae una nueva energía espaciosa que nos abre por dentro. Nos dejamos sentir, acogemos las sensaciones en nuestro cuerpo, que pueden ser difíciles o molestas y nos unimos a la experiencia del momento. Nos abrimos así a las emociones que se mueven en nuestro paisaje del momento: las rodeamos de espacio y de aceptación: *«Esto es lo que está atravesándome ahora (confusión, temor, rabia...)»*.

Con frecuencia, nuestras necesidades de atención y reconocimiento no son satisfechas por los que nos rodean. ¡No es su tarea! Nos toca a nosotros mismos empatizar con nuestro sentir, escucharnos, atendernos plenamente, sin juicios ni críticas, como querríamos ser atendidos o escuchados. Esta dedicación requiere silencio y nuestra propia presencia incondicional.

Cuando ya estamos más calmados, podemos darnos cuenta de los pensamientos, expectativas, interpretaciones o necesidades que desencadenan esas emociones: nos hacemos responsables de lo que sentimos.

Y entonces, si aún creemos que puede ser útil, podemos comunicar más tranquilamente nuestra experiencia. Hablaremos desde el sentir, comprendiéndolo a la luz de la consciencia. Al compartir nuestra vulnerabilidad nos sentimos más unidos al ser humano que tenemos delante. Nuestra comunicación con los demás cobra así una gran fuerza, ya que proviene del contacto honesto con nuestra propia energía vital. Cuando suprimimos esta conexión por la prisa o el temor, nos agotamos y lo que decimos carece de vitalidad y de presencia, pues no brota de nuestro interior.

En una conversación cualquiera, el simple sintonizar con nuestra respiración de vez en cuando es ya una forma muy sencilla de unirnos a nuestra vida. Conversar con otros se convierte así en un arte y en un intercambio poderoso, pues nuestras palabras se revisten de autenticidad y energía.

Al detenernos un instante para respirar, permitimos a quienes nos escuchan captar mejor lo que queremos transmitir, dejándoles conectar con el espacio de consciencia de donde surge lo que decimos.

Además, nos damos permiso para seguir recibiendo inspiración. Detenernos a sentir nuestro aliento es como dirigirnos a nuestro ser interno y decirle: *«Sigue hablando a través de mí»*. ¡Qué expresivos son los silencios entre las frases! ¡Cuánta serenidad y profundidad nos permiten experimentar en nuestras relaciones!

Nuestra respiración incrementa la atención a nuestro modo de pronunciar, permitiéndonos saborear y disfrutar de lo que decimos, sin desconectarnos de ello. A veces, es tal la intensidad mental que nos ocupa que, mientras decimos algo, nuestra mente ya está preparando lo que dirá después o barajando cómo se nos va a responder o a interpretar. Con ello, nos perdemos la vivencia del presente, de este instante en que las palabras brotan de nosotros. Observar cómo surgen en nuestra mente y van tomando forma, saborearlas, sentir cómo se pronuncian, escucharlas, son modos de conectarnos con el ahora. Hablar se convierte así en una fuente de conexión natural con nuestra creatividad en presencia de otros.

Los espacios, los silencios en los que respiramos, nos sirven también para empatizar con la persona que tenemos delante. Además de hacernos presentes para ella conectándonos con nuestra respiración, abrimos nuestra consciencia a su presencia: «*Sé que estás aquí, conmigo*», como sugiere Thich Nhat Hanh.

La conexión que tengo conmigo se extiende de forma natural hacia ti.
Así puedo acompañarte mientras te expresas, hablando o en silencio.
Mi consciencia te incluye.
Quizás no entiendo del todo el significado de tus palabras,
pero conecto con tu energía vital en este momento,
dejando que se exprese sin pretender cambiarla,
desviarla, detenerla, enjuiciarla o reformarla.
Al darme espacio te lo puedo dar a ti también.

SUGERENCIA

Siente tu respirar en presencia de otra persona antes de iniciar una conversación.

En medio de ella, mientras el otro habla, no te pierdas a ti mismo: hazte presente sintiendo de vez en cuando tu inspiración y tu espiración.

Descansa en este contacto.

Notarás, con la práctica, que tu atención se intensifica.

Cuando hablas, permítete de vez en cuando detenerte para tomar aliento y soltarlo lentamente. Da espaciosidad a tus palabras. Cobrarán vida y significado. Los espacios entre ellas comunican a veces mucho más que las palabras en sí.

EMPATIZAR CONTIGO

Entendemos que la empatía con otro ser humano consiste en unirnos a su malestar, prestarle atención detenida a los detalles de su sufrimiento, tratar de resolverlo, quitarle importancia o aliviarlo.

Sin embargo, ninguna de estas actitudes que se centran en la existencia de un problema honra y capacita a nadie para ir más allá de él. No podemos aportar nada realmente transformador al permanecer centrados en lo que le sucede, lo que le angustia, lo que le hace sufrir. Ya se trate de sucesos, sentimientos, pensamientos o situaciones, al enfocarnos en ellos considerándolos la causa de nuestro malestar y tratando de solucionarlos, lo que hacemos es darles un poder que no tienen.

Puede que experimentemos un alivio al contarlo y descargarlo sobre otra persona. O que nos sintamos consolados cuando percibimos el interés de alguien más sobre lo que nos perturba. De hecho, esta es la gran trampa en la que incurrimos al contarnos lo que llamamos *nuestros problemas.* Como nos encontramos mejor al recibir la energía de otra persona que se preocupa y se centra en nuestro pesar, nos sentimos alentados a compartirlos. Creemos juntos que esos *problemas* son los causantes de nuestra infelicidad y que, debido a ellos, no podemos estar bien. Eso compartimos al hablar y creemos que eso es empatizar: unirnos en el problema para tratar de solucionarlo.

Sin embargo, con ello solo intensificamos la consciencia de ser víctimas, no creadores de nuestra vida.

¿Significa esto que no podemos compartir sobre lo que nos duele o nos alegra? En absoluto. Simplemente tenemos que saber desde dónde nos expresamos y para qué lo hacemos.

De nuevo es necesaria la autoempatía antes de pretender ayudar empatizando con alguien más. ¿Dónde me estoy situando internamente? ¿En lo que realmente soy o en este personaje hacedor que quiere estar *ayudando* a la otra persona? Necesito detenerme, sentir mi respiración, estar presente para mí.

Seguramente, la experiencia de este ser humano que sufre me toca internamente. Estas emociones que siento son mías, aunque se despierten a través de él. Y antes de intervenir en su experiencia, es mucho más directo atender la parte que me afecta. Empezar por casa es quizás, la mejor ayuda que puedo ofrecerle. Si no es así, es posible que trate de librarme de mi malestar intentando arreglar el suyo. Y seguramente proyectaré en su sentir lo que a mí me sucede, haciéndome una historia sobre ello que nada tiene que ver con su realidad.

Ser responsable de mi vida es atender mi experiencia más inmediata: en este caso, mi sentir en torno al sufrimiento de este ser humano. Solo así, mi consciencia podrá abrirse a contemplar su experiencia sin historias, invitándole a él a hacer lo mismo y, sobre todo, considerándolo como un ser consciente y capaz de hacerse cargo de lo que está viviendo.

Es importante, cuando nos sentimos movidos a empatizar con alguien, que nos preguntemos: ¿Con qué parte de este ser humano me estoy conectando? ¿Con lo que él considera un problema ante el que se siente impotente o con su consciencia profunda, que puede abrazar todo lo que se presenta ante él?

Eso no significa que me niegue a escuchar lo que me dice ni que le reste atención a sus palabras, pero, internamente, dejo de considerarlo un ser necesitado, una criatura impotente ante lo que le sucede. Conecto con su esencia, con su vida, con su consciencia profunda, descubriendo nuestra íntima unidad.

EL REGALO DE LAS RELACIONES

Llevamos poco a poco la consciencia a más y más experiencias, vamos conquistando muchos aspectos de nuestra vida... Y nos damos cuenta de que siempre se trata de lo mismo: decidir desde dónde queremos vivir: o desde el espacio abierto del ser que abraza y contiene el ir y venir de acontecimientos o identificados con éstos, sufriendo su vaivén.

Observamos que nuestro mundo interior está constantemente atravesado por pensamientos, juicios, emociones que captan nuestra atención. Con frecuencia dejamos que nuestra consciencia se estreche al apegarnos a ellos, como si se encerrara en una nube desde donde se olvida que su esencia es el cielo. Al darnos cuenta, recobramos la perspectiva, salimos de la nube y recuperamos la amplitud: ¡hemos recordado lo que somos!

En el terreno de las relaciones, el movimiento es el mismo. Sin embargo, la intensidad es mucho mayor, pues el ser humano que tenemos delante nos está despertando continuamente pensamientos, emociones, impulsos. Como sobre un espejo, proyectamos automáticamente en él todo lo que no hemos integrado en nosotros. La atención que requerimos es mucho más intensa.

El estado de presencia al que vamos accediendo parece evaporarse como por arte de magia cuando nos encontramos frente a una de esas personas que, en nuestra vida, parecen tener el don de «pincharnos» donde más nos duele. No hay que ir muy lejos: estamos refiriéndonos a nuestra pareja, madre, padre, hijos, hermanos o algún amigo cercano, ellos son los espejos más inmediatos de nuestras emociones ocultas. Como dice Ram Dass: «*Si te crees muy iluminado, ve y pasa una semana con tu familia*».

Son, precisamente, los más eludidos, por su capacidad de despertar dolorosamente nuestro malestar interno. Con ellos, estar presentes es el mayor regalo que nos podemos ofrecer, ya que nos proporcionan la información más completa de nuestro mundo interno necesitado de sanación y comprensión.

Ellos nos la traen, abrámonos pues a su visita conectándonos íntimamente con nuestro ser, estableciéndonos en un estado de acogida que no desprecia ni juzga nada: dispuestos, por fin, a ver.

Igual que cuando nos sentamos a meditar adoptamos la actitud de anclarnos en nuestra consciencia y dejar pasar todo lo que va apareciendo, al encontrarnos con un ser humano, esa misma actitud es aún más necesaria. Ella nos permite alinearnos con nuestro verdadero poder, que normalmente otorgamos a lo que el otro dice, a lo que expresa y a cómo lo interpreta nuestra mente.

Imagínate cómo sería tu relación con esa persona que tanto te fastidia si, al encontrarte con ella, supieras que te va a poner en contacto con partes de ti que necesitas conocer para ser feliz. No necesariamente por lo que te dice, sino por lo que vas a experimentar en su presencia. Y así es: ante ese ser humano pueden aflorar en ti los obstáculos que, en tu interior, te separan de tu paz. Así puedes observarlos y dejarlos ir.

Seguramente, ante tal perspectiva, te sentirías expectante, agradecido de antemano y en una disposición abierta y muy atenta, para no perderte nada, ¿verdad? Pues ¡adelante! Porque así es. Exactamente esto es lo que nuestros maridos, novias, jefes, suegras, hijos, exparejas... nos están ofreciendo constantemente.

Así, por ejemplo, en el momento en el que esa persona expresa algo que no te gusta, puedes recordar el propósito de encontrarte con ella, el don que puede ofrecerte. ¡Ahí está! Tu malestar te empieza a revelar algo: ya te ha tocado. Esta es la puerta: ¿te atreves a mirar?

Una vez más, te recuerdas: «*No tengo que hacer nada*».

¿Qué siento? ¿Qué estoy experimentando ahora mismo? Rechazo visceral, ganas de salir corriendo, abandono profundo, ansiedad... Todo es posible.

¿Y si esta vez le das espacio a estas sensaciones, dejándolas moverse en ti? Solo con no hacer nada para defenderte ni para ignorar lo que estás sintiendo, ya estás permitiendo que la puerta pueda abrirse.

Puedes explorar quizás el quedarte en ese espacio compartido, sin perder la conexión con lo que estás experimentando y sin intentar hacer nada para resolverlo. La experiencia de estar ahí, sintiéndote y acompañándote desde dentro puede ser muy reveladora.

Exponernos de este modo solo es posible si tenemos un anclaje profundo con lo que somos y la decisión verdadera de ir más allá de donde nos solemos quedar, más allá de la aparente realidad de lo que se nos dice, de los juicios sobre quien nos habla y sobre nosotros mismos. La clave es no abandonarnos, que es lo que solemos hacer al rechazar nuestros sentimientos y proyectar automáticamente su causa en el ser humano que tenemos enfrente.

Autoempatía y consciencia de la proyección son dos factores importantes a tener en cuenta si de verdad queremos descubrir el tesoro que encierran nuestras relaciones. Solo queriendo dar este salto y aceptando que, por debajo de esa forma que está tomando el momento, la vida nos está llevando a una comprensión más profunda, podemos aceptar el regalo que se nos ofrece y atravesar el sufrimiento que nos embarga.

Sin embargo, a veces la intensidad puede ser tan grande que no nos sintamos capaces de abordarla en ese mismo lugar en el que surge. Necesitamos conectar más de cerca con nuestro sentir y nos ofrecemos ese espacio lo antes posible, para darnos la oportunidad de desvelar la comprensión que nos está siendo ofrecida.

Crear espacios de presencia y de intimidad para ello es el mejor regalo que nos podemos hacer. Quedarnos con nuestro dolor, permitirlo, sentirlo, abrazarlo... Y, después, comprenderlo, observar los pensamientos que lo desencadenaron, cuestionarnos su veracidad.

Nuestras interpretaciones habituales: *«me está rechazando», «no me respeta», «me quiere dejar en ridículo», «me hace daño», «ya no me quieren»*... cuando son creídas, son las que generan el sufrimiento que tendemos a proyectar en lo que el otro hace o dice.

Mirémoslo bien: ¿qué nos duele más, lo que esa persona ha dicho o hecho, o nuestra interpretación sobre ello?

Estas creencias, casi inconscientes, actúan como una barrera que, al ponernos a la defensiva o sentirnos víctimas, nos impiden ver la simple verdad que hay detrás.

¿Cómo me rechazo yo? ¿Cómo no me respeto? ¿Cómo me ridiculizo a mí mismo? ¿Cómo me hago daño? Finalmente, todo lo que creemos que el otro nos está haciendo, es lo que venimos haciéndonos desde tiempos inmemoriales. Y es lo que nos lleva a rechazar, no respetar, ridiculizar o dañar a los seres humanos que frecuentamos proyectando en ellos nuestro propio automaltrato.

Desde esta claridad, quizás solo necesitemos integrar, asumir, soltar lo que ya no nos sirve.

Y si sentimos la confianza y el deseo de compartir con el otro nuestra experiencia, lo haremos desde esta comprensión liberadora que nos permite ver con claridad. Podremos quizás hablarle del sentimiento que nos abruma, pero también de las expectativas y necesidades que lo desencadenaron o de la interpretación dolorosa que habíamos hecho de sus palabras. Asumiendo, en suma, la responsabilidad de lo que sentimos.

Eso no significa que no tengamos que tomar a veces decisiones difíciles, como por ejemplo, distanciarnos físicamente de otro ser humano. Esta consciencia nos permite hacerlo con lucidez y serenidad: no es necesario seguir conviviendo con actitudes poco amorosas si nosotros ya hemos optado por amarnos y comprendernos.

LO QUE NOS UNE

Lo que más nos hace sufrir en nuestras relaciones, es encontrar en ellas el reflejo de cómo nos hemos disminuido a nosotros mismos, al confundirnos con el mundo de las formas superficiales y olvidarnos de nuestra naturaleza amplia, la consciencia viva que somos. Nos hemos identificado con el cuerpo, la imagen, lo que poseemos, lo que sabemos, nuestra historia, nuestros pensamientos, emociones y actos: todo un arsenal de fenómenos que van y vienen y que pueden ser observados. Cuando nos enfocamos en ellos dejando que nos definan y esperando que nos den algún tipo de felicidad, nos empequeñecemos.

Y esto, aunque no nos damos cuenta, lo vivimos como limitación y dolor.

No es extraño que, también inconscientemente, busquemos en las relaciones el recuerdo de lo que hemos olvidado. Esperamos (y a veces exigimos) que el otro nos reconozca en nuestra grandeza y amplitud. Sin embargo, si nosotros no lo hemos hecho, es imposible, pues los demás, como hemos visto, siempre están reflejando nuestro propio estado de consciencia.

Cuando alguien nos presta atención o nos admira, tenemos la sensación de que, por fin, nos están viendo en nuestra esencia. Y eso nos conmueve tanto, que todas nuestras energías se movilizan hacia ese ser humano.

Quizás sí haya tenido un atisbo de lo que somos y su reconocimiento haya despertado en nosotros el recuerdo de esa profunda grandeza. Sin embargo, si nosotros no tenemos una consciencia consistente de nuestro ser, nos aferraremos a esa experiencia y la identificaremos como proveniente de esa persona, a la que querremos seguir frecuentando con la esperanza de que nos haga revivir ese reconocimiento que tanto anhelamos.

Tratamos de explicar esa atracción de mil maneras. Si no estamos anclados en el ser, creemos que lo que nos une a él son nuestros intereses comunes o aficiones, los atractivos de nuestro cuerpo o nuestras historias parecidas. Y nos convencemos de que estas cosas son una buena base para establecer una relación. Nos alegramos de coincidir en tantos aspectos. Sin embargo, pronto nos damos cuenta de que en ellas no hay ninguna estabilidad. Como fenómenos del mundo de la superficie, nuestros gustos o afinidades van y vienen, y no garantizan nada si no están sustentadas por algo más estable: lo que somos, nuestra esencia indestructible.

Si nos hemos vinculado en una relación con ese ser humano y un día descubrimos que se enfoca más en nuestras deficiencias, en nuestro aspecto, en nuestros comportamientos o pensamientos, en lo que no somos realmente, podemos sentirnos dolidos o defraudados. Esperábamos, sin darnos cuenta, mucho más.

Sin embargo, su enfoque solo nos está mostrando el nuestro, centrado en las formas externas. Y cuando se manifiesta, podemos reaccionar con mucho resentimiento, ya que nos refleja nuestra propia limitación, la pobreza de nuestra propia percepción. Y empezamos a mirarle así también a él, de modo desenfocado, centrándonos en su deficitaria forma de considerarnos.

Yo vivía estas frustrantes experiencias con frecuencia. Por ejemplo, si mi pareja se fijaba en mis fallos o mis modos erróneos de hacer ciertas cosas y me los señalaba, me sentía muy dolida y decepcionada, tremendamente separada de él. Cuando aprendí a empatizar con mi dolor, me di cuenta de que lo que me hacía sufrir era interpretar que él, al centrarse en mis actos, se olvidaba de lo que yo soy de verdad, confundiéndome con las cosas que hacía. Estas, en realidad, son solo una ínfima manifestación de lo que somos. Al centrarse él en esta pequeñez, yo me sentía disminuida y decepcionada, –buscaba, evidentemente, que él me reconociera en mi amplitud; esa que yo no había aprendido aún a reconocer y a honrar–. Inmediatamente, yo pasaba a defenderme atacando su tendencia a enfocarse en mis errores, juzgándolo por ello, pudiendo generar en él una reacción de enfado al verse así considerado.

Si nos damos cuenta, nuestro mayor anhelo es recuperar la consciencia de lo que somos. Y no hay nada que pueda dañarnos más que confundirnos con la pequeñez de las cosas con las que tratamos de definirnos.

Cuando estamos solos no nos damos cuenta de ello con tanta facilidad. Pero cuando nos relacionamos con otro ser humano, el dolor que nos causa esta confusión es tan palpable al verla reflejada en el otro, que sufrimos enormemente. Creemos, claro, que es él quien nos limita, pero si vamos más allá, descubriremos que tan solo nos está mostrando nuestro mayor dolor: habernos olvidado de nuestra esencia. En contacto con ella, nada puede limitarnos.

Solo desde esa consciencia, podemos naturalmente contemplar en el otro su amplitud, su verdadera naturaleza, la que nos une de verdad, ese espacio abierto, compartido, que olvidamos al centrarnos en las torpes apariencias del mundo externo.

UNA PETICIÓN DE AMOR

Una de las grandes lecciones que he ido aprendiendo a lo largo de mi vida y, sobre todo, en mi recorrido como terapeuta, se refiere a los comportamientos disfuncionales que nos generan malestar cuando los observamos en otros seres humanos.

Además de ser valiosos reflejos de nosotros mismos que nos permiten comprendernos, las actitudes agresivas, irrespetuosas, bruscas o indiferentes de los demás necesitan ser reinterpretadas desde un lugar más profundo. Por mi naturaleza, siempre me he visto muy perturbada por ese tipo de reacciones que me sumían en la congoja y la angustia, al tomármelas de modo personal. Quedarme ahí, atrapada en mi victimismo, me impedía ver más allá.

De algún modo intuía que, cuando un ser humano se manifiesta así debe albergar mucho sufrimiento en su interior. Si tenemos la honestidad de observarlo en nosotros cuando nos sentimos así de alterados, podemos preguntarnos: ¿qué hay detrás de un estallido de ira o de un deseo de atacar a alguien?

Encontraremos, seguramente, algún estado de vulnerabilidad: deseo de protegernos, miedo a perder algo, dolor por el modo en que hemos interpretado una situación, decepción por no ser comprendidos o frustración por no habernos atrevido a expresarnos. Algo que nos hace sentir tan impotentes y frágiles que tratamos de compensar con una reacción intensa, con gestos agresivos, un ataque verbal o un tono elevado al hablar.

Buscamos la atención del otro, del modo que sea. Necesitamos ser vistos, escuchados y tenidos en cuenta. Muchas veces preferimos ser notados, reaccionando intensamente, que ser invisibles. El dolor de ser censurado es menor que el de ser ignorado. Evidentemente, esta necesidad de atención por parte de los demás solo se da cuando nos hemos olvidado de nuestra propia vida, al no haber sabido atendernos o escucharnos. Lamentablemente este es un estado de inconsciencia bastante generalizado en nuestra experiencia humana.

En el fondo, como se expresa en *Un Curso de Milagros,* se trata de *una petición de amor* bajo una forma que parece indicar lo contrario. Al no comprenderlo así, nuestra pequeña mente se aferra simplemente a lo que aparece ante nosotros, juzgándolo superficialmente y nos sentimos impulsados a reaccionar desde la misma frecuencia.

Esta es la forma normal de relacionarnos: alguien habla e interpretamos que nos quiere dañar, que tenemos que defendernos y en seguida nos cerramos mientras elucubramos cómo escapar de la situación o generando un contra ataque.

A MI ALMA GEMELA

Pasé una buena parte de mi vida buscándote,
tratando de hacerme merecedora de ti.
Me esforcé sin límites por perfeccionar mi naturaleza
y atraer así a mi vida a alguien capaz de embellecerla, dignificarla,
disolviendo su sensación de no ser nadie.
Difícil empresa destinada al fracaso.
Ningún ser humano posee la capacidad
de llenar mis más profundos anhelos,
de comprender mis silencios, de acompañar mi desnudez,
de conectarme con mi esencia,
de saciar mi sed profunda de amor.

Tantos años de expectativas frustradas dejaron en mí una profunda comprensión. Y el más genuino agradecimiento surge ahora por lo que entonces me atormentó: que no funcionaran mis relaciones soñadas, que mis supuestas *almas gemelas* me defraudaran, llevaba consigo una lección tan valiosa y llena de amor que, sin ese duro aprendizaje, no hubiera podido asumir.

Esa lección maravillosa es muy simple: todo lo que buscaba ahí fuera, contenido en un ser humano, era la proyección condensada de los más preciosos dones que la vida me ha estado ofreciendo siempre, y que en mi búsqueda ciega no podía ver. Repartidas en cada aspecto de mi existencia, las cualidades y valores que trataba de encontrar en alguien especial que me acompañara, me sonríen a cada paso. La energía, la dicha, la consciencia, el amor, la inspiración, el impulso para crear, brotan de mi fuente interna eternamente. Basta que me conceda el lujo de detenerme a contemplar la verdad, dirigiendo hacia dentro esa energía que malgastaba en cansinas búsquedas externas.

Mi *alma gemela* eres tú, que me estás leyendo, y la luz que inunda esta habitación, y el aliento que me respira, y el sonido de esas ramas que el viento agita suavemente. Y también la presencia amable de mi compañero de vida, que no es todo para mí, porque nadie puede serlo; saberlo es la mejor manera de amarnos. Entonces dejamos de exigirnos lo imposible y empezamos a contemplar una nueva posibilidad: servirnos de espejo, permitiéndonos, a través de lo que experimentamos juntos, acceder a nuestra verdadera identidad.

Cada ser humano, cada cosa, cada situación con la que me relaciono tiene esa ofrenda para mí: recordarme mi esencia. Solo necesito darme cuenta, cuando me enfoco en ellos, que no tengo que *hacer nada* en torno a las formas que van adoptando: ni buscarlas, ni rechazarlas, ni cambiarlas. Que tal como se están presentando me invitan a ir más allá de ellas y a descubrir la esencia que nos une.

Ese es el amor que contempla más allá del cuerpo. Ese era el amor que, en realidad, estaba esperando o buscando en un *alma gemela*, en una relación. Ese es el regalo inmenso que ahora vibra en mi interior.

MI VERDADERO COMPROMISO

Mi verdadero compromiso no puede restringirse a una
persona, a una situación externa, a una relación.

Es con la vida, y es sellado en la profundidad de mi ser,
se expresa en cada célula de mi cuerpo,
se expande por mis espacios subatómicos
y es proclamado por los firmamentos estelares,
que también me constituyen:

Sea cual sea la apariencia que tomes, vida mía,
no me alejaré de ti juzgándote, interpretándote,
temiéndote, eludiéndote, bloqueándote...

Permaneceré en íntima comunión contigo,
abrazando cada una de tus partículas.

Seré un hogar para ti,
el espacio de dulzura en el que tus hijos
descansen sin miedo.
Seré la luz serena en la que puedas expresarte.
Seré toda para ti, vida mía.
Pues soy tú.

NUTRIDOS DESDE DENTRO

UN POCO DE HISTORIA

Uno de los grandes temas de mi vida es la nutrición. Profundizar en ella ha sido una fuente de comprensión y libertad que agradezco y disfruto cada día. Aunque en este capítulo no me extenderé con detalle, quiero compartir contigo las líneas esenciales de lo que ha ido siendo mi exploración. Comprender la nutrición en su sentido más amplio es, para mí, otra puerta hacia el descubrimiento de lo que somos, y una invitación más a salir del modo *hacer* en el que nuestras mentes viven involucradas.

Desde muy niña, la comida era algo que me pesaba. Y sabía, en lo más íntimo de mi consciencia, que esta pesadez provenía de un uso de los alimentos que no tenía que ver con mis verdaderas necesidades. En palabras simples, no comía por hambre, sino para colmar huecos emocionales.

Sabía y sentía que la mayor parte de aquello con lo que llenaba mi estómago no me nutría verdaderamente, sino que bloqueaba mi sistema. Creo que nací sabiéndolo y esta intuición se iba confirmando. La vida me ofrecía de vez en cuando la experiencia de sentirme completamente nutrida cuando estaba llena de inspiración, alegría o de amor. Y me daba cuenta de que, en esos momentos, no necesitaba nada. Me sentía plena, y cualquier alimento sólido que tomara no hacía sino obstruir mi estado de fluidez y de expansión.

En mi vida corriente, no sentía hambre realmente. Sin embargo, al tratar de amoldarme a lo que se consideraba normal, aceptable o deseable, me fui habituando a las tres o cuatro comidas diarias al uso. Estas, poco a poco, se hicieron *necesarias,* más que por su aporte nutritivo, ahora lo sé, por la sensación de seguridad, consuelo, placer, conexión, merecimiento y tantas otras emociones derivadas que compensaban mi profunda sensación de carencia e insuficiencia.

A los dieciocho años, en el estado expandido de consciencia que experimenté durante un tiempo, mi modo de nutrirme se puso en cuestión profundamente y se desencadenó un proceso de intensa investigación en mi propio cuerpo. Quería descubrir cuáles eran mis verdaderas necesidades.

Desde la dieta vegetariana, que me acompañó desde entonces de forma totalmente natural, fui explorando todo tipo de variantes. Todo me invitaba a ir reduciendo los productos más densos y elaborados. Si prestaba atención a mi cuerpo, lácteos, cereales, proteínas, eran naturalmente dejados de lado. Casi siempre terminaba tomando frutas y ensaladas, alimentos vivos, sin cocinar. También pasaba muchos períodos tomando solo frutas o zumos, lo que me aportaba una gran vitalidad y bienestar.

A los veintiún años descubrí el ayuno. Pasar mis primeros tres días sin comer, solo bebiendo agua, fue una experiencia de renovación profunda. Siguieron en seguida muchos períodos más largos, de cinco, ocho y diez días, que poco a poco aumentaron en duración. Mi anhelo de explorar esta posibilidad crecía y, sin darme cuenta, me sorprendía pasando sin esfuerzo cuarenta o sesenta días sin ingerir alimentos sólidos, mientras continuaba con mis actividades normales.

El descubrimiento fundamental era el aumento de energía que experimentaba, la extraordinaria ligereza y activación creativa de mi mente, pero sobre todo, una maravillosa sensación de libertad de eso que tanto me pesaba: comer sin necesidad real.

La profunda intuición que tenía desde niña se activó enormemente y, desde entonces, cuando no estaba ayunando, me dedicaba a explorar con lo que comía, tratando de descubrir qué necesitaba realmente mi cuerpo y qué era pura búsqueda de compensación emocional. Me daba cuenta de que, con cantidades mínimas, mi cuerpo y mi mente funcionaban mucho mejor que con platos convencionales de comida.

Encontraba mucho espacio en mí para la creatividad y el disfrute de mi verdadera naturaleza, libre y abierta.

Empecé a darme cuenta de que, para mi cuerpo, como sucede en los tratamientos homeopáticos, cuanto más pequeñas eran las dosis, más intenso era el efecto de la sustancia que tomaba.

Sinceramente, rara vez he tenido la experiencia en mi vida de que comer me aporte algo mejor que no hacerlo. Lo contrario ha sido la tónica habitual. Mi salud y mi nivel energético aumentaban cuando no creía en la necesidad de comer para estar bien.

La experiencia de ser madre me lo confirmó ampliamente. Mi embarazo no fue un período en el que comí más, como sucede habitualmente. Seguí cultivando la escucha sincera de mi cuerpo y aceptando sus señales. Mi hijo nació sano y pleno de vitalidad. Lo amamanté dos años con leche abundante que no podía provenir solo de mis comidas, pues seguían siendo bastante frugales y no coincidían para nada con las prescripciones convencionales. Mi convicción profunda era: si yo escucho a mi vida, nada me puede faltar, pues la vida es pura inteligencia. Sabe más que yo.

La experiencia me lo sigue confirmando: me siento, desde hace muchos años, llena de energía y salud. Y eso se ha reflejado en mis análisis clínicos cada vez que he querido tener una constatación más objetiva de lo que yo ya sé.

Mi exploración se hizo mucho más intensa desde el año 2000, cuando descubrí que había más personas en el mundo que compartían mi experiencia. La clave fundamental fue hacerme consciente de que un modo de nutrición poderoso se daba en mí desde siempre sin haberlo sabido identificar como tal. Comprendí que, desde mis dieciocho años, el momento en que descubrí el poder de mi respiración como fuente de vitalidad, estaba nutriéndome intensamente de la energía de la vida, el prana. No solo bajo la forma de alimentos sólidos, sino también en su estado libre, a través de la respiración, la luz, los estados de inspiración que experimentaba y todo lo que vivía en mi cotidianeidad.

En realidad, es así como todos somos nutridos y sostenidos, yo no soy ninguna excepción. Simplemente, tomar consciencia de ello intensifica esa experiencia.

Mi vida desde entonces es un camino que me lleva una y otra vez a la comprensión de que, cuanto más conectada estoy con mi existencia, cuanto más la honro y me uno íntimamente a ella, más completa me siento y menos necesidades experimento, incluida la de comer.

No es que nos nutra la luz, el prana, o como lo queramos llamar: es que somos eso, en esencia. Todo lo que consideramos que nos alimenta externamente no es sino el símbolo que utilizamos para unirnos a esa fuente de vida que subyace a todo.

Al comer con esta consciencia, nos sentimos nutridos en profundidad, sea cual sea el alimento que ingerimos, ya que no nos circunscribimos a su forma sólida externa, sino que nos unimos a la esencia que compartimos con él.

Todo es energía, todo es luz. En realidad, cada cosa, persona o experiencia que llega a nuestra vida, tiene el don de renovarnos y vitalizarnos si nos acercamos a ellos conscientes de nuestra unidad esencial.

Cuando nos separamos de esa consciencia, todo se hace costoso y difícil y nuestra vida se convierte en una búsqueda esforzada de alimentos y situaciones que nos llenen: *«Ganarás el pan con el sudor de tu frente»*. Esta frase bíblica expresa que tenemos que *hacer* muchas cosas con esfuerzo cuando nos alejamos del hogar, de nuestra unidad profunda con la existencia que nos sustenta. Sentirnos nutridos tiene todo que ver con volver a experimentar esa unidad y recuperar la ligereza y luminosidad que somos en esencia.

Hace años que renuncié a definirme en base a mi alimentación. Ser vegetariana, vegana, frugívora o incluso pránica, son solo etiquetas y, cuando me identifico con ellas, me separo de mi autenticidad y mi libertad. Cada momento, si estoy conectada con la vida y escucho mi cuerpo, es diferente. Restringirme a un sistema establecido de nutrición, me parece una limitación innecesaria cuando la existencia, en sí misma, nos alimenta constantemente de mil maneras.

Me encanta vivir con la confianza de que todo lo que necesito me es ofrecido de forma natural y mi cuerpo tiene la maravillosa capacidad de guiarme. Escuchándolo me doy cuenta de que todos los conceptos que había aprendido sobre sus supuestas necesidades de nutrientes y cantidades de comida son solo eso: conceptos que solo se hacen reales para nosotros si creemos en ellos y les damos el poder de dirigirnos.

Cuando vivimos en conexión con lo que somos, la nutrición, como tantos otros aspectos de la vida, se empieza a desenvolver de un modo muy espontáneo sin responder a ningún parámetro establecido. Casi sin darme cuenta puedo pasar períodos solo bebiendo o tomando frutas y ensaladas u optando por probar una pequeña cantidad de cualquier alimento que, por alguna razón, mi cuerpo me pide. Sea lo que sea, confiar en su sabiduría y llenar de atención y cariño lo que tomo es, para mí, más nutritivo que ingerir una mayor cantidad de ese mismo alimento de forma automática.

Mi único compromiso es la coherencia con mi vida. Y en esta conexión, todos los juicios desaparecen, y con ellos, las culpas y los temores, que son emociones desgraciadamente muy ligadas al comer cuando lo hacemos desde el control del pequeño personaje.

La cuestión no es comer esto o lo otro, o no comerlo. Ambas posibilidades se refieren a lo que hago o no hago, y cuando me enfoco en una de ellas, mi consciencia se estrecha al olvidar lo esencial, la verdadera fuente que me alimenta, la vida. Vivir en contacto con ella nos permite ahorrar mucha energía en hacer tantas cosas relacionadas con la comida, ya que naturalmente nos sentimos guiados, llenos de vitalidad y renovados sin tener que invertir demasiado en conseguirlo.

Como decía Jesús: *«No andéis preocupados por vuestra vida, por lo que comeréis o por vuestro cuerpo, con qué os vestiréis... Mirad las aves del cielo: no siembran, ni cosechan, ni recogen en graneros y vuestro Padre celestial las alimenta... Buscad primero el reino de Dios, y lo demás se os dará por añadidura»*.

Nuestro problema es que hemos hecho de la añadidura lo esencial, olvidándonos del reino, es decir, de nuestra verdadera felicidad que brota de sentirnos uno con la vida.

¿Por qué me he decidido a compartir esta experiencia? Porque es un modo de apoyar el mensaje esencial de estas páginas. La comida es uno de los modos o excusas para *hacer* muchas cosas en este mundo de la superficie en el que tendemos a sentirnos aislados y carentes. Cuestionar sus bases puede invitarnos a acceder a la experiencia de ser sin esfuerzo, dejándonos nutrir por la vida en todas sus manifestaciones y acercándonos así a nuestra naturaleza esencial.

Veamos todo esto, profundicemos en la diferencia entre comer y sentirnos nutridos realmente.

COMER O LLENAR UN HUECO

La alimentación es un área de nuestra vida en la que nos implicamos intensamente, estando en la base de muchos de nuestros movimientos. Trabajamos con la idea de *ganarnos el pan,* nos esforzamos en la adquisición de los mejores alimentos, en su transporte y preparación, pensamos con frecuencia en lo que comeremos, en sus valores nutritivos y en sus efectos sobre nuestro cuerpo. Planificamos dietas, exploramos nuevas recetas, hablamos sobre el tema, programamos comidas, organizamos espacios en torno a ellas... Pensamos y *hacemos* muchas cosas relacionadas con el hecho de alimentarnos y una buena parte de nuestra energía es invertida en ello.

Lo curioso es que, a pesar de ser algo aparentemente tan importante para nosotros, le dedicamos muy poca atención real. Nuestra mente vagabundea mientras comemos, pensamos en mil cosas que no tienen que ver con el alimento que tenemos delante. Emocionalmente, al comer, nos sentimos muchas veces ansiosos o tensos, preocupados o culpables. Y con frecuencia, la prisa nos embarga, no concediéndonos más que unos minutos para saborear lo que tanta energía ha requerido para estar ante nosotros.

Comprendamos esto, en lugar de juzgarnos por ello. Mientras sigamos considerándonos como entes aislados y, por tanto, necesitados, seguiremos enfocando nuestra energía en el reino de los objetos y los sucesos que van y vienen.

En el caso de los alimentos, buscando en ellos algo que creemos nos falta. Y desde esa perspectiva, entenderemos la nutrición como el modo de llenar un hueco, completar un vacío, saciar una carencia a base de cosas externas. Es decir, la reduciremos al acto de *comer*, siendo este solo una pequeña manifestación de la verdadera nutrición, algo mucho más amplio que siempre está sucediendo, pero a lo que no prestamos atención, hipnotizados con la creencia de que comer es nuestra fuente fundamental de vitalidad y bienestar.

Vivir desde esta perspectiva, como venimos viendo, genera ansiedad y un estado de búsqueda constante desde el que es difícil conectar con nosotros mismos. Podemos observarlo, por ejemplo, en presencia de los alimentos. El ritmo frenético de nuestra mente y de nuestro vivir nos separa del disfrute y del bienestar natural que la experiencia de comer supone.

Qué bello es apreciar el simple goce de alimentarnos, el placer de contemplar, tocar, oler o saborear una fruta, de la sensación energética que el masticar nos ofrece. ¡Qué necesidad sentimos de recuperar el deleite de ser nutridos por cada detalle de la vida!

Estos anhelos surgen del alma, y a veces los concebimos como algo irrealizable. Sin embargo, esta aparente utopía solo es tal desde el punto de vista del *pequeño yo*. Como venimos comprendiendo, todo tiene que ver con el modo en que nos consideramos. Si nos reconocemos como la vida pura y libre que somos, estamos siempre nutridos, es decir, vivimos en comunión permanente con su vitalidad. Somos ella y todo es un constante intercambio energético.

Pero al identificarnos con esta forma corporal cerrada nos sentimos limitados y empobrecidos y pasamos la vida buscando cosas que nos llenen, centrándonos en la comida y la bebida, y dándoles un lugar prioritario en nuestras vidas.

Y no es que carezca de importancia, pero reducir la nutrición al ámbito del comer es una enorme limitación que nuestra mente condicionada ha aceptado como válida. Al haberle dado tanta importancia a lo que comemos o no, a sus condiciones externas, nos perdemos fácilmente la dimensión del ser, es decir, de la consciencia que subyace a todo ese ir y venir de alimentos, de pensamientos relacionados con ellos y de emociones desencadenadas. Proyectamos en la comida, como en tantas otras cosas, algo que no se encuentra ahí: nuestra nutrición profunda y nuestra paz.

La verdadera nutrición está siempre sucediendo. El sol, el aire, la tierra, el agua, los seres humanos, las experiencias, los ambientes, todo lo que tocamos o vemos, los alimentos, las ideas que nos visitan, las emociones que nos atraviesan... son formas que contienen esa vida que es su fuente. La vida es nutritiva en sí misma.

Al darles tanto poder a las formas, hemos olvidado el espacio luminoso y vivo del que todo ello es expresión, ese campo esencial de consciencia y vida que somos, fuente de todos los objetos en los que proyectamos nuestras necesidades.

Focalizando la atención en las condiciones externas, tratando de cambiarlas o controlarlas, abandonamos la vitalidad de este momento, la amplitud nutritiva que sostiene todo, nuestra vida interior, y nuestra consciencia se estrecha. Nos sentimos entonces vacíos, y buscamos algo más consistente que llene ese espacio que percibimos como un hueco o una carencia de algo sólido.

Nada más alejado de la verdad, sin embargo. De ahí nuestra relación, a veces compulsiva, con los alimentos, en los que proyectamos la satisfacción que no hemos sabido encontrar en nuestra conexión natural con la existencia.

INTIMAR CON LOS ALIMENTOS, INTIMAR CON LA VIDA

Comer es una de esas experiencias que nos ofrecen la posibilidad de vincularnos cada día con lo real. Tiene el poder, a nivel profundo, de conectarnos íntimamente con la existencia, dejando de percibirnos aparte de ella. Igual que beber, respirar, relacionarnos con otros seres vivos o con lo que parece estar fuera de nosotros.

Podemos aprender comiendo a no separarnos de este instante, a acoger todo lo que se nos ofrece: la sensación de tocar esta fruta, sus colores, el sonido entrañable del crujir del pan, el del agua al verterse en el vaso, la sensación del aliento que está saliendo del pecho ahora mismo, la luz que inunda la habitación, envolviéndola en su calidez... Le damos espacio a todo y lo acogemos desde el corazón, disolviendo la aparente separación.

Cuando tenemos delante cualquier alimento, la vida está ahí ofreciéndonos intimidad. Podemos aceptarla o preferir pensar en otra cosa, en lo que nos pasó esta mañana o en los valores nutricionales de lo que comemos. Pero intimar no es eso. Es una experiencia que va más allá del pensar y de los conceptos que dividen la vida en porciones. Me acerco con todo mi cuerpo, entro en mis sensaciones y respiro, abriéndome a la energía que me penetra en este instante, al aroma de ese bocado que ahora siento deslizarse en mi boca.

Respirar en cualquier situación y, en particular, con los alimentos, nos acerca a ellos, profundizando nuestra experiencia real. La respiración activa nuestra sensibilidad, despertando un estado de atención sereno y amable hacia todo lo que vamos experimentando.

Cuando sintonizo con mi respirar mientras como, los alimentos se hacen reales para mí. Dejan de ser ideas o cosas separadas para convertirse en experiencias, en sensaciones, energía en movimiento, pura vitalidad.

Observo, mientras respiro con suavidad, cómo se amplifican las sensaciones que van sucediéndose. Percibo que la vitalidad contenida en cada bocado se libera realmente al masticarlo con esta consciencia. Me siento invadir por un torrente de energía radiante que me refuerza llenándome de bienestar.

La repetición de esta experiencia, que se fue haciendo habitual desde muy joven, me ha ido aportando la constatación de que solo los primeros bocados de comida me vitalizan de verdad. Los demás, me pueden servir como relleno emocional o quizás como pasatiempo cuando estoy con más personas.

Explorando, me he dado cuenta, siendo realmente honesta y veraz conmigo misma, de que una cantidad ínfima de comida tomada conscientemente me aporta todo lo que necesito. Hoy sé, como decía al principio, que esas pequeñas cantidades, como las dosis homeopáticas de cualquier sustancia, tienen para mí más poder que porciones mayores de alimento, cuando son tomadas con la consciencia de la vida que contienen. Cuando ingerimos sin conectar con nuestras necesidades reales, se producen más bien atascos y sobrecarga en nuestro sistema que bloquean nuestro impulso e inspiración.

Sinceramente, creo que hay todo un mundo de posibilidades a explorar en cada bocado que tomamos.

Lo que nos alimenta de verdad no son las cantidades de comida con las que llenamos nuestras mesas y nuestros cuerpos.

Ese *pan nuestro de cada día*, no es solo el alimento físico, sino la vida que nos nutre constantemente sin que tengamos que esforzarnos para conseguirlo.

En todo lo que aparece en el mundo de las formas, subyace esa vitalidad que es nuestro verdadero alimento si sabemos conectar con él más allá de la apariencia que percibimos. Envolviendo esas formas, un inmenso océano de vida nutritiva lo sostiene todo. Somos como peces sumergidos en él que han perdido la consciencia de ese océano creyéndose separados.

Vivir esta conexión mientras comemos (o en cualquier situación) no es una meta a conseguir con esfuerzo. Al contrario, es extremadamente simple porque no hacemos nada excepcional, salvo aquietarnos y concedernos un espacio y un tiempo de calidad para una experiencia que, de tan cotidiana, se nos pierde en la inconsciencia.

Desplegamos tal actividad de todo tipo (mental, emocional, física) en torno a la comida, que el simple aquietarnos y no hacer más que eso, vivir el comer, se nos aparece como algo difícil o inaccesible, cuando en realidad, es lo más sencillo.

Es lo que hacen naturalmente los niños desde que nacen. ¿Has observado a un bebé tomar el pecho? A mí siempre me conmueve la entrega y la absoluta concentración en el mamar. No existe nada más en ese instante para él.

Comer con esta atención es una experiencia que tiene el poder de reconciliarnos con la existencia y dejarnos nutrir por ella a niveles muy profundos.

El contacto cotidiano con los alimentos es una fiesta de sensaciones, olores, sonidos, sabores, colores y formas que puede, no solo incrementar nuestro goce sensorial, sino permitirnos activar nuestra consciencia.

Ante la comida se revelan también nuestras emociones y pensamientos. Todo un mundo que espera ser contemplado y atendido.

Las pausas, la respiración atenta, los movimientos conscientes de nuestras manos, la atención a nuestros impulsos, a la posible ansiedad que se despierta, el aprecio de todo lo que sentimos, la consciencia de los seres que están a nuestro lado... convierten el comer en una oportunidad única para experimentarnos como consciencia en nuestra vida cotidiana.

En realidad, no hacemos nada: más bien dejamos de hacer. Dejamos de utilizar la comida para nutrir al pequeño personaje que piensa la vida y le imprime su ritmo y sus patrones. Y liberamos esta experiencia dejando que recupere su goce y su inocencia. Como cuando éramos niños y disfrutábamos de cada bocado sin urgencia, embelesados con cada sensación, textura, color, sabor y aroma de lo que comíamos.

Seguramente lo has observado en ciertos momentos de tu vida. Cuando estás sereno y conectado con el presente, apreciando sus matices, no experimentas tanta necesidad de buscar alimentos o sustancias para sentirte bien. El presente es nutritivo, en sí mismo, si nos abrimos a él.

La experiencia de comer con amor y consciencia nos capacita para nutrirnos de la vida en sí misma, bajo todas sus formas, no solo a través de los alimentos sólidos.

El impulso ávido de buscar más cosas, alimentos, personas, experiencias, va disolviéndose poco a poco para dejar paso a un estado de contemplación que aprecia intensamente los pequeños detalles de la existencia, esos que antes pasaban inadvertidos.

Vamos accediendo naturalmente a una sensación interna de estar profundamente nutridos, sostenidos sin esfuerzo.

SUGERENCIA

Te propongo una experiencia de no hacer mientras comes.

Decide utilizar una de tus comidas (puede ser una simple merienda o un tentempié) para explorar serenamente todo lo que vives en contacto con los alimentos que tomas. Dispón la comida que hayas elegido ante ti como se la ofrecerías a tu mejor invitado.

Siéntate cómodamente con la intención de regalarte este tiempo y este espacio sin tratar de conseguir nada. Solo estar en tu propia compañía natural.

Dedica unos momentos a sentir tu respiración tal y como es. Quizás descubras un poco de agitación en ella si estás experimentando cierta ansiedad, o urgencia... Sea como sea, nótala. Sintoniza, en particular, con la espiración, observando su evolución sin juzgar. Deja que se libere una y otra vez mientras permites que el aire vaya entrando por sí solo en cada inspiración.

Siente también la totalidad de tu cuerpo, el modo en que estás apoyándote sobre el asiento, las sensaciones en el área de tus pies, en tus manos, la espalda... tu cuerpo entero respirando, tu mandíbula, tu boca por dentro...

Percibe también tu estado emocional: ¿tranquilidad, prisa, aburrimiento, ansiedad, bienestar, comodidad...? Atiende todo lo que está apareciendo. Dale la bienvenida a todo.

¿Y tu mente? ¿Qué dice? ¿Qué comentarios hace? ¿Van muy deprisa tus pensamientos? ¿Qué emociones generan? Si estás experimentando ansiedad, prisa, impaciencia o cualquier otra emoción, dedícate unos minutos a observarla, dándole espacio para procesarse.

Cuando sientas más serenidad, contempla con todos tus sentidos lo que vas a comer. Mira atentamente, huele, toca, siente el aire que roza tu piel, escucha los sonidos que te rodean. Contempla las formas y colores de los alimentos que vas a tomar. Si hay personas contigo, toma consciencia de cómo te sientes en relación a ellas. Son también nutrición para ti. Y tú para ellas. Estáis interconectados. Respira en su presencia...

Entonces, toma un primer bocado: es tu único bocado. Hónralo porque es tu vida de este instante. Y vívelo con la intensidad de un niño que come algo por primera vez. No sabes nada de este alimento, ni de su sabor o textura, ni de su efecto en ti. Intima con él y dale tu atención dentro de tu boca masticándolo hasta que se convierta en un líquido que, por sí mismo, sea tragado.

Sintoniza con tu respiración mientras vives así el resto de tu experiencia. Nota tu inspirar y tu espirar de vez en cuando mientras masticas o entre los bocados. Detente de vez en cuando a crear espacios de consciencia, de sensibilidad. Suelta tu cubierto y deja que tus manos descansen mientras masticas... Descubre un universo de sensaciones nuevas que está ahí para nutrirte y acompañarte.

Descubre, sobre todo, tu presencia: al prestar atención a esta experiencia en sus detalles, se ha activado enormemente tu consciencia, tu capacidad de darte cuenta. Ella siempre ha estado ahí, la usas constantemente, pero al aplicarla a los detalles del comer, te descubres abierto, sensitivo, presente. Y ése es el gran regalo: el contacto con tu naturaleza esencial a través de los objetos que se mueven en ella.

Quizás surjan en ti sentimientos de gratitud que puedes permitirte expresar en silencio. Habla con los alimentos, habla con la vida en tu fuero interno.

Agradécete a ti también esta oportunidad que te estás dando, este espacio para conocerte y descubrirte.

ADICTOS A COMER

Una gran parte de lo que comemos
no es sino un intento de llenar
nuestra sensación de vacío interior.
Sentirnos plenos y conectados no es algo
que podamos conseguir con comida.
Es nuestro estado de consciencia real,
perfectamente accesible si no le superponemos
el velo del consumo adictivo
que oculta la inocente experiencia del presente.

Muchos de nosotros hemos experimentado alguna vez (o frecuentemente) ese impulso de tomar algo, de meternos cualquier alimento en la boca de forma inconsciente, como si tratáramos de llenar un hueco incómodo. O hemos tratado de sentirnos aliviados cuando nos hallamos emocionalmente molestos, solos, apesadumbrados o confusos ingiriendo cualquier cosa automáticamente, ¿verdad? Y de hecho, si lo seguimos haciendo, será porque de algún modo notamos un alivio del estado en el que nos encontrábamos cuando recurrimos a tomar esos bocados.

Sin embargo, ese cambio no es duradero. Parece que nos calmamos en el rato en que estamos comiendo, pero después, casi inmediatamente, aparece el pesar o el arrepentimiento, si no la culpa por haber recurrido de nuevo a algo que ahora nos produce malestar, pesadez o confusión.

Esos bocados de comida estaban, simplemente, cumpliendo una función adictiva. Es decir, al tomarlos tratábamos de evitar sentir algo (sensaciones, emociones...) que, sin darnos cuenta, rechazamos de forma automática. Eso es una adicción: *«No quiero sentir esto»*, sería su enunciado consciente si nos detuviéramos a contemplar el mecanismo. Como normalmente no lo hacemos, vamos a hacerlo ahora.

La raíz de todas nuestras adicciones, son los sentimientos desagradables que aparecen como consecuencia de un error mental que está en la base de nuestro sistema de pensamiento: la separación.

«Soy un ser separado. Aquí estoy yo y ahí está el mundo. Y entre nosotros hay una barrera. Me siento solo, desamparado, desconectado y esto es muy desagradable... Tengo que hacer algo: defenderme, buscar el modo de sentirme aceptado y reconocido en un universo que no parece notar mi presencia o, si la nota, la rechaza». Todos los demás patrones mentales dolorosos se derivan de este.

Este no es el estado natural del ser humano. Cuando nacimos, no experimentábamos esta desconexión: había una continuidad natural. Se dice incluso que, en los primeros meses, el niño no distingue dónde termina su cuerpo y empieza el mundo que llamamos externo. Solo después, por el condicionamiento del ambiente, aprende a percibir desde la separación un mundo de cuerpos sólidos desconectados unos de otros. Lo cual es un error, como la física nos viene diciendo ya desde hace años. Todo es energía y todo está conectado.

Nuestra forma de percibir no está en sintonía con la realidad. Por eso sufrimos, por habernos encerrado a nosotros mismos en unos límites corporales que están en contradicción con la verdad profunda de la vida.

Al percibir esta separación del mundo que nos rodea, generamos mecanismos de defensa que nos permitan sentirnos aceptados, acompañados, protegidos, más conectados... Y creamos formas artificiosas de expresarnos que nos garanticen una seguridad que creemos que nos falta: nos forjamos un personaje y vivimos repitiendo papeles que no son naturales y que demandan un esfuerzo.

¿Resultado? Incomodidad, sufrimiento, desconexión, inseguridad, miedo, malestar... Emociones bloqueadas que no encuentran su salida y que nos provocan sensaciones desagradables en el cuerpo: cerrazón, aislamiento, ansiedad, presión, tensión, vacío...

Al no saber cómo abordarlas, las evitamos y escondemos. Acumuladas, las percibimos como algo realmente amenazador y tratamos de evitar que se manifiesten.

Cuando aparecen, empezamos a buscar remediar estas sensaciones de mil maneras. No podemos vivir así. Al sentirnos tan aislados, experimentamos pobreza, carencia, vacío, soledad... y buscamos fuera *algo* a lo que agarrarnos.

En realidad, es un error de percepción. No hemos tenido la oportunidad de conocer nuestra naturaleza amplia, al identificarnos con esa versión limitada de nosotros mismos. Desde esa percepción errónea es normal que busquemos paliativos. Es una búsqueda compulsiva de *algo* que nos llene, nos calme, nos conecte y nos evite sentir nuestro malestar, nuestro aparente aislamiento o nuestra sensación de insuficiencia.

Este buscar toma muchas formas: hacer cosas, trabajar desmedidamente, encontrar relaciones que nos llenen, tomar sustancias o, simplemente, *comer.*

El *comer*, cuando no responde a un hambre real, puede cumplir muchas funciones:

- Hacernos sentir conectados con algo cuando experimentamos aislamiento o soledad.
- Dejar de pensar cuando estamos agobiados por pensamientos dolorosos o confusos y necesitamos desconectar de ellos.
- Llenar un hueco emocional, que se siente como una especie de vacío en algunas zonas de nuestro cuerpo si nos detenemos un poco.
- Darnos un descanso cuando estamos cansados de buscar, sea cual sea la naturaleza de la búsqueda...
- Aliviar la sensación llamada *aburrimiento* (que podemos traducir como falta de contacto con nuestra energía vital).

- Sentir que existimos, cuando no nos sentimos a nosotros mismos.
- Tapar emociones indeseadas: ansiedad, enfado, rencor, tristeza, miedo...
- Conectarnos con las cualidades emocionales que, inconscientemente, proyectamos en los alimentos y en la experiencia de la comida: suavidad, dulzura, consistencia, ternura, abundancia, deleite, merecimiento...

Cuando aprendemos a aceptar completamente todo lo que aparece en nuestra experiencia, en lugar de evitarlo, a estar presentes y conscientes de todo lo que vivimos en este momento, conectamos con lo que somos de verdad: la consciencia, nuestra naturaleza verdadera. Ella lo alberga todo: nuestra sensación de necesidad, de carencia, nuestros impulsos de búsqueda, nuestra soledad, nuestra sensación de estar separados.

Contemplar todo eso sin hacer nada es lo único que necesitamos, como venimos aprendiendo en estos capítulos. Volver al momento presente y abrazarlo es la única manera de sentirnos alimentados continuamente.

Rechazar este momento para buscar la vida en otra situación, objeto o experiencia, es lo que nos deja desconectados, desnutridos, hambrientos, desubicados.

La vida es aquí. Es, para cada uno de nosotros, este instante sagrado que estamos viviendo. Y, muchas veces, no lo queremos. Nos parece pequeño, poca cosa. Sin embargo, la clave de la felicidad se encuentra con frecuencia en lo más ínfimo, lo más simple, lo más despreciado. La enseñanza de los grandes seres de la humanidad, como Jesús, siempre se ha detenido en el amor y el aprecio de lo que el ego no considera. Y lo más pequeño, vulnerable e inadvertido es este momento. Este instante es como una criatura inocente que contiene todo lo que necesitamos. Pero nos lo saltamos buscando lo grande. Nos saltamos nuestros sentimientos, nos tragamos nuestro dolor, nuestra angustia... buscando más allá. Este movimiento de separación de lo real es la raíz de todo nuestro sufrimiento, porque cuando nos vamos, estamos traicionando y despreciando nuestra vida, lo único que tenemos. Y generando así una ansiedad que no sabemos cómo manejar.

Buscamos calmar esas sensaciones difíciles por medios que no son adecuados. La comida no puede llenar el vacío de atención que nuestros hijos internos nos piden. Nos alejamos de ellos desconectando de sus emociones para taparlas con algo que no necesitan y que les bloquea aún más.

Necesitamos devolver a los alimentos su verdadera función. Dejar de usarlos como tapadera, como instrumentos del ego para mantenernos separados de nosotros mismos.

Cuando nos sentimos conectados con la existencia, difícilmente experimentamos vacíos o deseos compulsivos. Algo nos nutre, por ejemplo, cuando estamos enamorados o entusiasmados, como si un alimento invisible nos diera toda la energía que necesitamos.

Recuerda uno de esos momentos de tu vida en que sentías tanta motivación por algo que apenas pensabas en comer. ¿Te ha sucedido? O quizás, si sentías apetito, tu relación con lo que comías era mucho más desapegada y placentera. ¿Había urgencia cuando te encontraste por primera vez para cenar con la persona de la que te acababas de enamorar? Y mientras desarrollabas aquel proyecto magnífico, ¿tus pensamientos estaban enfocados en la comida? Seguramente no, ¿verdad?

El hambre, en momentos así, o bien desaparece o se manifiesta como simple hambre, necesidad inconfundible de nuestra fisiología.

En el estado de consciencia restringido en el que nos solemos encontrar, pensando y actuando constantemente, la capacidad de distinguir entre lo que es el hambre real y la necesidad compulsiva de llenar un vacío emocional casi desaparece.

Una vez más, necesitamos aquietarnos y sentir, observar cuidadosamente todo lo que experimentamos en relación con los alimentos. Con ellos hemos establecido una relación de dependencia, muy similar a la que se establece con otros seres humanos, desde la sensación de carencia y limitación. Sobre ellos proyectamos tanto la satisfacción de nuestras necesidades emocionales como, a veces, la culpabilidad por nuestros estados.

Y nada de esto es real, ni en relación con otras personas ni en relación con los alimentos. Nada ni nadie puede llenar nuestro íntimo anhelo de compleción. Nada ni nadie es culpable de nuestros estados de insatisfacción por mucho que tratemos de proyectarlos fuera.

Observemos juntos comprendiendo mejor esta cuestión del vacío, ese espacio que tanto nos asusta.

LA COMIDA Y EL ESPACIO

El espacio es una gran clave en nuestra vida. Huimos con frecuencia de él llenando nuestra cotidianeidad de cosas, personas, experiencias, pensamientos... y, sin embargo, comprenderlo y vivirlo es nuestra mayor necesidad para reconocer nuestra realidad esencial.

Permitirnos el espacio en nuestra vida engendra, a veces, temor. Nos parece que, sin objetos y ocupaciones a las que agarrarnos, no sabremos estar en paz y surgirá la angustia: nada que hacer, nada con lo que entretener a la mente, nada que llevarnos a la boca como distracción.

Desde la perspectiva del *pequeño yo*, enfocada en los objetos, esa posibilidad se percibe como una amenaza. Su vida, centrada en las cosas, no tiene sentido cuando no puede jugar con ellas.

Se siente perdido, en el aire. Aparecen sensaciones que identifica «como de vacío» y, si no encuentra nada material con lo que distraerse, se dedica a pensar compulsivamente para evitarlas. Con ello, la pequeña mente se mantiene ocupada, aunque sea sufriendo, pero el vacío emocional sentido en su cuerpo se hace más intenso, ya que toda su energía es invertida en procesos mentales disfuncionales. Busca entonces llenarse torpemente con cualquier cosa, con cualquier sorbo o bocado, sin querer saber que nada material puede hacerlo.

Este vacío, este ancestral vacío que nos aterra sentir, no necesita ser tapado con comida ni con sustancias. Y tampoco sirve rehuirlo. Es simplemente espacio del que podemos ser conscientes en nuestra intimidad. Cuando nos unimos a él, aceptando las sensaciones de temor y vulnerabilidad, se disuelve. Dejamos de vivirlo como algo indeseable o amenazador. Solo era necesaria nuestra presencia, cercanía y amor.

Sé lo difícil que esto puede parecerle a nuestra mente empeñada en llenar huecos, incapaz de soportar el silencio o la *nada*. Sin embargo, también sé que es la única alternativa real al sufrimiento que nos causamos tratando de evitar o de tapar un espacio que solo necesita ser reconocido y aceptado. También precisa ser comprendido tomando consciencia de los pensamientos que lo generan y en los que invertimos nuestra energía.

En nuestra vida cotidiana hay muchos momentos de espera, de incertidumbre o indeterminación en los que aparecen sensaciones de ansiedad, confusión, cansancio, soledad y aburrimiento. En ellas, el impulso de tomar algo suele ser casi automático. Nos hemos habituado a tener algo que beber, chupar o morder, como si necesitáramos mantener nuestra boca ocupada, ya sea con cosas que ingerimos o con palabras que hablamos.

La sensación de espacio vacío en nuestro cuerpo, cuando no está ocupado en digerir, se ha hecho extraña. Siempre hay algo que *tomar.* Nos parece normal que nuestros encuentros o conversaciones estén vinculados al comer, beber o consumir cualquier cosa. ¿Por qué?

De modo irracional, esas sensaciones asociadas al vacío nos parecen amenazadoras, las calificamos como indeseables, y tendemos a relacionarlas inconscientemente con carencia, abandono, soledad o aislamiento.

Nadie nos dijo que podíamos investigar qué hay detrás de esos temores tan antiguos. ¿Nos atrevemos? Se nos antoja como un salto al vacío. Pero en realidad es un encuentro con nuestra intimidad que nos reconcilia con ella.

Esta es mi vía, la fuente de los mayores descubrimientos en mi vida: ir más allá de lo que mi pequeña mente trata de hacerme creer. No lucho contra ella, simplemente me detengo y decido mirar desde una perspectiva más amplia, la del amor hacia mi propia vida, cansada de ser velada con las falsas necesidades que solo ocultan el miedo a sentir.

Podemos ofrecernos la posibilidad de experimentar eso, descansar dejando surgir la urgencia de buscar un paliativo, observando la inquietud en nuestro cuerpo y en nuestra mente. Aprender a permitir que se muevan como oleadas de energía nos abren una nueva perspectiva.

SUGERENCIA

La próxima vez que sientas un momento de vacío, de malestar o ansiedad y el impulso automático de llenarlo con algo...

Detente, no hagas nada. No juzgues este momento. No dejes que la energía de este instante inocente sea usada para la separación o el aislamiento. Vamos a vivir una experiencia diferente.

Nos sentamos o tumbamos para ofrecernos este espacio de intimidad con las sensaciones de vacío que normalmente nos aturden o tendemos a evitar. Nos abrimos, en vez de taparlas con algún sucedáneo. Nos hacemos un poco más porosos, permitimos entrar a la vida. Le damos espacio a todo.

Es decir, dejamos de hacer algo. Nos aquietamos y, simplemente, nos quedamos honrando este instante con nuestra presencia atenta.

Podemos concebirnos como un inmenso espacio abierto en el que aparecen y desaparecen sensaciones, incluidas esas que llamamos «de vacío». Quizás sean intensas, pero las dejamos ser, experimentándolas en su desenvolvimiento.

Respiramos con ellas, sea como sea el movimiento del aliento.

Podemos observar algún impulso de salir de la experiencia. Le permitimos moverse en nosotros, pero no lo seguimos.

¿Cómo es sentir esto? ¿En qué consiste esto que llamo vacío y que tanto suelo evitar? ¿En qué zonas de mi cuerpo aparecen sensaciones relacionadas? ¿Cómo son? ¿Puedo quedarme contemplando un poco sus matices, permitiendo que se mueva en mi lo que normalmente eludo? ¿Cómo siento mi inspiración ahora mismo? ¿Y mi espiración?

Con frecuencia, el área del plexo solar es la que notamos más afectada y puede ayudar mucho posar una mano amablemente sobre él.

Exploramos físicamente cada detalle de eso que parecía tan amenazador acompañándolo con la respiración.

Descansamos observando serenamente las idas y venidas de cada sensación, viviéndolas desde dentro, sin separarnos de su sentir, pero dejándolas moverse libremente en nuestro espacio.

Observamos también los movimientos mentales que nos atraviesan, pensamientos generadores de ansiedad como: «Tengo que terminar pronto», «esto no merece la pena», «no tengo tiempo», «esto es aburrido», «tengo que hacer algo», «lo debería estar haciendo de otro modo», «esto no es para mí»... Y otros que tratan de calmar o tapar el malestar: «Otra vez este hueco, necesito tomar algo», etc. Este monólogo juzga cada instante y nos lleva a retener el aliento, a dejar de participar alejándonos mentalmente de lo que estamos viviendo. Necesitamos observarlo atentamente, en lugar de identificarnos con él.

A continuación, podemos indagar estos pensamientos:

¿Es verdad que necesito tomar algo ya? ¿Estoy seguro de esa necesidad o es algo que doy por cierto automáticamente? ¿Cómo me siento cuando creo que lo necesito? ¿Y si no lo creyera así?

Quizás descubramos que haber otorgado realidad a estos pensamientos es lo que los mantiene activos. Así que, simplemente, dejamos de asociarnos con ellos y de darles nuestra energía. Los dejamos aparecer y desaparecer sin permitir que sigan dirigiendo nuestras vidas.

Seguimos unidos a la respiración y descansamos mientras que todo se mueve aún. Somos la vida que sostiene y penetra cada matiz, cada impulso, cada pensamiento. Quizás descubramos que no hay nada tan atemorizante como creíamos. Son solo sensaciones pasajeras, pensamientos que vagabundean buscando atención, apareciendo y desapareciendo en nuestro inmenso espacio. Este, no hace nada, solo contempla y permite ese vaivén de lo que cambia. Ahí estamos seguros, ese es nuestro hogar en el que podemos dar la bienvenida a todo.

Cuando respiramos en medio de esta experiencia aparentemente difícil introducimos la vida, la energía, en lo que parecía estar muerto. Cada vez que nos permitimos sentir el vacío, sin dejarnos llevar por la urgencia de llenarlo, nos estamos expandiendo y abriéndonos a la consciencia. Nos liberamos así del ilusorio encierro al que nos habíamos condenado al identificarnos con la solidez del cuerpo.

Es esta identificación la que nos insta a seguir tapando los espacios que percibimos, que pueden contradecir esa imagen cerrada que hemos forjado de nosotros y en la que creemos sentirnos seguros. Cada vez que abrimos ese espacio a la vida nos estamos dando la oportunidad de conocernos como algo más que un cuerpo cerrado, necesitado de cosas que lo llenen y de experimentar nuestra verdadera naturaleza espaciosa.

Y desde ahí, donde solo veíamos una posibilidad, *tomar algo,* empiezan a surgir otras nuevas. ¿Dónde estaban? Simplemente dormidas, encerradas, bloqueadas por tanta comida y experiencias innecesarias que nos impedían sentir lo que, en realidad, es un manantial de energía latente que quiere expresarse. Cuando se le abre la puerta, cuando se le permite el espacio para ser, nos sorprende descubrir el potencial que dormía en nuestro interior y que se nos revela como algo totalmente nuevo, vibrante y maravilloso.

Imagínate cómo sería ofrecer los momentos en que experimentas vacío a tu ser auténtico, a esa energía viva que eres y que es pura inteligencia. Estos espacios que hubiera consumido el ego en sus círculos viciosos debilitándote, comienzan a ser tuyos, pasan a empoderarte desde dentro.

ALQUIMIA

Quisiera compartir ahora contigo una experiencia que tuve a mis veintitrés años, que evoco siempre con cariño, relacionada con esta temida sensación de vacío tan compartida por los seres humanos.

Como terapeuta, soy testigo del temor que provoca y de la energía que se utiliza para evitarla de mil maneras. Casi siempre localizada en la zona del plexo solar, esa abrumadora sensación emocional nos puede llevar, por ejemplo, a buscar algo que comer, a tomar cualquier cosa que nos dé sensación de llenar ese hueco insoportable.

En mi vida, esa salida se ha expresado en ciertos períodos en una forma de comer desordenada, picando por aquí y por allá sin consciencia. Lo más difícil de la experiencia era el estado que vivía después: aunque no hubiera comido mucho, me invadía una sensación de desmagnetización, pérdida de energía y vacío aún más dolorosa.

En momentos de estrés o confusión, en los que perdía la sintonía conmigo misma, me veía picoteando, probando esto o lo otro, movida por impulsos automáticos, tratando de calmar instintivamente el vacío generado por mis pensamientos inquietantes o dolorosos.

Durante unos meses, estuve trabajando en una tetería, en la que solía sentirme un poco desbordada en las horas previas a la apertura, pues había muchas cosas que tener en cuenta y poner a punto.

En esa época, mis prácticas de yoga, respiración y meditación eran muy intensas. Y mi anhelo de vivir estados de consciencia expandida en la vida cotidiana, me seguía llevando a introducir la consciencia de mi respirar en muchas actividades.

Una tarde, mientras me dedicaba a preparar varias tartas caseras que acompañarían los tés de la velada, pude vivir una experiencia que abrió un horizonte insospechado en mi vida.

En mi agitación, mientras trabajaba, me veía apresurada, probando distraídamente un poco de crema de chocolate o una pizca del relleno que estaba preparando o apurando algún resto de modo automático.

En un momento en que estaba a punto de llevarme a la boca uno de aquellos pellizcos dulces, tuve una inspiración muy lúcida: *«Espera, respira... Puedes aquietarte un instante».*

Algo se detuvo en mi interior. Me pregunté: *«¿Puedo realmente?».*

A una parte de mí esa pausa se le antojaba imposible, como si me viera arrastrada por un impulso incontenible de tan habitual. Pero en ese momento, no sé por qué, respiré. Solté todo el aire atentamente mientras, asombrada, veía cómo el gesto de mi mano que se movía hacia la boca se deshacía, volviendo a dejar aquel bocadito sobre la mesa.

«¡Puedo!» –me sorprendí victoriosa en mis adentros–. Y una inspiración aún más poderosa apareció entonces en mi consciencia: *«¿Y si en vez de comer esto inhalas amor? ¿Y si dejas este espacio para que sea llenado por amor?».*

Parecía una idea loca, pero me sentí inspirada inmediatamente por ella, pues surgía de lo más profundo de mi ser. En el fondo, siempre había deseado eso, ser llenada por amor en vez de por sucedáneos inútiles. Y ahora, ese anhelo salía a la superficie en forma de una invitación muy simple. Así que puse toda mi intención en abrir ese espacio que estaba creando con mi respiración al amor, una nueva energía fresca que anhelaba con todo mi corazón.

Fue increíble lo que sucedió entonces. Pasé toda la tarde muy atenta a todos los impulsos ciegos que se iban despertando en mí y que, uno a uno, se convertían en desafíos, en posibilidades de expandir mi consciencia clara y amorosa. Sucedía al respirar. Respiraba y abría espacio. Me inundaba de amor al inspirar y soltaba todo impulso inconsciente al espirar.

Aquella noche, cuando salí de allí, me sentía volar. Una energía inmensa me habitaba y me expandía en todas direcciones. Un sentimiento de amor muy bello me conectaba con todo. Me sentía clara y libre, tierna y fuerte al mismo tiempo, como si se hubiera abierto una puerta en mi interior que me mostraba un espacio desconocido de luz y realidad. Era real, era la expresión de mi verdadera naturaleza.

Esta experiencia pervive en mi interior desde entonces como una clave poderosa: la alquimia que puede realizarse interiormente de la mano de nuestra respiración. Ella se encarga de avivar el fuego de la transmutación, aportando la espaciosidad y la fuerza necesaria para que una energía se transforme en otra.

Para que un impulso ciego que alimenta un estado egoico y cerrado se convierta en una energía expansiva y liberadora.

Inspirar y sentir lo que siento: impulsos, tensión...Vivirlo. Y al espirar, soltar todo abriéndome a la vida con la inspiración.

Es necesario el poder de nuestra intención que, por un momento se detiene y se orienta hacia dentro, hacia esa parte sabia y profunda de nuestro ser que sabe cómo hacerlo todo. Y respirar con ella, entregándole lo que vivimos.

Aún hoy, aquella experiencia me guía, despertándome cuando me encuentro en estados débiles de consciencia, cuando se duermen mis impulsos expansivos y la inercia parece sumergirme en los oscuros corredores del pasado. Recuerdo entonces que dentro de mí vive una maestra, mi respiración, que sabe conectarme con mi potencial más elevado, valiéndose de los aspectos aparentemente más disfuncionales o turbulentos de mi vida. Al abrazarlos y avivarlos con el aliento, se realiza una verdadera alquimia que me permite reconocerme como un ser divino resurgiendo de sus cenizas.

COMER Y AMAR

La vida, en su manifestación, adopta miles de formas con las que tendemos a identificarnos perdiendo la consciencia de la unidad que somos. Por usar de nuevo la metáfora, creemos ser las olas del océano, expresiones externas y provisionales de la profundidad de la que surgen. Mientras vivimos en esta identificación con los fenómenos pasajeros, en el olvido de la consciencia serena del fondo, tenemos la opción de recordarla de un modo muy simple: sirviéndonos de esos mismos objetos que parecen ser los que nos separan de nuestra paz esencial.

¿Cómo? Considerándolos como lo que son realmente: expresiones, modulaciones de esa vida que contienen y de la que proceden. Todos los fenómenos que encontramos aparentemente aislados, yendo y viniendo constantemente en nuestra experiencia, tienen el poderoso don de reconectarnos con nuestra esencia si aprendemos a reconocer la suya. Ello solo es posible, si renunciamos a aceptar la percepción superficial de las cosas en las que se basa el funcionamiento de la mente condicionada.

Entonces, todo se hace muy intenso, pues empezamos a comprender cualquier fenómeno de una manera radicalmente distinta que nos puede transformar completamente. O más bien, aprendemos a abordar cualquier tipo de relación que establecemos con las formas del mundo externo desde una nueva perspectiva.

Desde el *pequeño yo* se dan constantemente asociaciones entre objetos en un plano que podríamos llamar horizontal. Cuando se trata de alimentos lo llamamos nutrición, comprendida como el uso de un objeto para vitalizar a otro.

Igual sucede en el terreno de las relaciones, como hemos visto en el capítulo seis. Una persona es uno de estos fenómenos que busca o cree necesitar a otra para sentirse completa y proyecta en ella la satisfacción de sus expectativas.

Da igual que busque en un ser humano mi felicidad o que se la atribuya a una posesión o a la comida siguiente. La cuestión es: nada de eso, en sí, tiene el don de nutrirnos verdaderamente. Primero, por su carácter ilusorio y pasajero. Segundo, porque lo que buscamos realmente en ese objeto (sea cual sea) es su esencia, su naturaleza profunda. En su presencia evocamos lo que somos de verdad y hemos olvidado. Por eso lo amamos.

Lo que nos atrae o nos conmueve de las cosas (personas, sustancias, situaciones, alimentos...) es su don de recordarnos las notas esenciales de lo profundo: la dulzura, la belleza, la luz, la fuerza, el dinamismo, la felicidad o la paz, de las cuales esas cosas surgen y son reflejos.

Nos sentimos atraídos hacia los alimentos que nos ofrecen la evocación de cualidades que hemos olvidado de nosotros mismos y necesitamos volver a experimentar, lo que nos atrae de ellos tiene mucho que ver con experiencias de ternura, calidez, merecimiento, abundancia, cuidado o amor que tanto añoramos por habernos alejado de ellas.

Todo lo que aparece en la superficie de nuestra vida tiene el poder de devolvernos al fondo. Igual que las olas del mar: si las seguimos en su desenvolvimiento, nos conducen siempre al océano.

Lo que nos frena es confundirnos e identificarnos con las formas en lugar de contemplarlas como reflejos de nuestra esencia verdadera. Sin darnos cuenta, nos quedamos prendidos de ellas y nuestra consciencia se encierra en una imagen limitada de lo que somos, buscadora de objetos que nos completen y olvidándonos de nuestra amplitud.

Desde el limitado punto de vista físico, comer y relacionarnos con las personas son experiencias muy parecidas: algo me atrae de esto o de ti, y quiero incorporarlo a mí, hacerlo mío, de algún modo. Consideramos a las personas y a los alimentos agentes de nuestro equilibrio y bienestar, por eso nos atraen tanto. Y en el mundo de la separación, no puede ser de otro modo.

Olvidamos que tanto las personas como los alimentos son reflejos, postes indicadores, contienen solo migajas de algo mucho más poderoso y profundo que vienen a revelarnos: nuestra esencia. Y esta es la que buscamos de verdad.

Desde esta perspectiva, que podríamos llamar vertical, tanto la nutrición como las relaciones, se convierten en oportunidades de exploración muy ricas. Tienen el potencial de reconectarnos con la consciencia que somos, en lugar de perdernos en la apropiación de las personas o los alimentos que nos atraen.

Si aceptamos entrar en un espacio más profundo y silencioso, podemos contemplar que eso que nos atrae es solo un mensajero de la verdad total, de la vida que subyace a esas formas, y utilizarlo para volver hacia la Fuente común de la que todo brota. Lo cual no significa dejar de comer o de relacionarnos, sino contemplar estos intercambios con una nueva mirada.

Contemplar de este modo es una aventura de descubrimiento apasionante, pues todo comienza a vibrar intensamente. ¿Qué me atrae de esta persona? ¿Su dinamismo, su energía, su calidez, su estabilidad, su expresividad...? ¿Cuál es la experiencia que más anhelo vivir con ella? ¿Qué creo que me aportará, qué sentiré de mí en su presencia? A través de todo ello, conecto con mi esencia, que ese ser humano tiene el don de recordarme.

Y en el mismo sentido, ¿qué me atrae de estos alimentos? Puede ser su dulzura, su textura suave, su calor, la sensación de conexión, de abundancia o de ser merecedor de algo bueno que siento cuando los tomo. Conectando con ellos, puedo reconocer en mí esas cualidades y estados.

Investigar esto nos permite vivir la experiencia del comer o de relacionarnos con otros desde una amplitud mayor, sabiendo que estamos conectando a través de esos cuerpos, alimentos u objetos, con la existencia de la que surgen y de la que son mensajeros para nosotros.

Mi comprensión se enriquece si, cuando tomo un bocado de manzana, sé que ella contiene la vida intensa de la que ambas (la manzana y yo) surgimos. Y me doy cuenta de cuánto aprecio su dulzura, su pureza, su frescor, que me conectan con la dulzura, pureza y frescor de mi esencia.

Todo en el plano físico es el cuerpo (es decir, el vehículo) del ser. Cada persona, cada alimento u objeto es la apariencia que adopta la vida permitiendo que, al contemplarla desde mi propia forma corporal, me vuelva a unir a mi esencia.

Creo que esto es lo que quería transmitir Jesús cuando, identificado con su ser profundo, decía: *«Esto es mi cuerpo»,* las formas son el envoltorio de la esencia. Abrirnos a ellas, comerlas o contemplarlas con esta consciencia, es comulgar con la vida y despertarla en nosotros, sintiéndonos profundamente nutridos.

Te amo porque me recuerdas lo que soy.
Al conectar contigo, me uno a mi esencia, que es la tuya.
A través de ti, me reconozco.
Si no me quedo aferrada a tu forma,
se desvela el misterio que vive en ti para mí.

Con frecuencia, mientras mastico algo, me recuerdo a mí misma: «*Este alimento es luz condensada, y al disolverse en mi boca, esa energía se libera, fusionándose conmigo*». No se trata de una imagen: en realidad es así. La constitución íntima de la materia es pura luz. Eso es lo que amo. Más allá de las formas que adopta, esencialmente todo es un inmenso campo de energía, al que accedemos atravesando conscientemente las apariencias que nuestros sentidos nos muestran.

Es un juego divertido y maravilloso cambiar así nuestra perspectiva ante todo. Y más aún si comprendemos que no implica un esfuerzo, sino precisamente, *no hacer nada*. Aquietarnos y permitirnos sentir en espacios de silencio y de aprecio íntimos. Detener la loca carrera de la avidez por apropiarnos de las cosas y, en su lugar, experimentar la realidad profunda que las sostiene.

Eso es lo que nos nutre de verdad. Volver a la amplitud, a la profundidad. Cuando nos perdemos en la superficie, buscando objetos con los que llenar la sensación de vacío, experimentamos una dolorosa frustración, pues todo lo que aparece es provisional. Su tendencia es disolverse y desaparecer en la amplitud de la que surge.

Ese espacio interno no precisa ser llenado de cosas, sino ser reconocido en su magnificencia y realidad.

Accedemos así a una experiencia muy diferente. Todo es nutrición. Todo es vida a reconocer tras la apariencia de las formas. Ese reconocimiento es el que nos nutre, ya que nos devuelve a nuestra naturaleza verdadera y nos sentimos plenos.

VIVIR DESDE EL CORAZÓN. LA PERSPECTIVA DEL SER

LA CUESTIÓN DE LAS DECISIONES

Creemos que elegir entre opciones –hacer esto o aquello, ir por aquí o por allá, vivir con esta persona o dejarla– es lo que da valor a nuestra vida. Y podemos oír con frecuencia en nuestras mentes: ¿Qué será lo mejor? ¿Qué posibilidad es la más acertada?

En sí, las cuestiones son sencillas y fácilmente abordables. Lo que las llena de dramatismo es haber puesto en una de las alternativas algo que no tiene que ver con ellas: nuestra felicidad. Y es por eso, por creer que algo tan precioso reside ahí, por lo que tenemos tanto miedo a equivocarnos.

Si prestas atención, verás que muchas de nuestras conversaciones giran en torno a decisiones como: *lo que vamos a hacer*, *lo que otros hicieron, lo que se supone que deberíamos haber hecho*... Nos aconsejamos sin descanso unos a otros: «*lo que tienes que hacer es*...» con nuestra mejor voluntad de que a otro le sirva lo que, por un momento, me hizo bien a mí.

Cuando queremos conocer a alguien, la mejor manera que encontramos de interesarnos por su vida es preguntarle: ¿Y tú qué haces? ¿A qué te dedicas? Como si el saberlo nos informara de ese ser humano, y sin ello, nos pareciera que no tendríamos referencia para situarnos...

Hacer, hacer...

Y, en nuestro fuero interno nos decimos con frecuencia que si no nos va bien es porque *no hacemos* lo debido. Queremos acertar, para por fin tener la sensación de haber dado en el clavo y descansar sabiéndonos correctos, exitosos, buenos.

Nos contamos unos a otros las listas de *«haceres»* que nos ocupan, como exponiendo nuestros méritos y buscando la confirmación de que tanto esfuerzo ha merecido la pena. Nos hablamos también de nuestro cansancio, nuestra perpetua historia de dolores, tensiones y desgarros como prueba del sacrificio que estamos realizando. Y lo hacemos desde la íntima creencia de que, gracias a ello, *«lo estamos consiguiendo»*. Los otros nos admiran por nuestra voluntad... Y eso nos aporta cierta sensación de seguridad... *¡Vamos bien!* O, al menos, mejor que aquel que nos parece que no hace nada... y que nuestra mente relega encumbrándose sobre él.

Pero... ¿Lo estamos consiguiendo? ¿Estamos siendo felices? *«No, ahora no, pero cuando llegue ese día en que por fin consiga hacerlo...* ¡lo seré!». ¿Seguro? ¿Y cuánto durará? Sinceramente, ¿no hemos transitado por ahí ya muchas veces?

En realidad todo lo que buscamos es ese descanso, esa paz que suponemos nos dará el *haber hecho lo correcto* por fin. Queremos dejar atrás esa sombría nube de insuficiencia que nos atenaza haciéndonos dudar de nuestra capacidad y manteniéndonos en un estado de ansiedad y temor tan habitual que ya no nos damos ni cuenta. Hasta que nuestra respiración se hace imposible y nuestro corazón se agita con fuerza llamando nuestra atención.

Creemos que de nuestras decisiones continuas de hacer esto o lo otro depende nuestra paz, esa anhelada sensación de ser aceptados por la vida como *niños buenos,* seres capaces y merecedores de seguir viviendo.

Y se añade algo más: por supuesto, cuantas más cosas hagamos, mejor. «*Tanto haces, tanto vales*». No importa qué, pero... «*Haz algo, por favor, no te quedes ahí sin hacer nada*». Y además, «*date prisa en decidir, que no tienes tiempo*». Y seguimos haciendo funcionar la rueda del hacer, cada vez más pesada, cada vez más insoportable.

Sumidos en esta vorágine mental cuyos presupuestos nos creemos a pies juntillas, seguimos arrastrándonos por circuitos cerrados que nos extenúan. Finalmente, a veces, incluso renunciamos a hacer lo más mínimo, tal es el agotamiento mental al que nuestras reflexiones obsesivas nos inducen.

Tal vez decidamos dejarlo, taponar la ansiedad que genera la incertidumbre y evadirnos. Alejarnos de nosotros y de ese estado de sufrimiento al que nuestra propia mente nos somete al hacernos creer que nuestro valor depende de lo que hacemos. No sin sentirnos culpables por no habernos decidido finalmente a *hacer algo*.

Adicciones de todo tipo nos auxilian en este intento de eludir el malestar provocado por nuestra propia programación mental. Con ellas olvidamos ese dolor profundo de creernos inadecuados y de no saber encontrar el modo de salir de ahí a través de nuestras decisiones.

¿Qué pasa aquí?

¿No tienes la sensación de caminar sobre un terreno inestable e irreal?

Yo la he tenido muchos años, casi toda mi vida.

¿Qué tal si, nuestra verdadera elección, no tuviera lugar dentro de ese círculo del pensamiento repetitivo del *pequeño yo*? Ahí no hay paz, solo temor, ya que en cualquiera de las opciones que contemplamos proyectamos un posible sufrimiento y, en realidad, lo que tratamos de dilucidar es la mejor manera de evitarlo: *«¿cómo sufriré menos, haciendo esto o aquello?»,* es la pregunta que late en el fondo de cada pequeña decisión. Y aunque es verdad que las cosas o acciones que emprendemos pueden contribuir a nuestro bienestar, considerarlas la causa del mismo, es desviarnos de la cuestión fundamental que, en sí, tiene la clave de nuestra felicidad.

Podemos, más bien, preguntarnos: ¿Dónde me sitúo? ¿Desde dónde deseo vivir? ¿Desde mi *pequeño yo* o desde mi ser auténtico?

Si estoy sufriendo, está claro: me he dejado absorber por la inercia de la pequeña mente y me he encerrado de nuevo en su círculo vicioso. Ahí me confundo. No sé nada. Necesito detenerme, salir de este encierro mental, respirar y recordarme lo que soy de verdad: el ser espacioso que olvidé y que está precisamente ahora contemplando mis pensamientos cansinos, mis sentimientos, las sensaciones angustiosas de mi cuerpo...; soy la vida que está respirándome, sosteniéndome.

Ahí está mi elección: siento mi respiración y elijo contemplar todo desde esa nueva perspectiva abierta, amplia.

Esa es mi libertad. Mi decisión más auténtica no es: *«¿qué hago: esto o lo otro?»*, lo que me deja siempre dando vueltas en el mismo sitio. Desde mi consciencia, esa cuestión puede ser observada, así como la angustia que genera automáticamente, que es percibida en el cuerpo.

Las cosas que hacemos en ese estado constreñido de indecisión entre opciones son, normalmente, maneras de bloquear o de escaparnos del sufrimiento producido por los juicios que dirigen nuestra vida, y no tienen nada de creativo. Si juzgamos como indeseable una opción según nuestros parámetros, querremos huir de ella para acogernos a otra que juzguemos más aceptable. Pero...

¿son esos juicios verdaderos o se trata de interpretaciones superpuestas a la realidad? Nos contamos una pequeña historia sobre cada opción basada en nuestros condicionamientos y temores, experimentamos ciertas emociones en torno a ellas y, en base a eso, solemos decidir lo más sobrellevable. Pero, en realidad, ese tipo de elecciones, ¿de dónde surgen? Sin mucho esfuerzo, podemos ver que su fuente es el *pequeño yo* temeroso y buscador, que basa su equilibrio en lo que sucede en el mundo externo y trata de controlarlo.

Vemos, por tanto, que esa forma de decidir entre alternativas externas, que nos parece tan determinante, no tiene mucho de fiable. Necesitamos, como base previa y fundamental, una elección completamente diferente: ¿Qué elijo ser?, ¿Con qué me identifico?

El *pequeño yo* argumentará probablemente que, ante decisiones tan importantes, no es el momento de abordar cuestiones tan profundas. Y tendría razón si nos dedicáramos a filosofar sobre ello. Sin embargo, no se trata de eso, sino de experimentar un espacio más profundo, más allá del movimiento mental que trata de decidir entre alternativas.

Mi propuesta, antes de tomar una decisión, es explorar esa nueva posibilidad de ser. Es muy simple: nos aquietamos y nos recordamos íntimamente: «*no tengo que hacer nada* ahora mismo para solucionar esto».

En vez de ello, sin interferir, dejamos que todo sea como está siendo. Aceptamos profundamente nuestro estado de incertidumbre, viviéndolo. La respiración, que en seguida se hace sentir, y todas las sensaciones que aparecen en nuestro cuerpo, quizás tensas o dolientes, son nuestra inmediata conexión con la vida que se está desplegando, y simplemente, nos unimos a ellas, honrándolas con nuestra presencia. Observamos también los pensamientos que se suceden juzgando las posibilidades según sus patrones... Los dejamos moverse mientras nos conectamos con la espaciosidad en la que aparecen. Esta es ahora nuestra prioridad.

En lugar de seguir mirando hacia afuera para buscar una salida y resolver, optamos por volver a nuestro hogar interno, dejando que todo vaya apareciendo y moviéndose. Optamos por ser el espacio de contemplación para ello.

Afianzados y descansando en este espacio libre del ser, quizás no veamos todavía la *decisión* que buscábamos en el mundo externo. En cualquier momento, si nos mantenemos ahí, podríamos intuirla, o ver con más facilidad una salida, ya que al aquietarnos, la mente se clarifica y se hace más lúcida. O bien, puede que dejemos de darle tanta importancia a decidir entre una u otra opción de forma inmediata y aceptemos permanecer a la espera. Desde ese lugar de serenidad es posible que veamos que cualquiera de ellas puede ser buena. O si tenemos una urgente necesidad de decidir, porque irremediablemente ha llegado el momento de hacerlo, elegiremos con la confianza de que no está ahí la clave de nuestra paz.

Solo desde esta consciencia en la que nos instalamos vemos con claridad que lo que pasa, lo que hacemos, lo que decidimos, no es lo fundamental. La *perspectiva* en la que nos situamos, sí. Desde la perspectiva del ser, todo lo fenoménico se organiza de forma natural. Las elecciones fluyen desde su fuente de forma lúcida y espontánea. Instalados en la consciencia podemos confiar en la inteligencia profunda de la vida.

VER REALMENTE

«Y vio Dios que todo era bueno».

El *pequeño yo*, desde su perspectiva, solo percibe división: objetos desconectados entre sí de los que se separa juzgándolos, etiquetándolos, interpretándolos... Lo importante es saber que esta forma de percibir es solo una entre muchas otras posibilidades.

Hemos *elegido* ver así como humanidad. Ha sido una elección colectiva aparentemente inconsciente, que ahora lo envuelve y lo condiciona todo al habernos identificado con ella. Pero esa decisión puede ser revocada.

Hay otra manera de ver. O quizás, una visión real, más allá de esta percepción que surge de una mentalidad no alineada con la unidad de la vida. En el mundo real la separación no existe. Al creer en ella, sin embargo, empezamos a percibir de forma desenfocada.

Cuando elegimos ver lo real, lo que es, cambiamos totalmente la perspectiva. Volvemos a la fuente del ver auténtico. Nos unimos a nuestro ser y, simplemente, dejamos que todo sea como es. Contemplamos todo como lo hace la luz del sol, envolviendo, penetrando, sin juzgar, sin separarse de nada, ofreciendo un espacio de calidez inmenso para todo lo que aparece en su radiación. Esa es la verdadera visión. Y es la visión natural, que no demanda esfuerzo alguno, pues no necesita interpretar ni juzgar nada. Por ello, no se separa de nada.

No podemos *ver realmente* ningún objeto sin incluir el espacio en el que aparece, la luz que lo sostiene.

La percepción habitual se queda adherida a las formas, a los contornos que separan esas formas del espacio luminoso que las permite y las sostiene. Se queda prendida en los objetos, sin percatarse de que ellos solo son posibles gracias al espacio en el que aparecen, del que no están separados. Como se dice en el Tao Te Ching: *«Vemos los ejes de una rueda, pero no nos damos cuenta de que sin el espacio entre ellos, no sería posible la rueda; vemos las paredes y objetos de una habitación, pero no nos damos cuenta de que es su espacio el que nos permite contemplarlos»*.

Esa es la gran carencia de la percepción egoica: se queda ceñida a la formas, a lo aparentemente sólido, pues ese es el mundo en el que cree. Y es un modo de ver totalmente parcial, que da por cierto lo que quiere percibir: la apariencia, la superficie, los objetos.

Sin embargo, este mundo que el ego cree ver no es verdad. No existe la solidez, como nos explica la física cuántica; no existe la separación. La esencia de cada objeto aparentemente sólido es espacio. Todo es energía en diferentes grados de densificación, aunque nuestros ojos no lo ven. Nuestros sentidos han sido condicionados para centrarse en la apariencia externa, apoyando así el sistema de pensamiento en el que hemos basado nuestra vida. No podemos, por tanto, confiar en ellos para ver de forma auténtica.

En nuestra percepción separada de la vida, los fenómenos aislados se nos aparecen sobredimensionados y el fondo, perdido. Como si no existiera el espacio que los contiene. Las cosas, las sensaciones, las personas, los pensamientos... los percibimos desvinculados de la totalidad en la que suceden. Nuestra atención se queda aferrada a ellos estrechándose así nuestra consciencia, perdiendo la visión de la totalidad.

Necesitamos un entrenamiento para recuperar la visión. Dudar de todo lo que hemos creído ver hasta ahora, pues lo hemos percibido de forma desenfocada, privado de su esencia, despojado de su fundamento, del espacio luminoso que todo lo sostiene. Eso no es ver.

Sin esencia, lo que vemos son solo fantasmas de la realidad, sombras alteradas de la verdad, huecas de sentido. Un mundo así percibido solo engendra abatimiento y soledad.

Ya desde muy niña, observando el mundo que me rodeaba, centrado en conseguir cosas, en lo que pasaba, en los objetos que me rodeaban, me sentía ahogada. Tenía la sensación de que algo muy esencial faltaba, pero no sabía qué era. Anhelaba espacio, amplitud... Huía con frecuencia de los ambientes pesados buscando la naturaleza abierta, pues ella me recordaba mi cielo interno. Aún no sabía que ese cielo estaba dentro, que era mi naturaleza profunda y que el no percibirlo era solo un error de enfoque al que todos nos habíamos habituado.

Si queremos dejar de sufrir, necesitamos recuperar la visión. «*Quiero ver*», le decía aquel ciego a Jesús. Cuando nuestro deseo sea realmente así de intenso y hayamos reconocido nuestra ceguera, la visión será posible.

El *entrenamiento* consiste en ir más allá de lo que parece estar separado y aprender a verlo integrado en el espacio mayor que lo sustenta, penetrado y sostenido por él. Y así, cada instante, cada situación, se convierte en una oportunidad para descubrir la realidad que subyace por debajo de lo que nuestros sentidos nos muestran.

Detenernos es fundamental. Sin esta pausa, nuestro funcionamiento habitual nos lleva automáticamente a dar vueltas en torno a los fenómenos cambiantes que percibimos y a reforzarlos con nuestro hacer pensante; a hacer cosas para arreglarlos, para mantenerlos o para evitarlos. Así se perpetúa nuestra pequeña identidad.

Nuestra gran necesidad es detener el *hacer*: aquietarnos y atrevernos a contemplar, ser en medio de todo lo que estamos viviendo, conectar vitalmente con lo que experimentamos y sentir la vida que nos respira atentamente. *No hacer nada* es la puerta a una visión mayor, más allá de la percepción habitual de la pequeña mente prendida de los objetos que van y vienen, sintiéndose víctima de ellos.

La amplitud puede manifestarse naturalmente si no reforzamos el mundo de las formas cambiantes con nuestro enfoque en ellas.

EL SOL DE LA CONSCIENCIA

Este libro es, en esencia, una invitación muy simple a descubrir un nuevo modo de mirarlo todo. ¿Es posible contemplar la vida de manera que no nos hagamos sufrir, que experimentemos nuestro inmenso potencial y, al mismo tiempo, permanezcamos en una paz profunda pase lo que pase, aparezca lo que aparezca en nuestro mundo externo o en nuestro fuero interno?

Sí, es posible, y es la más sencilla de las posibilidades que un ser humano puede contemplar. En realidad, todo se reduce a esto: un profundo cambio de perspectiva. Podríamos decir incluso que este paso es ineludible, que es nuestro destino como humanidad. Retornar a la visión pura que perdimos al identificarnos con un sistema de pensamiento basado en la separación. Anhelamos volver al hogar. Volver a casa y descansar en la pura visión inocente que brota del corazón.

Y la ayuda está aquí. Los seres humanos que se han internado en la aventura de descubrir su esencia, han encontrado ese apoyo bajo diferentes formas. Todas las vías de autoconocimiento solo tratan de llevarnos de mil maneras a esta visión auténtica de la realidad.

Cada uno de nosotros va encontrando en su camino de vuelta al entrañable hogar las señales que le guían, los seres que les inspiran, las prácticas que les son útiles y las imágenes que les alientan.

En estas páginas estoy compartiendo las mías, las claves que van inspirando mi vida desde dentro. He bebido de muchas fuentes y cada una de ellas me ha honrado con su don, respondiendo al llamado de mi alma. De un modo maravilloso, todas van confluyendo en una sola visión cada vez más simple.

Me gustan las imágenes, y me han sido útiles para estimular mi comprensión de lo que soy. También para compartir lo que comprendo con quienes, como yo, anhelan ver la realidad tal y como es, soltando las cadenas de la percepción.

A lo largo de estas páginas he ido seleccionado algunas que pueden ser ilustrativas, procedentes de diversas escuelas de autoconocimiento, utilizadas por autores que me son muy queridos, como Thich Nhat Hanh, Jeff Foster, Rupert Spira, y tantos otros que han inspirado mi vida. El cielo y las nubes, las olas y el océano, la pantalla y las películas proyectadas... Todas ellas evocan la misma realidad. Hay una imagen en particular en la que me gustaría detenerme, el sol como imagen de nuestro ser interno, desarrollada con gran dedicación por Omraam Mikhaël Aïvanhov.

¡Eres un sol!

El sol es una de esas imágenes que me inspiran profundamente. Es, para mí, la más vívida expresión de ese cambio fundamental de perspectiva.

Desde muy joven sentí una gran atracción por la luz solar. La calidez de sus rayos me invitaba a dejarme acariciar, nutrir, curar y renovar cada mañana. Contemplar el amanecer, sumergirme en la atmósfera límpida de esas primeras horas del día, sentirme envuelta en la luz radiante que iba surgiendo en el horizonte, es una de las experiencias más placenteras, bellas y poderosas que han construido mi vida.

Respirar la luz del sol es para mí, además, una poderosa fuente de nutrición. Inspirar luminosidad, sentir que me inunda por dentro y que se extiende desde mí al espirar es una experiencia potente que me invita a evocar mi realidad profunda. No se trata solo de una bonita imagen, sino de una experiencia celular intensa en comunión con esa energía poderosa que me nutre. Mi mente se clarifica, mi vitalidad se propulsa y un baño de calidez envuelve mi corazón. Me siento abierta. Es como entrar en contacto con una fuente de vida y sentir que me recorre mientras descanso en ella. Identificada con esta energía viva, la consciencia se despierta en mí fácilmente. Estar presente se revela como algo natural.

Cada mañana, al amanecer, tengo una cita entrañable que me devuelve a mí misma. Y no se trata de un ejercicio que me imponga, sino de un alimento que me llena y me inspira, ayudándome a recordar lo que soy en esencia.

¿Qué somos? ¿A qué podría compararse esa vastedad que es la consciencia? Para mí, es como un sol inmenso que lo contiene todo en su radiación. Puedo concebir con más facilidad mi verdadera naturaleza, mucho más allá de la forma con la que me suelo confundir, si me identifico con esa imagen radiante. Es como mirarme en un espejo que me revela mi esencia.

Ya sabemos que no hay nada sólido ni cerrado en la constitución profunda de eso que llamamos materia. Aunque vivamos identificados con un cuerpo aparentemente separado, esencialmente somos luz, energía viva en continuo dinamismo.

Recuerdo una experiencia que dejó en mí una huella profunda en uno de mis retiros de meditación Vipassana. Tras diez días de atención minuciosa a las más ínfimas sensaciones de mi cuerpo, me sentía como un sol radiante, como si toda la luz condensada en cada partícula de mi espacio interior se liberara revelándome mi verdadera naturaleza luminosa que se extendía sin límites. Sin embargo, el enfoque en cada momento de ese retiro había sido interiorizarnos en las más mínimas sensaciones de nuestro cuerpo. Con una paciencia infinita, lo recorríamos explorando cada rincón conscientemente, desechando toda imagen, visualización o práctica añadida. El resultado, curiosamente, fue esa experiencia luminosa, expresión de mi naturaleza profunda en todo su esplendor incontenible.

Aun cuando muchas veces esté lejos de sentirlo en mi vida cotidiana, es bueno, para mí al menos, disponer de una imagen que me hace evocar lo que soy en esencia. Contemplar la imagen del sol en mi intimidad me inspira y me renueva.

Todo lo que frecuentamos deja en nosotros su huella. ¿Cómo es el sol que contemplamos en la naturaleza?: poderoso, radiante e invulnerable. Penetra, nutre y sostiene todo con su luminosidad, constantemente. Rebosa de vida abundante que se expande sin cesar.

Es, para mí, una imagen del verdadero amor. Siempre está presente, su espacio de calidez lo baña todo. No se separa de nada. Su naturaleza es extenderse, iluminar, como pura expresión de sí mismo. Acaricia con sus rayos todo lo que encuentra a su paso. Es consistente, inagotable, una fuente que brota sin cesar irradiando vida, calor y luz que inundan nuestra existencia.

Es la más bella y definitiva imagen de la visión inocente, que no juzga. Permite que cada cosa sea como es: su luz se proyecta tanto sobre lo que desde la mente humana calificaríamos de excelso como sobre lo que consideramos despreciable, insignificante o sucio. No ve diferencias.

¿No son estos los atributos que intuimos como esenciales en nuestra naturaleza profunda? ¿No son estas las cualidades que tratamos de encarnar en nuestra búsqueda interior, cualquiera que sea el camino que escojamos? Quizás sea por eso que sentimos tanta atracción por la luz del sol. Para mí, es una imagen perfecta en el mundo físico de lo que somos realmente, un recordatorio vivo de nuestra esencia.

Al sintonizar con ella recordamos y nos unimos a un poder que nos hace invulnerables, pues no depende de nada externo: la luz de la consciencia. Desde ella, podemos abrazar todos los estados difíciles que encontramos en nuestro interior, tanto dolor desatendido que anhela atención y calidez. Podemos también identificar los pensamientos erróneos que los provocan y dejarlos disolverse, podemos permitirnos permanecer en las situaciones que nos despiertan esos estados sin sentirnos víctimas de ellas.

La mirada del sol

Te invito a mirarte como el sol te mira:
No hay juicio, solo luz penetrante,
caricia, calidez, perfecta aceptación,
nutrición constante de cada partícula,

de cada movimiento de tu vida.
Solo amor.
Y deja que esta mirada se extienda a tu alrededor...

Volvamos a la vida cotidiana, ¿puede actualizarse en nuestro día a día esta consciencia?

La imagen del sol es una gran ayuda para mí. Cuando me siento disminuida y contraída por dentro, sé que me he quedado adherida a los pequeños contenidos de mi experiencia. Me aquieto y no hago nada. Dejo que se haga la luz. Es como pulsar un interruptor en una estancia oscurecida iluminando la situación que me ocupa. Respiro. Todo queda ahora incluido en un espacio de claridad en el que es posible ver.

Una buena pregunta podría ser: ¿cómo ve esto el sol?

La visión del ser es como la mirada del sol y conectamos con ella cuando aceptamos mirar así, es decir, cuando aceptamos ver la inocencia de cada ser humano, la luz en la que aparece, más allá de sus formas cambiantes y de nuestros movimientos mentales añadidos.

Esta mirada es espaciosa. No interfiere. Permite que todo sea. Es apacible, no busca nada. No intenta provocar resultados ni los espera. Acepta. Es un *sí* para todo. Se encuentra constantemente enfocada en el ahora. Impregna y penetra cualquier fenómeno que aparece.

En realidad, estamos hablando de algo muy simple: la mirada del amor. Podríamos decir que *amar es mirar como mira el sol: penetrando y dando espacio a lo que ama.* Piénsalo bien, ¿cómo sabemos que alguien nos ama verdaderamente? Cuando nos deja espacio, nos permite ser quien somos, y, al mismo tiempo, tiene un interés vivo por nosotros, nos dedica su atención, no desdeña nada nuestro.

Es así como nos ama la vida, y el sol nos ofrece una imagen poderosa de ese amor que anhelamos porque es nuestra esencia. A veces, queriendo aprender a amar nos atrevemos a dejar ese espacio de libertad al otro, pero nos pasamos por alto la atención consciente a su interioridad y a la nuestra, a toda la experiencia que estamos atravesando. Mientras intentamos *ser espaciosos,* nos solemos saltar nuestra humanidad, despreciando lo inmediato. Y en ese espacio nos sentimos de nuevo separados, fríos, distantes. O bien nos acercamos mucho prestando atención desmedida a los detalles de nuestra vida y la de los demás y perdemos la dimensión del espacio y la libertad. Es normal, desde nuestra pequeña perspectiva hacedora todo resulta muy artificioso. Sin embargo, conectados con nuestra esencia, descubrimos que ese amor es completo y de forma natural ofrece espacio, atención, presencia plena.

Puede ser una bella experiencia imaginarte radiante: deja que tus gestos, tus ojos, tus palabras, sean la expresión de tu ser profundo evocando esa imagen del sol. Que la calidez de tus manos sea la extensión de tu sol interno. Penetra con ella lo que tocas. Que tu mirada sea espaciosa, sin obedecer al empeño de tu mente en quedarse aferrada a los detalles. Contempla también el espacio luminoso entre los objetos. La luz no privilegia las cosas sobre el espacio en el que aparecen. Supone una especie de *entrenamiento* de la mirada, es verdad. ¡Y es divertido y apasionante! Apasiona porque al mirar así descubres un poder inexplorado dentro de ti. El poder de la presencia. Dejas de ser víctima de lo que ocurre, para descubrirte, en tu esencia, como la luz que ilumina lo que ocurre.

En realidad, es casi como un nuevo hábito neuronal que va instalándose, una actitud omniabarcante que lo acoge todo. Y *todo* es la clave. Nada se escapa: ningún pensamiento, emoción o gesto. Cualquier resistencia es incluida también, incluso el olvidarnos de ello... Todo es iluminado. Así está siendo siempre: el abrazo de la vida es continuo.

¿Puedes imaginarte viviendo con esta idea de base, acompañando cada momento de tu cotidianeidad, sabiendo que este instante es una nueva oportunidad para experimentarte como el sol de tu mundo, espacio de calidez y aceptación para todo?

¿PARA QUÉ?

Permanecer en el momento presente, sentir la respiración, estar atentos a las sensaciones y emociones, meditar, utilizar imágenes inspiradoras... en sí, no tiene ningún sentido si todo ello se convierte en una meta más que nos imponemos. En realidad, la dificultad que tenemos para vivir estas cosas que son naturales y fáciles, es que el *pequeño yo* las asume como prácticas orientadas a conseguir algo que sigue estando más allá.

Volvemos a la cuestión fundamental: ¿Quién desea esto? ¿Para qué? ¿Con qué finalidad?

No se puede servir a dos señores, decía Jesús.

Si mi deseo es experimentar mi unidad con todo, reconocer mi naturaleza profunda y abierta, la paz y la felicidad que soy en esencia, en este preciso momento, todo tiene un sentido maravilloso y es muy simple. Naturalmente puedo darme cuenta de que estoy respirando, de las sensaciones de mi cuerpo, abrirme a todo lo que siento y contemplar cómo todo es aceptado por la vida. Así descubro mi unidad con ella.

Pero si la meta sigue siendo la superación personal, escapar del dolor, salir de la mediocridad, protegerme del mundo, destacar o tener éxito para compensar mi sensación de insuficiencia, aunque me lo formule en términos espirituales y use esas prácticas, seguiré generando estrés y separación en mí.

Desde esa perspectiva, la del *pequeño yo*, mentalmente ya nos hemos separado de este momento para buscar otro en el futuro que consideramos mejor. La consciencia de nuestra respiración en el presente, por mucho que *intentemos* mantenerla, se hace muy difícil, ya que mentalmente no queremos estar aquí. En lo escondido, no valoramos este momento. Puede que nos atraiga ese pequeño atisbo de relajación que experimentamos al respirar, pero nuestra mente está buscando otra cosa que no es esto.

Y aquí está la clave de tantos olvidos, de tantas vueltas atrás... El personaje asume formas y prácticas supuestamente *espirituales*, las ritualiza y las usa para seguir nutriendo su identificación. Se regaña, se culpa, se esfuerza y se siente frustrado. Termina juzgándose inadecuado por no conseguirlo.

El giro es desde dónde vivimos todo eso. Y a quién servimos. A nuestro ser o a nuestro *pequeño yo* espiritualizado.

El giro no es proponernos estar atentos *siempre* a la respiración o nuestras sensaciones. Ni ser consciente de nuestros pensamientos y emociones *todo el tiempo*, para luego regañarnos por no conseguirlo.

De hecho, esa pretensión de que algo suceda *todo el tiempo* es una trampa sobre la que necesitamos reflexionar. El *pequeño yo* hacedor, se formula este propósito con frecuencia como un modo de asegurarse la estabilidad o el control, porque tiene miedo de que se le escape lo que cree haber conseguido por un momento. Busca activamente algo que le garantice seguridad. Sin embargo, el tiempo secuencial no existe, es algo que él mismo ha inventado para perpetuarse. En su loca carrera hacia otro sitio, otra situación mejor, se plantea un estado futuro ideal que sea durable a base de controlar a la perfección en el presente a través de algún medio para conseguirlo.

No es posible. No por los medios en sí, que pueden ser maravillosos en su esencia, sino por la perspectiva desde la que son usados.

Respirar, estar en la naturaleza, sentir el cuerpo, mejorar la postura, hacer yoga o cualquier práctica psicofísica, movilizar el cuerpo con el deporte, cambiar de dieta eligiendo alimentos puros o ayunar... son experiencias físicas que, en sí, no tienen el poder de ofrecernos la felicidad que anhelamos.

Del mismo modo, en el mundo emocional, las prácticas o técnicas para manejarnos emocionalmente, no tienen en sí la capacidad de devolvernos la paz que es nuestra esencia. Usadas como medios para conseguir algo, como herramientas del yo hacedor para escapar de su sufrimiento autoinflingido, le pueden servir aún para perpetuarse como un ente separado que se cree el artífice de su vida y del que depende todo.

Incluso mentalmente, cuando usamos las prácticas de meditación y de observación de los pensamientos como técnicas para escaparnos de ellos, considerándolos enemigos que amenazan nuestra paz, seguimos moviéndonos en el mundo del *hacer*.

Es normal –y así suele suceder al principio– que el encuentro con todas estas prácticas nos aporte tanto alivio de la locura y la agitación en que vivíamos, que las consideremos como una tabla salvadora en medio del océano de la vida, que seguimos considerando amenazador. De hecho, nos ofrecen experimentar estados de serenidad, alivio y bienestar que nos calman y nos abren la puerta hacia nuestra interioridad. Y es maravilloso, pues por fin descansamos.

Yo he pasado mucho tiempo ahí, agarrada a muchas tablas, sin quererlas soltar. Les estoy muy agradecida. Ellas me han permitido comprender y vivir experiencias de gran valor. Por ejemplo, sentirme fuerte unida a mi respiración mientras surfeaba en mis oleadas emocionales, a las que he ido perdiendo el miedo. Me han ayudado a amar mi vulnerabilidad y a abrazar lo que antes me atormentaba. He aprendido a saborear la belleza del silencio, a profundizar y amar mi soledad, a expresar mi originalidad y a ser fiel a mis propias alternativas. He experimentado más poder al arraigarme en mi mundo interior y sentirme mucho más segura, descansando mientras todo se movía en torno mío. He podido ir disolviendo las expectativas que ponía en mis relaciones y dejar de lado la necesidad de sacrificarme por ellas.

En suma, gracias a todas estas prácticas que vivía desde un intenso compromiso, iba descubriendo en mí un refugio seguro en el que descansar. Eso sí, agarrada a mis *tablas*. Sin embargo, llegó un momento en que este apego a ellas me hacía sentir estancada. Como si la vida me pidiera dar un salto en el vacío, atreverme a perderle el miedo al océano que me sostenía mientras flotaba en él aferrada a esos maderos.

En este libro, aunque he ido compartiendo algunas de esas prácticas básicas que han ido afianzándome en el océano de la vida, he querido expresar de algún modo la necesidad de ir más allá de las mismas. En realidad, son puertas extraordinarias hacia el ser profundo, pero solo cuando son comprendidas como tales, y no como medios para mantenernos en la superficie reforzando a un personaje independiente y solitario que ha olvidado su esencia oceánica.

Atreverme a soltar el apego a las *tablas* y rendirme en la confianza de disolverme en el océano, que es mi esencia, es el salto fundamental que necesitaba mi vida para abrirse a algo radicalmente nuevo. Y he necesitado detenerme un buen período de tiempo para poder darme cuenta.

Sin embargo, sigo compartiendo con entusiasmo la importancia y la belleza de familiarizarnos con esas puertas que nos abre la vida, mientras vamos perdiendo el miedo a fundirnos en ella: la respiración, el aprender a detenernos, la consciencia de las sensaciones en el cuerpo, la apertura al sentir de nuestras emociones, la contemplación serena de las voces que circulan por nuestro espacio mental...

Desde la quietud con la que nos invitan a familiarizarnos, podemos observar a ese *pequeño yo* ilusorio con el que nos confundíamos: sus modos sufrientes de pensar y sentir, su dificultad para detenerse, su modo compulsivo de nutrirse, sus concepciones sobre el amor del que derivan sus relaciones infelices... Confundido con su cuerpo, vive orientado en los problemas que percibe tratando de resolverlos haciendo cosas constantemente, o bloqueando el hacer, lo cual es una estrategia de la misma índole, es decir, compulsiva.

Cuando observamos desde otra perspectiva lo que, durante toda nuestra vida ha sido dirigido por el *pequeño yo* hacedor, sin darnos cuenta, vamos situándonos en un espacio más profundo en el que, con estas prácticas y comprensiones, nos vamos instalando más fácilmente. Nos ayudan a aquietarnos, a familiarizarnos cada vez más con el silencio, lo cual es fundamental. Diría que, ineludible.

Finalmente, sin embargo, soltamos el apego a ellas con amor y agradecimiento. Integradas en nosotros, se actualizan de forma natural cuando las necesitamos. Pero ya no están al servicio de un pequeño yo aislado o incompleto que buscaba seguridad desde su estado de temor. Tener herramientas para protegernos de la vida no es ninguna garantía de felicidad. Es la creencia de que hay algo en ella que nos amenaza lo que nos impide ser felices.

Mientras sigamos creyendo que ese océano de la vida en el que flotamos gracias a nuestras *tablas* es peligroso, siempre viviremos en la ansiedad por mantenernos aferrados a ellas y necesitando que duren *para siempre*, o buscando otras más innovadoras o fiables.

Curiosamente, esas herramientas, al servicio del ser, van generando en nosotros la confianza de que no hay nada que nos amenace. Poco apoco, nos sitúan ante la única vía: abandonarnos al océano y fundirnos en él. Confiar y descansar en su seno, sabiéndonos sus hijos.

Entonces todo adquiere un nuevo propósito. Seguimos viviendo en el mundo pero comprendemos que *«no somos del mundo»*. Lo que antes eran simplemente medios para conseguir un fin (objetos, situaciones, personas...) ahora se convierten en oportunidades para descubrir, más allá de la apariencia, la vida de la que surgen, el espacio en el que aparecen, el amor que los envuelve.

Podríamos expresarlo diciendo que, lo que antes era un medio al servicio del ego, para perpetuarse, ahora se convierte en una puerta hacia el descubrimiento del ser.

Y este ser es nuestro tesoro más precioso. *«Amarlo sobre todas las cosas»* significa que dejamos de poner el acento sobre ellas (las cosas) para unirnos, a través de ellas, al espacio vivo en el que aparecen. Y eso es posible en cualquier situación.

Convertir cada momento de nuestra vida en algo sagrado es tan simple como darle un nuevo objetivo, una nueva dirección. Y esta es nuestra verdadera elección. Cada cosa, cada objeto, cada pensamiento o emoción, cada relación, cada objetivo, cada actuación, tiene ahora el poder de servirnos para descubrir lo que somos. Así, todo se hace sagrado. Así, devolvemos a la consciencia la energía que estábamos dando al mundo de la apariencia.

Y es preciso recordárnoslo con frecuencia, pues la inercia de tanto tiempo persiguiendo metas en el mundo de la forma, corriendo en la línea horizontal de la vida, nos ha condicionado a vivir desconectados de lo que amamos y anhelamos de verdad: recuperar nuestra divinidad y nuestro poder escondidos, descansar en lo que somos y ser felices.

DÉJALO TODO

Desde muy joven me sentí atraída por estas palabras de Jesús: *«Déjalo todo y sígueme»*.

¿Qué es dejarlo todo? En muchos momentos de mi vida he escuchado esa profunda llamada interna a soltar todo lo que percibía como agobiante, los asuntos y formas de vida que parecían arrebatarme la libertad. De hecho, lo hice. Varias veces dejé mi hogar familiar para lanzarme a explorar modos de transitar por este mundo que me parecían más auténticos. Viajé mucho y entré en contacto con experiencias alternativas y con personas que, como yo, buscaban la coherencia entre su forma de pensar y de vivir. Fueron años de intenso aprendizaje y vivencias renovadoras que abrieron mis horizontes expandiendo mi consciencia.

Sí, dejé muchas cosas: familia, amigos, ambientes, comodidades y posesiones que parecían frenarme en mi anhelo de libertad y autenticidad. Me siento muy agradecida por todos esos años en que, rompiendo con los moldes establecidos, me aventuré a explorarme a mí misma soltando un mundo al que me sentía apegada.

Sin embargo, con el paso del tiempo, la vida me ha ido invitando a experimentar situaciones más estables. En mi papel de madre o en mi trabajo como terapeuta, he vivido una situación aparentemente menos innovadora, vinculada a lugares y personas que forman parte de mi día a día desde hace tiempo.

La idea de *dejarlo todo,* que tanto me atraía en el pasado, ha cobrado una dimensión mucho más profunda y también enormemente práctica.

En realidad, las situaciones y objetos de nuestra vida (familia, relaciones, profesión, logros o posesiones, nuestro propio cuerpo, nuestra alimentación, los hábitos que tenemos, los objetivos y deseos que nos mueven...), a los que atribuimos con frecuencia la infelicidad que sentimos, son inocentes. No son ellos los causantes de nuestro malestar o cansancio. En sí, no tienen la capacidad de quitarnos la libertad ni de aportarnos nada que no tengamos. Dejarlos, como hice yo en mi juventud, no es la solución que buscamos en lo profundo. Eso sí, provisionalmente nos puede dar la sensación de habernos quitado un peso de encima y un alivio liberador que necesitábamos.

Esas cosas pesan porque el *pequeño yo*, desde su estrecha mentalidad, las utiliza para conseguir su propósito, que podría enunciarse más o menos así: llegar a ser alguien especial, alguien que reciba un reconocimiento del que cree carecer. Al otorgarles ese poder, se convierten en objetos de mucha importancia en su vida y necesita invertir mucha energía en ellos.

Cada uno de sus asuntos o ámbitos de interés está constantemente reclamando atención mental. Las ocupaciones cotidianas, en sí, son solo eso: tareas más o menos dificultosas, pero sobrellevables. Pero al estar teñidas por ese valor añadido de salvarnos de nuestra supuesta pequeñez, adquieren mucho dramatismo y se convierten en una carga psíquica enorme.

La personas y situaciones de mi vida pueden captar tanto mi atención que, sin darme cuenta, me vea involucrada en asuntos que no tienen nada que ver conmigo. Inmediatamente lo noto porque me siento ahogada, como si algo se estrechara dentro de mí. Noto que he cargado sobre mi espalda algo que no me corresponde, olvidándome de la amplitud que soy en esencia.

Dejarlo todo entonces no significa irme, abandonar a mis seres queridos, desatender mis obligaciones o fugarme a un universo ficticio para distraerme de lo que me aturde o apena.

No. Ahora lo comprendo en un sentido mucho más amplio: dejarlo todo es soltar. Soltar el enfoque en las *cosas* que constituyen mi mundo. Soltar el apego a sus formas, siempre cambiantes. Pero, sobre todo, abandonar la adhesión a los patrones mentales y emocionales con los que me relaciono con ese mundo. Nos hemos identificado tanto con ellos que parecen ser parte inherente de nuestra constitución. Y, en el fondo, es un poco así, ya que son los raíles fundamentales sobre los que hemos basado nuestra vida como personajes. Esquemas de obligación, de temor, de autoexigencia, de culpabilidad, de insuficiencia o victimismo han constituido básicamente nuestra forma de funcionar y nos resulta difícil soltarlos. Pusimos muchas expectativas en las cosas al asociarnos a ellas desde ese modo de pensar. Les dimos el poder de sacarnos de nuestra pequeñez autocreada, y por eso, nos sentimos tan apegados a ellas.

Dejarlos de lado es como lanzarnos al vacío, a un modo de existir que no conocemos y que nos asusta. Y, sin embargo, en soltarlos radica nuestra libertad.

Dejarlo todo es lo que hacemos, por ejemplo, al dormir. Cada noche, voluntariamente, accedemos a abandonar hasta lo que nos parece muy importante en nuestra vida: el trabajo, nuestros seres queridos, los problemas más acuciantes... Pues sabemos que desconectar de ellos nos deja en brazos de la totalidad, nos sumerge en un espacio desconocido, pero al que aceptamos volver con gusto, pues cada mañana, al despertar, nos sentimos renovados si hemos sabido abandonarnos de verdad.

Esta capacidad innata de dejarlo todo podemos extenderla a cualquier momento o situación del día. De hecho, podríamos acostumbrarnos a vivir así. Sin necesidad de irnos a ningún sitio ni escaparnos de nada, a medida que nos habituamos a descansar en el espacio de la consciencia, a sentir la vida que sustenta todas las situaciones de la superficie, empezamos a movernos por la existencia en un modo muy distinto. Ni las cosas externas ni nuestros pensamientos en torno a ellas tiene ya el poder de acaparar nuestra atención hasta el punto de olvidarnos de la vida que somos, del espacio que envuelve todas las cosas de las que nos ocupamos. Permanecemos arraigados en el ser, descansamos en sus brazos, sea lo que sea que estemos haciendo.

Esta habilidad con la que nacimos es el modo que tiene la vida de traernos a nuestro verdadero hogar, de hacernos recordar lo que somos de forma natural, soltando cada día todo aquello que creíamos ser. En el fondo, al dormir, dejamos ir todas las definiciones que nos limitan y entramos en un espacio amplio, sin forma, en el que, simplemente, somos todo.

Nacimos sabiendo hacerlo, lo hacemos cada día. No es necesario años de práctica para desarrollar una maestría convirtiendo el *dejar ir* en una meta lejana. Basta reconectar con esa habilidad cotidianamente. Es decir, aprender a descansar de todos los pesos que nos aturden y que no necesitamos. Solo al contemplarlos en su desfile cotidiano ante la luz de nuestra consciencia, ya nos desapegamos, dejamos de identificarnos con sus voces y requerimientos de modo natural.

Con frecuencia, cuando me noto tensa o inquieta, me aquieto y contemplo el tráfico de pensamientos y emociones con los que mi pequeña mente ha revestido cualquier situación simple. Me sorprende ver las historias que se cuenta sobre cualquier suceso inocente, tratando de buscarle un significado que no tiene, pero que ella les adjudica manteniendo así una especie de control sobre la vida. Eso le da una seguridad artificiosa y costosa, en la que invierte mucho esfuerzo.

De ahí su agotamiento y su necesidad de desconectar. Salir de las situaciones y lugares puede estar bien, sin duda, ya que los hemos asociado durante mucho tiempo con estas formas cansinas de pensar y sentir, al servicio de un falso yo. Sin embargo, de lo que necesitamos desconectar es de esas formas de pensar y sentir que nos muestran un mundo cargante y monótono.

SUGERENCIA

Te invito a detenerte de vez en cuando unos momentos y, simplemente, observar el deambular de tus pensamientos, el baile de las emociones en tu cuerpo, todo lo que va y viene en tu espaciosidad. Permite que todo sea, déjalo ser. No te asocies con nada. Olvida tu pasado, hasta el más reciente. Suelta cualquier escena de futuro, aunque sea inmediato. Imagínate que no sabes nada de ti, que no tienes historia, como si acabaras de nacer en este instante y no supieras nada sobre él. No le des valor ni significado a nada.

Igual que cuando te acuestas por la noche, date cuenta de que puedes soltar incluso cosas que te parecen sustanciales. No te preocupes, luego las retomarás si aún lo crees necesario. No tienes que hacer nada.

¿Qué queda cuando soltamos los contenidos a los que la pequeña mente se aferra? ¿Qué es eso que sigue ahí, contemplando el ir y venir de lo que se mueve, sin identificarse con nada?

ESO que solo observa, descansa y permite no tiene forma, ni límites, no empieza o termina en algún momento. Si te das cuenta, esa presencia espaciosa siempre ha estado ahí, envolviendo silenciosamente cada escena de tu vida. ESO que permanece es lo único realmente estable en ti. Es lo que tú eres.

EL SECRETO DEL CORAZÓN

«Solo desde el corazón puedes tocar el cielo».

Rumi

¡Cuántas veces en mi vida me he sentido inspirada por expresiones como *vivir desde el corazón, mirar desde el corazón, poner el corazón en todo lo que hacemos!* Sin saber por qué, algo se ablanda por dentro cuando pensamos en estos términos o escuchamos estas palabras. Podríamos creer que son solo hermosas metáforas que tratan de acercarnos a nuestro núcleo más interno.

En los últimos años me sentía inducida a acercarme a la experiencia y comprender esta sintonía espontánea con ese misterioso corazón. De algún modo intuía que había algo profundo a contemplar, más allá del simbolismo de la imagen.

En muchas tradiciones espirituales y filosóficas, se usan expresiones como: «Descansar en el *corazón*», «El Reino de Dios está en vuestro *corazón*»... Y, de modo reflejo, cuando hablamos de nuestros sentimientos más auténticos, llevamos nuestra mano al centro del pecho, como señalando que la verdad en nosotros surge de ahí. El sentido del yo en su significado más profundo parece relacionarse instintivamente con esa área central.

En mi experiencia, lo que he podido observar es que la atención sostenida en el movimiento de mi respiración, además de intensificar la presencia en el ahora, genera una activación energética en el área donde se produce: el pecho. Es como si el espacio profundo de esa zona se hiciera más vívido y vibrante. Creo que conectar con esta experiencia sutil es una de las grandes razones por las que es tan importante intimar con el respirar: desplaza nuestra atención desde la cabeza hasta un espacio donde es más accesible experimentarnos como vida, consciencia o amor.

De algún modo, cuando nos acercamos al área del corazón y sentimos la vida desde ahí, se abre nuestra perspectiva, normalmente centrada en la estrechez de los conceptos mentales. Desde esa conexión, nuestra experiencia adquiere una calidad diferente. Al alejar la atención del intelecto, en lugar de estar tan centrados en los detalles puntuales de lo que vemos, oímos, tocamos... nos acercamos naturalmente a sentir la espaciosidad en la que todo eso aparece. Es posible que nos sintamos más conectados con nosotros mismos, más centrados en un terreno seguro y familiar, nuestro hogar interno.

Lo que digo no tiene una explicación muy racional. Hablo desde mi propia experiencia que me va guiando y me anima a seguir explorando y comprendiendo. Sé también que muchos seres humanos comparten vivencias parecidas en muy diferentes grados de profundidad y, desde muy antiguo, han dejado bellos e inspiradores testimonios de ello.

¿No es sorprendente que algo tan simple como desplazar la atención de la cabeza al área del corazón pueda despertar una cualidad tan diferente en nuestra contemplación de la vida? Y no se trata del despertar de la emocionalidad, como podría malentenderse desde un acercamiento superficial. Las emociones son contempladas y vividas desde ahí en su vaivén, pero hay un espacio de calidez que las acoge y permite, dejándolas ser como son.

Con frecuencia, en mis sesiones de terapia, invito a las personas a descansar unos momentos en silencio poniendo la mano sobre el centro del pecho, en un gesto de intimidad con su corazón. Esta experiencia tan simple vale más que mil discursos sobre la importancia de acercarnos a nuestra propia vida y atenderla. Ese contacto es algo vivo y natural que habla por sí solo en nuestros adentros.

¿Quieres probar tú?

SUGERENCIA

Simplemente, en esa postura cómoda en la que seguramente estás, deja que tu mano descanse en el centro de tu pecho. No te entretengas en buscar una localización exacta ni en cuestiones de procedimiento, pues no se trata de un método ni de una técnica. Simplemente queremos explorar un gesto que es muy natural en nuestra vida y más frecuente de lo que creemos.

Mientras notas ese contacto, simplemente sé como un niño curioso, sin nociones anteriores ni expectativas. Incluso te diría que te olvides de la palabra corazón, mano, experiencia... Como si no supieras nada, ni siquiera de tu cuerpo. Vive solo la inmediatez de ese contacto. Nota la textura de tu ropa, la calidez que surge desde dentro, el movimiento de la respiración o cualquier otra sensación que aparezca para ti. Nota la vida, el espacio vivo que palpita en tu interior. Ignora lo que sabes de anatomía. Si no supieras nada sobre lo que hay físicamente bajo tu mano, ¿cuál sería tu experiencia? ¿Solidez o espacio? ¿Frío o calidez? ¿Dureza o vulnerabilidad?

Quédate un rato descansando ahí mientras sientes tu respiración moverse bajo tu mano. Con los ojos cerrados te será más fácil interiorizar. ¿Aparece alguna emoción? ¿Sientes más cercanía o intimidad contigo? Si aparecen pensamientos, ¿puedes observarlos con facilidad?

Luego, puedes abrir los ojos y mirar a tu alrededor. Observa si ha cambiado algo en tu forma de percibir lo que te rodea. Oye también los sonidos que aparecen. No hagas nada, el oír es algo natural. Observa cómo van y vienen los sonidos. Quizás notes que tu atención no está tan centrada en alguno de ellos y los envuelve todos, como si el espacio entre ellos también contara ahora para ti.

En mi experiencia, cuando me siento anclada en el corazón, el espacio que me rodea adquiere vivacidad. Deja de ser algo hueco o inexistente para convertirse en la extensión del espacio vivo sentido en el centro del pecho, como si no hubiera separación real entre lo interno y lo externo.

Asentarse en el corazón, de algún modo, nos devuelve a esa perspectiva de unidad y profundidad, no tan centrada en los objetos puntuales de la experiencia que van y vienen, y más conectada con el campo energético en el que aparecen.

Más que creer en mis palabras, vive y confía en tu propia experiencia, incluso si no te parece significativa o interesante. Lo que aquí se explica son solo posibilidades de exploración que pueden desenvolverse en ti de un modo totalmente original y único. Para cada uno y en cada momento es diferente esta intimidad con la vida en el área del corazón.

En algunas tradiciones espirituales se explica que esta zona del corazón es una puerta hacia el espacio más profundo de nuestro ser. ¿Qué significa esto? Para mí es muy sencillo, lo que somos en esencia es vida sin forma, espaciosidad luminosa de la consciencia en la que las formas aparecen y desaparecen. Eso no tiene una localización concreta en nuestro cuerpo, pues está más allá de toda concretización. Lo que conocemos como nuestro cuerpo surge en ese espacio de la consciencia como expresión de la misma. Pero al limitarnos y confundirnos con él nos olvidamos de la espaciosidad que es su fuente. Sin embargo, a través de él, la vida nos ofrece ciertos anclajes, modos de conectar con lo que somos. El corazón es un punto de conjunción entre la consciencia siempre presente y nuestra experiencia corporal inmediata.

La cabeza, por el uso distorsionado que nuestra pequeña mente hace de ella, pensando sin cesar, no es el mejor lugar para abrirnos a lo inmenso, a la infinitud de nuestro ser. Podríamos decir que la consciencia, cuando estamos enfocados en los pensamientos, parece estrecharse y restringirse a un área muy limitada (la cara y la cabeza). Ahí es donde parece ubicarse el control de nuestra vida por identificarnos con nuestro pensar y con la actividad de los ojos, oídos, boca, olfato... que tiene lugar en esa zona. Ello limita nuestra experiencia a lo aparente y concreto, soslayando la profundidad en la que surge.

Descender la atención al centro del pecho facilita enormemente, en mi experiencia, el soltar esa identificación con los contenidos mentales y, a través de ese contacto con el corazón, abrirnos a una contemplación más inclusiva, espaciosa y profunda.

SUGERENCIA

En cualquier momento del día, en medio de cualquier situación, cuando notes que lo que sucede externamente y tus pensamientos sobre ello te están alejando de ti, puedes recordarte esta posibilidad: volver la atención al corazón. Dedica unos momentos a trasladar el foco desde la cabeza hacia el pecho, como si la misma fuerza de gravedad la hiciera descender a esa área. Una vez ahí, sintoniza con ese punto, el centro del pecho, y descansa. Respira llevando ahí tu aliento y tu delicada atención.

De mil maneras, ese núcleo nos llama a unirnos a él. A través de las sensaciones, a veces molestas, que sentimos en esa área cuando algo nos duele emocionalmente; y también a través del calor radiante que el amor despierta en su centro, la vida nos invita a retornar al núcleo íntimo de la consciencia. Nos ofrece la suave experiencia de hundirnos confiadamente en el corazón, de descansar en él en lugar de apegarnos a todo lo que va y viene. Cuando aceptamos, esa cálida radiación en nuestro pecho puede extenderse y desnudarnos naturalmente de todo el artificio que obstruía la natural expresión de nuestra esencia.

Estamos siendo invitados a vivir desde el corazón de la existencia.

DESDE EL CORAZÓN

Lo que hago o no hago,
lo que digo o cómo lo digo,
lo que sucede o no en mi vida,
no es relevante.
Desde dónde vivo sí:
desde mi mente superficial, que cree saberlo todo,
o desde mi corazón, la consciencia profunda de mi ser.
Desde mi mente condicionada no vivo,
solo pienso la vida.
Uniendo retazos de aquí y de allá
para formarme conceptos resabiados y cansinos sobre ella
que no me permiten vivirla en su frescura,
estoy siempre repitiendo las mismas experiencias,
tratando de mejorarlas en vano,
sintiéndome una y otra vez insatisfecha.
Desde el corazón de mi existencia,
todo es nuevo.

Aquí, ahora, no sé nada y me abro como un recién nacido
a la experiencia única de este momento,
en el que todo se me ofrece limpio y fresco
si decido no adulterarlo con mis historias y anticipaciones,
con el guión de lo ya conocido.

Aquí y ahora, unida a la vida inmensa,
dejándome respirar, emocionar, sorprender...
vivo de verdad.

Le hemos dado tanto poder a las cosas que pasan,
nos hemos creído tan dependientes de lo que sucede,
que hemos olvidado que lo que vemos y experimentamos
solo es un resultado, un efecto de nuestro modo de pensar.

Nuestra forma de verlo es, en realidad, lo que nos afecta.
Y esa percepción es cuestionable.

Invertimos tanto en tratar de cambiar el mundo que vemos
para no sentir lo que sentimos, para que no nos afecte...
¿Y si nos dejáramos afectar valientemente?
Quizás desde esa vulnerabilidad aceptada
podamos reconocer que lo que realmente nos duele
no es lo que sucede, sino cómo lo pensamos.

Y tal vez accedamos a vivir desde el corazón
más allá de esa mente pensante y limitada.
A existir desde nuestro ser profundo,
desde el espacio amoroso en el que ocurren las cosas
en lugar de seguir aferrados a las cosas que ocurren.
AHÍ SIEMPRE ESTAMOS EN PAZ.

Quizás descubramos que, desde esa profundidad,
emergen chispeantes las nuevas opciones,
apasionantes y creativas, las que nos expresan de verdad.
Y es posible que nos atrevamos a invertir en ellas,
honrando la Fuente de la que surgen.
Hemos decidido, por fin, ser felices a cada paso,
guiados por esa energía que nos inunda
y que quiere expandirse a través nuestro.
Hemos nacido para ello.

Las puertas de la vida, abiertas de par en par, nos invitan.
¿Entramos?

Y... DEL SER AL HACER

DEL HACER ADICTIVO AL HACER INSPIRADO

A lo largo de nuestro recorrido por estas páginas hemos podido comprender que conectar con nuestro ser auténtico no supone dejar de actuar en el mundo. Se trata, simplemente, de permitir que nuestros actos surjan de otra fuente, nuestra esencia más auténtica.

Como ya hemos tenido ocasión de observar, el mismo mecanismo mental del *pequeño yo* es adictivo. Busca constantemente escaparse de las sensaciones y emociones que no quiere sentir. No se da cuenta de que son generadas simplemente por sus propios pensamientos.

Al no permitirse la experiencia de acoger lo que siente y descubrir de qué pensamientos erróneos procede, emprende acciones que le permitan evitarlo de mil maneras. Hace cosas, como decíamos, para alejarse de su sentir presente. Sus actos surgen de una consciencia empequeñecida que no admite vivenciar las emociones resultantes de su forma restringida de pensar.

Ahí estamos y, aunque no nos damos cuenta, nuestro actuar cotidiano se convierte en una búsqueda de todo lo que pueda calmar nuestro malestar o prevenirlo.

Si nos preguntáramos antes de cualquier acción o decisión: ¿cuál es el objetivo de esto?, descubriríamos que, en casi todo lo que emprendemos, lo que queremos conseguir es algo muy personal. Esperamos que las personas, los encuentros, los trabajos, las posesiones, la comida, las distracciones, las sustancias, incluso el pensar, nos ofrezcan un alivio a nuestro malestar, o que nos produzcan la sensación de ser más de lo que creemos ser. Es decir, provienen de un yo empequeñecido que cree poder encontrar, en esas actividades o relaciones, lo que le parece no tener o evitar lo que no quiere sentir.

Dicho de otro modo, el actuar del *pequeño yo* es un modo de eludir la realidad, el presente, que no sabe sostener. Por eso es un *hacer adictivo*, basado en reacciones automáticas de búsqueda, huida, evitación, lucha, ocultación... El *hacer* al que nos referíamos hasta ahora en este libro.

Sin embargo, esos objetos de nuestra búsqueda adictiva no poseen la capacidad de llenar nuestra profunda necesidad: descubrir nuestra amplitud y descansar en ella. Solo pueden calmar momentáneamente la inquietud que sentimos al estar fuera de nuestro verdadero lugar. Nuestro auténtico espacio interno es ilimitado, pleno y abundante. Renunciar a vivir ahí y confundirnos con una consciencia empequeñecida de carencia es lo que nos hace sufrir.

La experiencia que se deriva de esa confusión es siempre la misma: frustración, decepción, depresión, culpa y malestar. Indicios claros de que ese actuar no se origina en nuestra esencia profunda y serena, sino que proviene de un lugar falso e inestable: el pequeño personaje buscador con el que nos hemos identificado y reducido.

Así vamos moviéndonos por la vida. La insatisfacción de fondo que experimentamos no es ni más ni menos que el efecto de estar viviendo desde un lugar que no nos corresponde.

Y como hemos podido ver, esta experiencia no hace sino intensificar y confirmar el sistema de pensamiento erróneo del que proviene.

Pasamos mucho tiempo tratando de perfeccionar nuestras situaciones y acontecimientos, queriendo controlarlos en su forma, según las coordenadas de nuestra pequeña mente. No nos damos cuenta de que lo que vemos, las experiencias que ahora tenemos, son solo el efecto de nuestro condicionamiento del pasado, de nuestros modos de pensar limitantes. Centrarnos en nuestras circunstancias actuales no nos permite avanzar hacia lo que anhelamos de verdad. Sin embargo, es lo que solemos hacer: utilizar las situaciones, sucesos, pensamientos y emociones que aparecen en nuestra vida como excusa para no seguir abriéndonos a un camino mayor, a la expansión que realmente anhelamos.

Constantemente justificamos nuestro estancamiento o la no consecución de nuestros deseos más profundos con argumentos como: *«si no fuera porque tal circunstancia me lo impide» o «cuando haya conseguido tal o cual cosa... entonces podré centrarme en lo que deseo de verdad».* Sin embargo, todo funciona de un modo muy diferente en la realidad.

Precisamente porque creemos en esas condiciones limitantes y nos quedamos dando vueltas en torno a ellas, tratando de arreglarlas o soportarlas, es por lo que nos cerramos a una vida más amplia, más expandida, a la realización de nuestra felicidad.

Las circunstancias son usadas por nuestro sistema de pensamiento como una justificación de su filosofía de carencia. Como demostración de que no podemos ir más allá. Pero no es verdad. No podemos seguir creyéndonos esta falacia o estamos abocados a continuar dando vueltas en los mismos círculos viciosos del estancamiento y la escasez.

Es necesario comprender profundamente que el mundo físico que nos muestran los sentidos es solo el efecto del pasado, no la causa de nada. La causa, el origen de nuestra felicidad, es la vida que nos vive y que quiere expresarse a través nuestro ahora. Por eso, como hemos ido viendo en estas páginas, mantener la conexión con ella es la esencia de toda realización y la base de nuestra felicidad. Pues sabemos que desde esa sintonía con la existencia todo se ordena con total perfección. Nuestras emociones se procesan y las creencias de las que derivaban son comprendidas y descartadas como limitantes. Sin este contacto y aceptación profunda de nuestros sentimientos, nos separamos de la energía viva que los sustenta, y esta se queda bloqueada. Nos cerramos así a la fuente de creatividad extraordinaria que encierran y que se libera cuando nuestro mundo emocional es comprendido y procesado, no rechazado.

En mi experiencia, los momentos de mayor conexión con mi dolor emocional, con mis zonas de sombra anteriormente rechazadas, han sido la fuente de un gran flujo creativo, de una poderosa inspiración. Aparentemente, es contradictorio. Sin embargo, respirar y permitir desde el silencio lo que no había sido aceptado nos reconcilia con un manantial poderoso de energía sin nombre, que queda disponible para la creación. Nos pone en contacto con la quietud profunda del ser, fuente primigenia de todo movimiento.

Entonces nos abrimos a un modo de ser completamente distinto. No es que dejemos de hacer cosas, no terminan nuestras relaciones, no dejamos de trabajar, y mucho menos de crear... Lo que sucede es que todo eso brota de una fuente diferente. Surgen las ideas inspiradas, aparecen las nuevas áreas a explorar que nos entusiasman sin que ello sea un modo de rellenar huecos emocionales. Las cultivamos por el simple placer de expresarnos y expandirnos.

No hay formas predeterminadas que nos expresen. Podemos sorprendernos instante a instante de cómo se va modulando la energía a través nuestro. Aprendemos a escuchar las intuiciones felices que nuestro ser interno nos va susurrando en forma de anhelos, los cuales tienden hacia una vida más expandida, más amplia. A través de ellos, la vida se expresa a sí misma en su creatividad infinita.

Empezamos a movernos intuitivamente, por inspiración. Nos sentimos libres y se desencadena la creatividad verdadera. Ya no nos guía la huida, la lucha, la evitación, la represión de nuestros sentimientos a la hora de actuar. Nos sentimos impulsados por una pasión profunda que, al entrar en contacto con nuestra energía vital, se ha despertado.

Ahora todo se convierte en un modo de expresar nuestro ser más auténtico. Lo que antes había estado al servicio de un yo empequeñecido que quería agrandarse artificialmente a través de todo aquello con lo que entraba en contacto, ahora cambia de propósito naturalmente.

Somos total creatividad que se expresa por sí misma, sin esfuerzo, si nos mantenemos conectados con su fuente. Así entramos naturalmente en una dimensión más profunda de nuestra consciencia. Y en ella, nos sentimos expandidos y reconocemos lo que somos.

Las cosas empiezan a suceder de un modo sincrónico, como respondiendo a una íntima inteligencia que se despliega naturalmente, sin tensión. A esto lo seguimos llamando *no hacer,* aunque muchas veces nos vemos envueltos en un estado de actividad intensa. Pero no hay un forzado intento personal, sino un fluir con la existencia. Es el hacer creativo, la más genuina expresión de lo que somos, que no conlleva en sí ningún esfuerzo. A veces toma un cariz *milagroso:* nos vemos realizando o consiguiendo cosas con una extrema facilidad, inconcebibles desde la percepción del *pequeño yo*.

Desde la perspectiva de nuestro ser profundo, en cambio, podemos hacer cualquier cosa que anhelemos realmente, ya que en nuestra amplitud, todo nos pertenece. No es que atraigamos algo ajeno a nosotros a base de tesón y empeño, utilizando todo tipo de técnicas y procesos. Podemos creer en ello, eso sí, y es posible que lo veamos funcionar por momentos. Pero, en realidad, no hay nada ahí afuera que atraer. Lo que sucede es que estamos moviéndonos en un nivel de consciencia diferente, en el que nos sentimos unidos a todo y todo forma parte de nosotros, es nuestro.

A través de nuestros deseos inspirados, esa totalidad que es la vida puede explorarse a sí misma en todas sus posibilidades.

GRANDEZA Y PEQUEÑEZ

Como vamos viendo, nuestra aspiración a grandes objetivos en la vida choca y es frenada en su realización por algo muy simple: en realidad, quien aspira a ello es *la pequeñez* en nosotros. *Alguien* que se cree disminuido y quiere ser grande, sufriendo por ello.

En realidad, en cada momento de nuestra existencia tenemos la oportunidad de elegir entre estas dos opciones: grandeza o pequeñez. O dicho de otro modo, abundancia o escasez.

Y, llevados por nuestro condicionamiento, elegimos la pequeñez. Pensamos desde la pequeñez de un ego que se cree separado, sentimos desde la pequeñez de un yo reducido que se experimenta carente y vacío, y actuamos desde su percepción contraída luchando por ser alguien. Nos hemos disminuido, adoptando una falsa perspectiva.

Nuestro ambiente interno no vibra en armonía con nuestros anhelos. Deseamos amor, pero no nos amamos. Deseamos riqueza pero vivimos con esquemas de carencia. Deseamos paz pero vivimos en medio del estrés. Deseamos reconocimiento del mundo, pero nosotros mismos nos hemos olvidado de quién somos. Anhelamos la grandeza, pero vivimos en la estrechez y la limitación que nuestros viejos conceptos imponen a nuestra vida. Hay maltrato, vacío, abandono en nuestro interior y pretendemos encontrar fuera paz, amor, refugio... Imposible.

Esta experiencia interna no atendida ni procesada es, en realidad, la que nos separa de lo que queremos: la felicidad. Cuando aprendemos a habitar en un ambiente interno que corresponde con nuestros deseos, naturalmente estos se realizan.

Pero ello pasa por permitirnos sentir todo lo que nos perturba, dar la bienvenida a la forma que toma nuestra vida en cualquier momento. Así nos conocemos como un espacio abierto y permisivo en el que podemos experimentar ya la paz que anhelamos.

Solo cuando hemos reconocido lo que somos de verdad, podemos acoger en nuestra grandeza todo el bien del universo. Hay cabida para ello.

Esta elección se realiza momento a momento, no cuando decidimos conseguir una meta o llegar a una realización determinada. Nuestro contacto con la grandeza que somos se va actualizando en cada instante de nuestra vida, a medida que elegimos una y otra vez ser la amplitud espaciosa en vez de quedarnos prendidos de las formas cambiantes que aparecen en ella. Y *lo grande* aparece de forma natural incluso sin pedirlo. Es lo que somos, espacio abierto para todo, amor.

Todo lo que deseamos desde la consciencia de nuestra grandeza profunda, no tiene más remedio que realizarse. Sencillamente porque ya es nuestro desde siempre. En cambio, lo que pedimos desde la carencia y la pequeñez, no puede llegar y, si llega, se irá fácilmente, ya que no lo asumimos como nuestro.

«Al que tiene, se le dará, pero al que no tiene, se le quitará aun lo poco que tiene», decía Jesús. Esta es una afirmación contundente que expresa con toda claridad que, si vivimos desde la amplitud del ser,

todo nos pertenece. Sin embargo, cuando sobrevivimos aferrados a las cosas que creemos nos dan valor, tarde o temprano descubrimos que no pueden aportarnos nada y nos dejan más vacíos de lo que estábamos antes de poseerlas. Buscábamos objetos que nos hicieran felices, pero lo que queremos realmente es una felicidad que no dependa de nada. Ella no se encuentra en los fenómenos, que son cambiantes por naturaleza. Pertenece al ámbito de lo profundamente estable, el espacio de la consciencia.

ÉXITO

En estos años se habla mucho, en los ambientes del desarrollo personal, de *vivir expresando nuestro potencial* al máximo, de ser exitosos, de realizar nuestros sueños...

Y sucede a veces que, cuando no estamos realizando trabajos importantes o transcendentes, con repercusión y eco, que influyan y creen admiración en nuestro entorno, tendemos a compararnos con los que sí parecen estar haciéndolo. Y puede que nos creamos fracasados en nuestro propósito por no haber alcanzado el triunfo que imaginamos se espera de nosotros o que nosotros mismos nos exigimos. Esto genera frustración y malestar, un estado que para nada puede ayudarnos a sentirnos realizados.

Miremos más profundamente: ¿qué es la realización de nuestro propósito como humanos? ¿Qué es vivir expresando nuestro máximo potencial? ¿Se mide esto con tener a un número de personas a nuestro alrededor que nos admiran y nos felicitan? ¿O por el dinero que ingresamos cada mes en el banco? ¿O por el tipo de trabajo que hacemos, más o menos alternativo, original o inspirado? ¿Se mide por la cantidad de *«me gusta»* que reciben nuestras entradas en las redes sociales o por el número de personas a las que tenemos alcance en los medios de comunicación?

Creo que expresar mi potencial tiene mucho más que ver con ponerlo todo en cada instante; es decir, con actualizarme por completo en cada experiencia de mi vida. En lugar de vivir solo desde una parte reducida de mí, «*lo que se ve*», decido dejar de identificarme con lo que sucede, con los acontecimientos externos, y unirme a la vida inmensa de la que surgen.

Mi consciencia es mi infinita fuente de posibilidades, mi vasto campo de energía siempre disponible. Cuando estoy conectada con ella, me siento viva. Desde ahí, soy invitada a implicarme silenciosamente en cada detalle de la existencia. Entonces es cuando siento que estoy expresando todo mi potencial.

Recuerdo con especial cariño un período de mi vida en el que andaba un poco alterada por esa búsqueda de eco y reconocimiento a través de mis actividades. En momentos así, lo que solía experimentar era un rechazo por los asuntos y relaciones cotidianas que mi mente tachaba de anodinos.

Sucedió que la madre de un amigo enfermó y pasó varios días en el hospital. Una mañana fui a verla. En contacto con ella, tomando sus manos, conectando con su mirada sedienta de atención, me vi entregándome totalmente a la experiencia que juntas estábamos viviendo. Mientras la animaba a sentir su respiración, a poner su mano en el pecho, me hacía una con su vida. De pronto me sentí inmensamente grande, henchida de una energía potente y fresca que fluía de mí. Me sorprendía de estar experimentándome así en un rincón tan anónimo y poco atractivo para mi ego. No había proyección visible ni trascendencia externa de lo que vivía, pero pocas veces me había sentido tan identificada con la energía amorosa que brotaba de mí. Eso era yo y no lo hubiera cambiado por ninguna circunstancia más llamativa o relevante a nivel social. No necesitaba público, pues ya me estaba reconociendo poderosamente yo misma.

Comprendí, una vez más, que esa búsqueda de reconocimiento que nos moviliza a través de actividades visiblemente exitosas, surge precisamente de no saber reconocernos en nuestra verdadera naturaleza.

Nuestro potencial es esa capacidad inmensa de contemplar, abrazar y permitirlo todo... ahora. Y esto no sucede casi nunca de forma espectacular, generando atención o reconocimiento del mundo. Pero al vivir así este momento, reconocemos nuestro poder y experimentamos nuestra grandeza.

Se trata de una experiencia íntima con la vida, pero su autenticidad se extiende a nuestro alrededor, afectando a todo el universo, sea esto *reconocido* o no por las pequeñas mentes que lo pueblan.

EL VERDADERO ARTE

Durante muchos años me dediqué a la creación artística, tratando de plasmar mi experiencia profunda en los cuadros que pintaba. Fueron años bellos y productivos que intensificaron en mí la consciencia de que desde la sintonía íntima con el ser, no hay esfuerzo, sino fluir permanente. Con frecuencia me sorprendía contemplando el movimiento espontáneo del pincel en mi mano, impulsada por la corriente de inspiración que me atravesaba, expresando sobre el lienzo lo que yo, con mis escasos recursos, nunca hubiera sabido hacer. Cuanto más viva era la conexión con mi energía interna, más intenso era ese estado de flujo que me dejaba con frecuencia asombrada, con la sensación poderosa de no ser yo la autora de lo que surgía. Todo brotaba de una fuente silenciosa pero dinámica que se movía a través de mí.

Con el paso de los años, iba notando que el lienzo se me quedaba pequeño. La necesidad de expresar mi inspiración pedía más espacios, más vida: la vida misma. Pintar sobre un lienzo o un papel son bellas experiencias que, en realidad son puros símbolos de nuestro paso por la existencia. Esta, como una inmensa base pictórica neutra, abierta, se nos está ofreciendo constantemente para crear.

Empecé a darme cuenta de que mi creatividad se expresa, sobre todo, en una forma singular de mirar. Esa mirada, que me ha acompañado siempre, busca activamente la belleza, aquello que le inspira, lo que le nutre, atravesando el velo de la apariencia para descubrirlo.

Esta es la mirada del artista. No es una búsqueda voluntaria o predeterminada, sino un deseo natural de encontrar la esencia que subyace al mundo que vemos. Esta forma de contemplar mantiene su inspiración y es, en realidad, la fuente de creatividad más estimulante que existe. Se actualiza en cualquier situación. Cuanto más nos conectamos con esa vida profunda en nosotros, más fácilmente nos resulta encontrarla en las personas y los ambientes de nuestro mundo. Así, nos vemos recorridos por oleadas de inspiración y deseando reflejar en formas todo ese manantial de energía de la que nos nutrimos.

Y esas formas no tienen por qué restringirse a una pintura, una pieza musical o cualquier otra realización externa. Pueden expresarse en nosotros mismos, en nuestro vivir cotidiano. *Nuestra propia vida como expresión artística...*, era una inspiración maravillosa que ya me había motivado profundamente en mi juventud, leyendo una obra de Omraam Mikhaël Aïvanhov: «*Creación artística y creación espiritual*». A medida que comprendía esto, un intenso anhelo fue surgiendo*: ser* lo que quería expresar en mis cuadros. Encarnar en mi propia vida las comprensiones que me iban llegando, hacerlas vivir en mí. Ser eso que anhelaba y utilizar mi aliento, mi cuerpo, mi voz, mi mirada, mi pensamiento, mis palabras y mi corazón para dar forma a la vida que fluye a través mío. Cambié, por así decirlo, los pinceles, la pintura y los lienzos por estos nuevos medios tan vivos y accesibles.

Apareció una nueva orientación vital y profesional, respondiendo a mi vocación profunda. Mi camino como terapeuta y facilitadora de cursos y talleres se abrió con gran entusiasmo en el encuentro con otros seres humanos y nuestra interioridad compartida.

Me doy cuenta, ahora que no pinto cuadros, de que mi enfoque sigue siendo el mismo: buscar la esencia que siempre está ahí, lo que vive más allá de la apariencia y unirme a ella. Muchas personas van y vienen por mi vida y, en nuestro encuentro soy feliz al permitir en mí esa mirada del artista. Ver la belleza. Es mi anhelo, conectar con la realidad esencial que nos une a todos.

El ser humano que tengo ante mí tiene la posibilidad de abrirse a reconocer esa luz en sí mismo y dejar que ella le sane. Ambos nos beneficiamos, ambos nos nutrimos al reconocernos.

De alguna manera, todos vamos detectando que aquello en lo que nos enfocamos determina nuestra experiencia interna. Conectándonos con la luz, la alimentamos y permitimos que surja. Enfocándonos en las formas aparentes, dejamos que estas dirijan nuestros estados internos.

Como seres humanos, somos intrínsecamente creativos. Esa vida inmensa de la que surgimos anhela explorarse a través de cada uno de nosotros de un modo particular y genuino. Al asumir este impulso vital y decidirnos a darle forma, experimentamos eso que llamamos felicidad. No hacerlo nos sume en la depresión, la pequeñez, la limitación y nos aleja de nuestra paz y alegría profundas. Ni más ni menos. Somos artistas innatos.

Para mí, cuando no estamos experimentando la felicidad que anhelamos es porque la hemos dejado aparcada, simplemente. Porque no hemos confiado en ese anhelo de la vida en nosotros y nos hemos encerrado en las circunstancias, los aparentes obstáculos que, sin darnos cuenta, usamos para ocultar nuestro temor a expresar nuestra naturaleza creativa.

Exploremos ahora nuestros anhelos, la fuente de donde brota toda creatividad.

LA ENERGÍA DEL DESEO

Sentir un deseo (del tipo que sea) es entrar en una frecuencia que nos impulsa a crear. Es un impulso dinámico que se dirige hacia una nueva realidad, expandiéndonos más allá de lo conocido.

Eso hacia lo que se dirige (lo que buscamos) es una forma simbólica de algo que anhelamos profundamente, una nueva realidad que quiere ser conocida.

El deseo es una energía maravillosa. Es el impulso de la vida queriéndose expresar. En muchas enseñanzas espirituales se habla de renunciar a los deseos. Y esto ha sido mal comprendido. No hay nada malo en desear. El desenvolvimiento de la vida es la expresión de su deseo intrínseco de crear. Y ese anhelo se mueve en cada uno de nosotros constantemente.

Lo que ocurre es que, desde la perspectiva reducida del *pequeño yo*, que vive en la separación y la carencia, el deseo se circunscribe a la estrechez de sus límites y adopta la función de mantenerlos. Desea cosas, situaciones o experiencias que oculten su malestar, su sensación de carencia y que le den la sensación de haberla superado. En el fondo, todo lo que desea, si se mira bien, son símbolos de su verdadero anhelo: recuperar la consciencia amplia de su verdadera identidad. Sin embargo, al estar confundido con el mundo de las cosas, de los fenómenos, espera que estos le aporten algo imposible: estados de ser que, en su interior, sabe que son suyos, pero que el mundo objetivo no tiene el poder de ofrecer. De ahí su continua frustración y su inagotable actividad de desear más, de seguir buscando una y otra vez saciar su anhelo.

Esto es lo que los budistas llaman la *rueda del deseo.* Y a lo que se alude cuando se promueve, en ciertos ámbitos espirituales el *«no desear».* Claro, si el deseo es la raíz del sufrimiento... ¡mejor no desear!

Y esto es lo que precisamos comprender bien. No desear desde la perspectiva del *pequeño yo* es imposible. Su situación es tan inestable e incómoda al sentirse separado de la vida y carente de todo, que sus deseos son inevitables. Suprimirlos se vive como un gesto de violencia, una represión dolorosa de algo que tiene mucho sentido en su propia perspectiva.

Y esa represión suele hacerla con frecuencia el mismo personaje al juzgarse a sí mismo por el hecho de desear salir de sus límites habituales. Puede que se considere egoísta, ambicioso, deshonesto, inmoral o pretencioso cerrándose así a la verdadera corriente de abundancia que es la vida. Desde ahí, se dedica a negar sus deseos, relegándolos al olvido, o al mundo de los sueños o considerándose menos digno que otros de alcanzarlos.

A veces, sin embargo, lo intenta, pero su condicionamiento de escasez es tan fuerte, que aunque consiga ciertos éxitos, no suelen perdurar ni ofrecerle la satisfacción profunda que anhelaba.

En primer lugar, porque al confundir la satisfacción de su anhelo con poseer o lograr algo a nivel material, cuando esto llega, y tras el descanso que supone dejar de buscar por un tiempo, sobreviene la conocida decepción: un objeto o cambio a nivel externo no tiene el poder de despertar nuestro ser profundo y expansivo, cuya naturaleza es la amplitud, el espacio...

Por otra parte, desde esa consciencia de pequeñez, lo que se considera *grande* se contempla como algo muy lejano. Tal percepción responde simplemente a la diferente frecuencia vibratoria que ese estado anhelado representa en relación a cómo el yo limitado se vive a sí mismo en su experiencia cotidiana. Y la tarea se le aparece como inabordable. Aunque se acerca a conseguir ciertas cosas, se rinde en seguida ante la aparente dificultad. Y entonces suele suceder que desiste tras intentarlo, de puro cansancio y decepción. Y esta decepción sería estupenda si fuera comprendida en profundidad.

No se trata de renunciar a los deseos, de anular nuestros impulsos de conseguir algo diferente. No. Los deseos están aquí para ser comprendidos y para servirnos de guías poderosos en nuestro camino de realización.

La cuestión es... ¿Quién desea? ¿De dónde surgen? ¿Desde la perspectiva de un *pequeño yo* que se cree carente y busca algo que llene su vacío? ¿O nuestros anhelos brotan como expresión creativa de la plenitud que sentimos? ¿Surgen desde la creencia en la dificultad y el esfuerzo o de la consciencia de que eso que deseamos ya es nuestro en su esencia y solo tenemos que descubrirlo? Desde esta segunda perspectiva, las realizaciones concretas se hacen muy sencillas y naturales. Aparecen o se desvelan donde no se veían. Simplemente porque vibramos en la misma frecuencia que ellas y nos son totalmente accesibles.

Cuando los logros son buscados desde la carencia y la limitación, por su naturaleza compulsiva, no tienen más remedio que generar sufrimiento. Tanto en la búsqueda de su consecución como en el aferrarnos a ellos o en la decepción por perderlos. Simplemente porque son interpretados desde la creencia de que *no tenemos* eso que deseamos y que tenerlo sería nuestra salvación.

Pero la solución, como decíamos, no es *no desear*. El deseo está aquí, es un mensajero de la vida, como cualquier emoción o pensamiento que aparece.

La otra opción habitual es darle rienda suelta de forma automática, «matar el deseo». Pero ello nos ha sumido en el cansancio y la confusión, arrebatándonos nuestras preciosas energías creativas, dejándonos estancados en un nivel de mera supervivencia que no nos honra ni está sintonizado con lo que realmente somos. Esta experiencia ya la hemos tenido muchas veces referida a deseos adictivos: comida, sexo, sustancias, actividad febril... Y estamos agotados.

De hecho, una de las razones por las que nuestros verdaderos deseos no se suelen realizar es, simplemente, porque nos conformamos con sucedáneos, con *«cositas»* material o emocionalmente accesibles que son, simplemente, símbolos de lo que anhelamos a nivel más profundo. Al obtener esas pequeñas satisfacciones, algo se queda adormecido. Desaparece la energía y la inspiración para avanzar hacia lo que realmente deseamos. Perdemos de vista el objetivo y nos eclipsamos en la inmediatez del pequeño goce.

Saber mantenernos en el centro de nuestro ser, permitiendo el ir y venir de los impulsos que buscan salida con urgencia, nos permite reservar nuestra energía y dirigirla hacia lo que amamos profundamente, de lo cual todos nuestros pequeños deseos son solo señales en el camino, puros símbolos a descifrar.

Otra opción muy manejada por el *pequeño yo* es anular o negar los deseos que surgen. Suprimirlos para no sufrir, para ser más correctos o espirituales, para no sentir culpa ni frustración, es cansino y decepcionante. Igualmente, nos quedamos sin energía, desvitalizados, separados de esa corriente de vida que nos anima cuando algo nos ilusiona o nos motiva.

Muy virtuosos quizás, pero muertos. Estados de tibieza, mediocridad e indiferencia postiza son lo más ajeno a la vida, que es pura pasión, puro anhelo de experiencia y de creación.

¿Dónde está entonces la alternativa si es que hay alguna?, te preguntarás. Y es una cuestión que ha sido también esencial para mí.

En primer lugar, y puede que lo que propongo te confunda, creo que necesitamos *permitirnos la experiencia del deseo*. Sí, abrirnos conscientemente a ella. Observemos esta opción, tanto en lo que se refiere a nuestros pequeños deseos inmediatos o impulsos automáticos, como a los que llamamos nuestros grandes deseos o sueños.

Pequeños deseos

Miremos por ejemplo, para ser muy prácticos, cualquier impulso automático de comer o tomar algo, llamar a alguien en un momento de soledad, buscar un desahogo sexual que nos parece que necesitamos con urgencia, conectarnos a internet por inercia... Resumiendo, cualquier deseo de tipo compulsivo.

Mi propuesta es: en lugar de reaccionar automáticamente al impulso, aquietémonos y ofrezcámonos espacio y tiempo para vivir lo que estamos viviendo.

Mantenernos conectados con la frecuencia del deseo requiere un estado de presencia intenso, experimentando abiertamente todo lo que aparece, desligados del resultado. Interpretemos los estímulos que nos lo han despertado (sonidos, pensamientos, imágenes, olores, tensión o cansancio en el cuerpo) como el modo en que la vida nos anuncia la llegada de una energía extraordinaria para ser aprovechada. En vez de cerrarnos y tratar de solucionar lo que sentimos, vamos a darle la bienvenida.

Desde la pequeña mente esto parece una locura. La fuerza con la que percibe la energía del deseo se le antoja inabordable porque el mundo del pensamiento no tiene la capacidad de manejar energías vivas y menos, tan poderosas. Necesitamos situarnos en otra perspectiva, la del corazón.

El corazón es el modo de referirnos al centro de donde brota nuestra verdadera vida, nuestra consciencia expandida. Podemos sentir su anclaje en el centro del pecho, o en el área del plexo solar: ambas son puertas hacia esa dimensión más profunda de nuestro ser donde somos pura espaciosidad viva y amorosa. Podemos usar nuestra mente aún para recordarnos: «Soy la luz de la consciencia» o «Soy el espacio en el que todo se mueve».

Para mí, es muy natural identificar ese espacio que se abre como luz brotando de mi corazón. Su radiación ocupa todo el espacio del pecho y atraviesa los límites de mi cuerpo para extenderse más allá de él. Es la imagen del sol de la consciencia. Sé que esencialmente soy eso, más allá de los fenómenos que aparecen en mi cuerpo (sensaciones) o en mi mente (pensamientos, imágenes). Desde esta amplitud, todo tiene cabida. Hay espacio para todo.

Me abro interiormente como si recibiera a un invitado, cargado de mensajes y regalos. A pesar de su apariencia urgente y tensa, ese es su potencial. Suelto todo recuerdo, interpretación, anticipación o cualquier historia de mi pequeña mente sobre la vivencia que me atraviesa.

Observando las promesas de la mente, sus temores, y dejando que el deseo, como energía, se mueva en el espacio de nuestro cuerpo, podemos sentirnos intensamente vivos.

Respiramos acompañando todos los detalles de la experiencia. Nuestra respiración es como una senda sutil, pero real, que nos va adentrando en esa espaciosidad interna. Sentimos íntimamente su fluir, dejando que se vaya enlenteciendo, suavizando, afinando, haciéndose más profunda. Iremos notando cómo cada inspiración genera amplitud en nuestro interior. Solo tenemos que seguir ahí, afianzándonos en la quietud. Todo se mueve en la superficie (pensamientos insistentes, emociones, impulsos ciegos o sensaciones intensas). Ese maremágnum de fenómenos solo puede ser contemplado desde la estabilidad de la consciencia, desde la conexión con la vida poderosa que subyace a todo lo que se mueve.

Permitimos todo lo que aparece permaneciendo abiertos ante ese poder que se expresa en formas inéditas. Aunque surja el impulso de huir, de rechazar, seguimos en la quietud sincera. Como un árbol expuesto a todas las intemperies, que permanece profundamente arraigado en la tierra.

Conscientes, vulnerables, extraordinariamente sensibles a cada instante, admitimos que no tenemos nada que hacer. Solo asistir a ese despliegue, a ese desenvolvimiento y respirar. Dejamos que el aliento de la vida anime, dirija, conduzca. Podemos abandonarnos a ese acompañamiento amable del soplo vital que, si lo seguimos, nos muestra su inteligencia mientras va penetrando en todos los rincones de la experiencia. Se trata de un fuego que, al desencadenarse, va consumiendo todo lo que no es real. Y el aliento, yendo y viniendo, aviva ese fuego, permitiéndole toda la intensidad que necesita.

Durante mucho tiempo de nuestra vida el deseo ha sido anestesiado, reprimido, evitado o seguido ciegamente dejando que arrase nuestro espacio. Cualquiera de estas opciones proviene de la estrechez en la que el *pequeño yo* se ha instalado por su temor a la grandeza.

Cuando salimos de esas coordenadas y decidimos no hacer nada en torno al deseo, ofreciéndonos la experiencia del mismo, la grandeza se revela. Ese era su regalo. Lo que queda es pura intensidad, energía sin nombre disponible para darle cualquier dirección, sustancia inmensamente maleable para crear.

Y si queremos explorar más, podemos ser más concretos: ¿Qué deseaba experimentar a través de ese encuentro, de ese alimento o sustancia, de esta actividad que me reclamaba tan insistentemente?

Si somos honestos, desde la paz y la lucidez que sentimos ahora, veremos que, en realidad, nuestro deseo, expresado a través de la consecución de algo, se refiere al estado de consciencia que «eso» parecía prometer y de lo que era solo el símbolo. Puede tratarse de un estado de paz, de libertad, de conexión con la vida o con las personas, de alegría, creatividad, inspiración, energía, fortaleza, dulzura o merecimiento...

Nos damos cuenta de que el estado que nos ocupa ahora tiene mucho que ver con lo que anhelamos realmente. Ya estamos experimentando ese espacio abierto y poderoso de pura contemplación. Ya estamos sintiendo esa nueva frecuencia energética, fresca y dinámica envolviéndonos. Eso somos en realidad, pura vida en movimiento, pura consciencia, creatividad sin límite. Todos nuestros deseos apuntan a esta reconexión con nuestra verdadera identidad.

Los deseos que hemos abordado son del momento, se refieren a impulsos automáticos del día a día. Pero aunque parezcan triviales o insustanciales, encierran un mensaje que conviene desvelar. Todo nos habla, si prestamos atención.

Grandes deseos

Contemplemos ahora también esos otros deseos de más envergadura, esos que llamamos «*sueños*» que nos han ilusionado tantas veces y que quizás hemos dejado de lado por considerarlos difíciles o imposibles.

Abordándolos desde una consciencia expandida, veremos que la mayoría de las veces, no son caprichos, imaginaciones banales o meras ensoñaciones que pueden realizarse o no. Si lo miramos bien, ¿qué se esconde detrás de cualquier cosa que anhelamos?

Detente un poco, respira. Conecta una vez más con tu vida íntima, dale espacio, déjala moverse en ti.

Piensa en algo que desees de verdad, algo que desde siempre te ha llamado. No importa la forma que tome: situación, relación o experiencia de algo que te atrae.

Observa detenidamente: ¿Qué crees que tendrías si eso sucediera o llegara a tu vida? ¿Cómo te sentirías? ¿Qué estado de ser encarnarías? Mira profundamente y trata de evocar quizás ciertos momentos de tu vida en que ya has vivido un poco de «*eso*». ¿Cómo te sentías?

Eso, el estado de ser, es lo que buscas. Una frecuencia vibratoria que conoces porque la has experimentado ya de algún modo y sabes que es posible para ti. Los matices son diversos: reconocimiento, abundancia, plenitud, conexión, amor, felicidad, energía sin límites, paz, expansión... Todos son aspectos en los que se expresa nuestra verdadera esencia.

Si, por ejemplo, anhelamos una situación en la que somos escuchados o aplaudidos por muchas personas, es probable que nuestro deseo sea ser reconocidos en el mundo, y ello puede expresar que aún no nos hemos reconocido profundamente en nuestra esencia. Entonces, ahondar en este reconocimiento de lo que somos, en la inmediatez de este instante, es un camino mucho más directo y simple. Aceptarnos profundamente y vivir nuestra espaciosidad nos ofrece la experiencia de nuestra amplitud, que siempre está aquí. Desde la paz que entonces experimentamos, es muy posible que un día nos encontremos rodeados de personas que nos escuchen o se sientan inspiradas por nuestra energía, sin ni siquiera haberlo intentado.

O, si nuestro sueño tiene que ver con una hermosa relación en la que nos sentimos profundamente amados, comprendidos o propulsados, quizás necesitamos amarnos, comprendernos e impulsarnos desde dentro, sin esperar que alguien llegue para hacerlo. Cuando nos comprometemos profundamente con nosotros, amándonos y aceptándonos realmente, nos sentimos en paz y desde ese estado, encontramos fácilmente relaciones que nos reflejan el profundo amor e intimidad que vivimos con nosotros mismos. Y aparecen sin ni siquiera buscarlas. De pronto, están ahí y, aunque nos damos cuenta de que no las necesitamos, podemos disfrutarlas en muchos momentos.

Tendemos a creer que son las situaciones, las personas, las consecuciones, las que nos darán «*eso*». No, lo que hace nuestra mente, basada en lo concreto, es generar un símbolo de lo que queremos y proyectar en él lo que anhelamos de verdad. Pero es de todos sabido y experimentado que cuando conseguimos el objeto que deseamos tanto, finalmente no es tan extraordinario como lo imaginábamos, o si lo es, dura muy poquito. O tenemos miedo de que se nos escape y nos esforzamos por mantenerlo generando de nuevo sufrimiento y tensión, que proviene del aferrarse. Finalmente, la *cosa* desaparece o decidimos buscar otra. Y, vuelta a empezar...

Los símbolos nunca podrán llenarnos, pero sí que pueden sernos muy útiles para identificar lo que anhelamos de verdad. No los despreciemos, no los dejemos morir. Ellos nos muestran el camino de nuestra felicidad.

Posiblemente formarán parte de nuestra vida incluso en formas muy concretas. Pero solo cuando hayamos permitido en nosotros el estado de consciencia que anhelamos experimentar a través de ellos. Es decir, solo cuando vivamos desde la frecuencia en que esos deseos vibran para nosotros.

Pues bien, ¿qué tal acceder a esos estados ya, sin necesidad de alcanzar inmediatamente «la cosa», lo que detendría el impulso y la inspiración?

De algún modo, cuando abordamos nuestros deseos más corrientes e inmediatos experimentándolos desde la consciencia, nos vamos acercando a esa frecuencia. Ya sentimos esa amplitud, esa libertad al no haber cedido automáticamente al impulso, esa conexión con nuestra vida al sentirla moverse energéticamente en nosotros. Es una buena base.

Ahora solo nos resta enfocar nuestra atención en lo que queremos, en lugar de seguir dando vueltas en torno a lo que no deseamos. Enfoquemos toda nuestra energía en vivirnos en ese estado expandido al que nuestros deseos apuntan y que es nuestro derecho de nacimiento.

Tenemos claves prodigiosas: nuestro sentir nos guía. Si no es paz o felicidad lo que estamos sintiendo, es que hemos olvidado nuestra perspectiva auténtica, nos hemos desalineado de nuestra fuente de vida y de inspiración. Entonces, amorosamente, abracemos nuestro estado, aceptando lo que aparece y permitamos que se disuelva. Identifiquemos sin tardanza los pensamientos que nos han llevado hasta ahí y soltémoslos tras indagarlos, si es necesario.

Volvamos decididamente a nuestra fuente de bienestar, donde somos constantemente nutridos en abundancia. Todo se reduce a esto.

Esto es un modo de hacer creativo. Creamos desde dentro nuestra realidad, situándonos una y otra vez en el espacio abierto y luminoso de nuestro ser, desde el que todo es posible.

Desde nuestra nueva perspectiva, el campo abierto de la consciencia, todo está ahí para nosotros. No nos falta nada. Todo lo que podemos imaginar, amar o desear resuena en nosotros porque ya forma parte de nuestra vida interna. La aparición del deseo es, simplemente, un recordatorio de que quiere manifestarse, desplegarse ahora.

Desear no es querer algo que no tenemos. Es el modo en que la vida nos anuncia que algo que es nuestro desde siempre desea actualizarse, hacerse visible. Ya está aquí en potencia. Nuestra única función es contactar con ello, cultivarlo, darle vida con nuestra imaginación y con nuestro sentir. Empezar a frecuentar y cultivar el estado que deseamos realmente nos sitúa en la frecuencia del ser, desde la que todo es posible. Las realizaciones físicas son solo expresiones externas de la energía interior en la que nos movemos.

Es una perspectiva muy diferente a la de la carencia del *pequeño yo*. Este busca lo que cree no tener y sufre. Sin embargo, nuestro ser interno reconoce en la aparición del deseo una nueva dirección creativa. No se apega a ello, simplemente disfruta de la pasión y la energía que la idea le proporciona. Y se dedica a ello con todas sus facultades, como un modo de expresarse a sí mismo. Se conecta poderosamente con la frecuencia, con el estado que ese deseo le propone como experiencia. Imaginándolo, sintiéndolo y encarnándolo ya, la consecución concreta se manifestará fácilmente. Y si no sucediera como lo ha ideado, no es relevante, pues el disfrute ya está aquí, y esto era en realidad lo que deseaba experimentar a través de una forma concreta.

TODO ME PERTENECE

A medida que va expandiéndose mi consciencia en la comprensión de lo que soy realmente, todos los conceptos que regían mi vida desde la limitada percepción de un yo separado, se transforman profundamente.

Ello se refleja, por ejemplo, en mi relación con las cosas que he ido deseando a lo largo de los años y que son ahora contempladas desde una perspectiva muy diferente.

Desde la percepción del *pequeño yo*, una cosa que deseo está ahí afuera y hay una distancia entre ella y yo. Desde la comprensión de lo que soy, espacio abierto, todo lo que parece estar fuera está aquí, ahora, en mí. Esto puede parecer una idea bonita, o simplemente un tópico inspirador, pero no lo es.

Supongamos que me gusta mucho una casa en la playa cerca de la que paseo con frecuencia. Podría desear tenerla en propiedad y emprender las acciones para ello o, si no tengo el dinero suficiente para adquirirla, envidiar a las personas que la poseen lamentando mi mala suerte. O decidir contentarme con algo más barato, esforzándome por conseguirlo.

Sin embargo, la realidad es que, con frecuencia paseo por allí, respiro el aroma de las flores que asoman por sus tapias y me quedo sentada a veces cerca de los árboles que la rodean, respirando sus aromas y escuchando fascinada el sonido del mar. Disfruto ese ambiente igual o más que si me perteneciera, ya que muchas veces, mantener lo que tenemos nos ocupa tanto tiempo y energía que no podemos apreciarlo como al principio. Tengo la sensación de que lo que de verdad amo de esa casa está totalmente a mi disposición aunque no haya un papel que me acredite como propietaria. Podría pensar que me falta poder disfrutar también de los interiores. Pero, en realidad, ¿Qué me atrae de ellos? Las sensaciones de seguridad, bienestar o merecimiento que me inspirarían ya forman parte de mi vida cotidiana de mil maneras diferentes. Incluso a veces, visitando amigos o pasando unos días en algún hotel cerca del mar, sin habérmelo propuesto, he disfrutado de esas sensaciones de forma muy concreta. ¿Falta la continuidad? Sí, pero... ¿el tenerla me garantiza un disfrute continuo? Todos sabemos que nuestros estados van siempre cambiando y que, incluso en el más ideal de los ambientes, no podemos disfrutar si nuestro mundo interior está alterado. Lo que vivimos dentro desencadena cómo nos sentimos exteriormente, aunque nuestra pequeña mente quiera convencernos de que es al revés. Podemos sentirnos en nuestro hogar en cualquier sitio, inmersos en un ambiente exquisito si internamente respiramos la exquisitez de lo profundo. Yo me siento así con frecuencia en mi propia casa, aunque objetivamente no sea lujosa ni esté situada en un lugar tan atractivo.

Lo mismo podría decir de la proyección de la pareja ideal o el alma gemela, tal como expreso en el capítulo 7. Finalmente, esas cualidades que esperaba encontrar concentradas en una persona, la vida me las ofrece por doquier y a cada paso, de muchas formas diferentes y creativas. Me las regala también por momentos a través de seres humanos muy concretos, como mi compañero de vida, inspirándome con frecuencia la plenitud que buscaba y que antes no podía ver porque me faltaba esta perspectiva amplia. Buscaba pequeñeces en lugares pequeños, por decirlo de algún modo. Ahora puedo contemplar por doquier lo que anhelo y apreciar también en mí las cualidades que no me permitía cultivar, esperando que llegaran a través de un solo ser humano

Sé lo extraño que puede sonar esto, mientras estamos tan identificados con las nociones de yo y tú, mío o tuyo, aquí o allí, procedentes de ese error de percepción del que todos participamos. Sin embargo, a través del sufrimiento que supone esa limitación, aprendemos a ensancharnos, a incluir lo que parecía estar fuera, a extendernos, a hacernos inmensos dando cabida a todo. Así nos conocemos como lo que somos y podemos decir que todo nos pertenece.

EPÍLOGO

UNA SOLA VIDA QUE NOS VIVE

A lo largo de estas páginas estamos observando desde distintos ángulos, algo muy sencillo pero radicalmente diferente a lo que, como humanidad, hemos estado creyendo durante mucho, mucho tiempo... Más allá de nuestra aparente separación en cuerpos con personalidades diversas, hay una vida que, desde lo profundo nos vive a todos. Somos consciencia descubriéndose a sí misma a través de múltiples experiencias humanas que, cada una a su manera, la van revelando creativamente.

Partiendo de la identificación total con un *pequeño yo* separado, que se considera el hacedor de su mundo, a medida que aceptamos mirar hacia dentro, nos damos cuenta de que tal confusión se disuelve. Estaba siendo sostenida por una dinámica hiperactiva que parecía reforzar ese protagonismo de un imaginado yo hacedor.

Cada una de nuestras vidas (aparentemente aisladas) es un escenario en el que ese autodescubrimiento de la consciencia se está dando de un modo particular. Cada una de nuestras experiencias vitales merece un infinito respeto pues, a través de la diversidad en la que va ocurriendo esa revelación, la consciencia está viviendo una aventura sagrada. Nada de lo que nuestra pequeña mente calificaría de erróneo o pecaminoso es así desde una perspectiva omniabarcante que sobrepasa la pequeña percepción del yo condicionado.

Somos partes de esa gran vida que nos vive, pero hemos querido suplantarla desde una cómica arrogancia: creemos saber más que ella y, como niños que juegan, nos imaginamos directores de un concierto cósmico del que no tenemos ni idea... El sufrimiento que experimentamos es la consecuencia, y al mismo tiempo, el despertador más eficaz. Es el que nos trae a todos, tarde o temprano, a un espacio de silencio en el que decidimos dejar de intentar jugar ese papel directivo. Estamos cansados... La aventura ha sido demasiado larga.

Este vuelco hacia la interioridad (o hacia la vastedad del ser) se da en cada uno de nosotros de un modo particular y en el momento requerido. Eso no es lo importante, aunque como entidades que se creen separadas aún, así lo valoremos. En cada uno tiene lugar un recorrido totalmente singular en el que se dan idas y venidas, atisbos de comprensión profunda y olvidos subsecuentes, cada uno de los cuales es absolutamente necesario, opine lo que opine nuestra pequeña mente.

Es esa gran consciencia la que lleva el ritmo. Todo es orquestado por ella y, a través de cada experiencia humana, sea cual sea el grado de identificación que por el momento se esté dando, está ocurriendo el despertar del sueño de separación en el que quiso conocerse. Nosotros, como pequeños individuos, no necesitamos despertar de nada. Como consciencia, unidos a ella, ya lo estamos haciendo. Nuestras vidas, con todo lo que suponen, son el instrumento a través del cual ese reconocimiento tiene lugar. Pero no es algo personal de lo que enorgullecernos o por lo que luchar. Y este es el error que nos mantiene estancados en callejones sin salida. Nuestra experiencia como individuos separados no es más que una aventura de la consciencia, no un fin en sí misma. Al contrario, es precisamente dejar de creer que somos un *alguien* que tiene que conseguir algo (aunque sea desidentificarse o despertar) lo que nos devuelve a nuestro lugar de origen: nuestra unidad con la vida.

Esto es una gran noticia, pues supone el dejar de intentarlo y descansar. No *tenemos* que hacer nada más, lo que no significa que dejemos de actuar. Se trata de rendirnos y permitir que, a través nuestro, la vida siga su viaje. Nos convertimos en espectadores de ello. Sin el peso de tener que conseguir nada, resulta apasionante contemplarnos como vehículos de esa gran vida. Podemos crear y disfrutar movidos por ella, de un modo mucho más fluido, sin esfuerzo.

Resulta emocionante también descubrir que a nuestro alrededor, la existencia de cada ser humano es una escenificación inédita y original, en la que el mismo juego del reconocimiento a través de la forma se va consumando. Lo que antes mi mente despreciaba o enjuiciaba como inapropiado, ahora se convierte en un respeto maravillado ante la infinidad de posibilidades por cuyo medio la consciencia se va reconociendo a sí misma.

Ya no se me ocurre intentar que alguien cambie de parecer o acelerar una supuesta evolución de la que no tengo la más mínima idea. ¿Quién soy yo para presuponer qué debería o no hacer alguien o cómo tendría que pensar o sentir?

Simplemente, me inclino ante el misterio que se despliega ante mí en presencia de otros seres que me muestran una y otra vez mi absoluta ignorancia. Con ellos puedo compartir mi experiencia, mis comprensiones, y dejar que estas sean o no una fuente de inspiración en sus vidas. En la mía, las vivencias y hallazgos de otros me proporcionan claves esenciales para adentrarme en mi camino. Sin embargo, sé que todas las vías son únicas y originales, como lo es la fuente de la que surgen.

Una hermandad profunda que me conmueve se apodera de mí: todos, bajo nuestros diferentes papeles, somos vividos por una gran vida, ante la que el silencio y la entrega se revelan como la gran puerta que nos devuelve a nuestro hogar.

AGRADECIMIENTOS

Mi más profunda gratitud a José Manuel,
compañero fiel y sostenedor de las mejores aventuras de mi vida.
Y a Ángel, nuestro hijo, el fruto más inspirador de todas ellas.
Con el apoyo de ambos, este libro ha salido adelante.

Gracias a mis padres y hermanos,
ellos son mis mejores espejos
y mi constante invitación a la coherencia.

Gracias a todos aquellos que se sientan conmigo día a día
para bucear juntos en los espacios inéditos de su interioridad.
Ellos me devuelven al hogar que compartimos.

Gracias a esos maestros de la vida que me inspiran y me nutren siempre: Jesús, que desde niña me cautivó, aunque aún no lo entendía; Mooji, Thich Nhat Hanh, Eckhart Tolle, Ramana Maharshi, Omraam Mikhaël Aïvanhov, Ma Ananda Moyi, Jeff Foster, Byron Katie, Rupert Spira... sin olvidar la perspectiva de «Un Curso de Milagros», valioso entrenamiento que me guía.

Mi gratitud sincera a Sergi Torres: sus palabras me despiertan con vigor a la belleza del instante presente, el único espacio donde el amor es posible.

Y, por supuesto, gracias a los inspirados editores que me acompañan con dedicación en la publicación de este libro.

Gracias a la VIDA.